DIÁLOGOS CLÍNICOS COM DONALD MELTZER

CONSELHO EDITORIAL
André Luiz V. da Costa e Silva
Cecilia Consolo
Dijon De Moraes
Jarbas Vargas Nascimento
Luís Augusto Barbosa Cortez
Marco Aurélio Cremasco
Rogerio Lerner

DIÁLOGOS CLÍNICOS COM DONALD MELTZER

Donald Meltzer

Organização da tradução
Marisa Pelella Mélega

Tradução
Aparecida Malandrin Andriatte
Maria Cristina Possatto
Celia Blini
Janete M. Torres
Marisa Pelella Mélega
Lecy Cabral

Publicação original em espanhol: Asociación Psicoanalítica de Buenos Aires (APdeBA). Diálogos clínicos con Donald Meltzer. *Psicoanálisis*, Vol. 21, nos. 1-2 (oct. 1999).

Diálogos clínicos com Donald Meltzer
© 2023 Editora Edgard Blücher Ltda.

Publisher Edgard Blücher
Editores Eduardo Blücher e Jonatas Eliakim
Coordenação editorial Andressa Lira
Produção editorial Kedma Marques
Organização da tradução Marisa Pelella Mélega
Tradução Aparecida Malandrin Andriatte, Maria Cristina Possatto, Celia Blini, Janete M. Torres, Marisa Pelella Mélega e Lecy Cabral
Diagramação Thaís Pereira
Revisão de texto Bruna Marques
Capa Leandro Cunha

Blucher

Rua Pedroso Alvarenga, 1245, 4º andar
04531-934 – São Paulo – SP – Brasil
Tel.: 55 11 3078-5366
contato@blucher.com.br
www.blucher.com.br

Segundo o Novo Acordo Ortográfico, conforme 6. ed. do *Vocabulário Ortográfico da Língua Portuguesa*, Academia Brasileira de Letras, julho de 2021.

É proibida a reprodução total ou parcial por quaisquer meios sem autorização escrita da editora.

Todos os direitos reservados pela Editora Edgard Blücher Ltda.

Dados Internacionais de Catalogação na Publicação (CIP)
Angélica Ilacqua CRB-8/7057

Meltzer, Donald

Diálogos clínicos com Donald Meltzer / Donald Meltzer; tradução de Marisa Pelella Mélega... [et al]. – São Paulo: Blucher, 2023.

p. 404

Bibliografia

ISBN 978-65-5506-644-9

Título original: Diálogos clínicos con Donald Meltzer

1. Psicanálise 2. Casos clínicos I. Título II. Mélega, Marisa Pelella

23-2536 CDD 150.195

Índices para catálogo sistemático:
1. Psicanálise

Editorial

Comissão de publicações

O pensamento de Donald Meltzer influenciou, de maneira profunda, o desenvolvimento da psicanálise argentina. Em 1964 esteve em Buenos Aires pela primeira vez, desde então, suas numerosas visitas transformaram seus ensinamentos em uma experiência viva.

Este volume de *Psicoanálisis* reúne o trabalho de supervisão que realizou em nossa Instituição no ano de 1991. Embora muitos outros encontros tenham acontecido posteriormente, poder resgatar e difundir aquelas reuniões de trabalho era uma tarefa pendente para nossa revista.

Tivemos o cuidado de preservar fielmente o estilo original dos diálogos com a finalidade de mostrar o clima em que transcorreram. Quisemos introduzir o leitor naqueles momentos de aprendizagem e poder, desse modo, acessar as formas com que Meltzer se aproxima e esclarece cada um dos casos apresentados. Problemáticas em crianças, adolescentes e adultos são revelados em sua profundidade.

Reunimos doze casos clínicos que foram apresentados naquele ano, nas reuniões de supervisão por membros de nossa Instituição. A ordem seguida em sua apresentação não reflete nenhuma referência temática. As identidades do terapeuta e do paciente foram preservadas. A ambos, nossos agradecimentos.

Uma recente entrevista com Meltzer nos permitiu incluir neste número uma revisão atualizada de suas ideias acerca da tarefa de supervisão e de seus efeitos nos três integrantes: supervisor, terapeuta e paciente.

Este número também integra uma introdução geral e referências complementares a cada caso clínico, escritas pela Dra. Felisa Waksman de Fish. Nelas são pontuados aqueles conceitos teóricos que sustentam as intervenções de Meltzer, permitindo colocá-las no contexto de sua obra. Pensamos que sua inclusão será de inegável ajuda para a melhor compreensão das supervisões e também como referência aos textos originais.

Nosso muito especial reconhecimento à sua colaboração.

Prólogo à segunda impressão

Virginia Ungar
Clara Nemas

A reimpressão deste número da revista *Psicoanálisis*, dedicada aos seminários clínicos que Donald Meltzer ministrou na APdeBA em 1991, é tão oportuna como necessária. Em dezenove e vinte de agosto de 2022, cebramos os cem anos de nascimento de Donald Meltzer, com Jornadas centradas nas experiências clínicas que tivemos a sorte de compartilhar em 1991.

Deste modo, aqueles que não o conheceram em pessoa, e sobretudo, as gerações mais jovens de analistas, puderam tomar contato com sua maneira tão especial de trabalhar na transmissão da psicanálise.

Ao reler, em 2022, o conteúdo da Revista, chama-nos a atenção o quão vigente é sua maneira de pensar a psicanálise, que, para ele, esteve mais próxima da arte que da ciência.

Donald Meltzer foi um pensador profundo, que partiu do trabalho clínico para produzir teoria de uma psicanálise viva, aberta a novas evidências e achados. Foi um pensador tão prolífico e generoso: nas suas quatro visitas à nossa instituição, que em cada uma reuniu até quatrocentas pessoas, deixando uma marca indelével.

O contato com ele não somente impactava nossa prática, mas também gerava uma maneira de ver a vida, o mundo e seus habitantes.

O desapego de Meltzer pelos objetos materiais, sua visão otimista e esperançosa quanto às possibilidades do desenvolvimento das crianças e do trabalho analítico, sua paixão pela tarefa, seu apelo constante à sinceridade e o respeito pelo trabalho daqueles que apresentavam materiais clínicos, deixaram em nós, e em todos aqueles que tiveram a sorte de conhecê-lo e trabalhar com ele, uma impressão inesquecível.

Meltzer tinha a esperança de que a sobrevivência da psicanálise dependia da capacidade da geração seguinte aprender a partir de sua própria experiência, incluindo a capacidade de se deixar inspirar pelos seus mestres. Sem dúvida, foi um viajante dedicado e nós mantivemos a fantasia de que era incansável.

Ele considerava a transmissão da psicanálise como estreitamente ligada a uma forma de educação íntima; essa concepção requeria contatos pessoais que propiciaram um misterioso processo de inspiração transferencial e de identificação não dogmática.

É interessante que alguns dos encontros internacionais foram organizados festejando os aniversários de Donald Meltzer, assim como neste momento nos encontramos celebrando o centenário de seu nascimento.

Em cada um desses encontros a impressão que se desfrutava era a de participar de algo como um "espaço Meltzer" sem fronteiras e com acentuada sensação de camaradagem entre os grupos, cantando "feliz aniversário" em uma divertida variedade de idiomas.

Contudo, há algo que chamou a atenção de Meltzer e que segue nos instigando: a atração que exerceram suas ideias nos psicanalistas latinos, diferentemente dos psicanalistas norte americanos.

Meltzer se definiu como leitor de sonhos, os quais considerava serem paisagens que explorava e descrevia com mais virtuosismo. Acreditamos, sem dúvida, que há um território com menos definição que ele mantém como explorador e que ele denominou "estados mentais".

Meltzer foi chamado de cartógrafo do espaço mental devido às suas inovadoras teorizações sobre as dimensões da mente propostas em seu livro *Exploracion del Autism*. Neste, ele utiliza uma nomenclatura geométrica para propor um desenvolvimento psicoespacial da mente, em que propõe descrições dos níveis de profundidade das relações objetais, às quais vincula a passagem evolutiva do tempo em relações cada vez mais complexas.

Em toda sua obra publicada e nos longos anos de sua trajetória como analista e supervisor, estabeleceu pontes entre as novas observações clínicas e o desenvolvimento do modelo e do metodo psicanalitico. É impossivel sintetizar ou abranger todos os seus aportes. Em cada um dos temas que abordou deixou uma marca que o torna reconhecivel: sua concepção de psicanalise como processo de desenvolvimento de um estado natural; sua revisão dos *Três Ensaios Sobre a Teoria da Sexualidade*, Freud (1905), à luz da teoria estrutural com suas contribuições sobre estados mentais adultos, infantis e perversos da sexualidade; a complexização dos participantes da cena primária e *outsider*; seus originais aportes sobre a dimensionalidade da mente no autismo que inaugura sua concepção do conflito estético; a leitura que nos aproxima de Bion, logo que

12 PRÓLOGO À SEGUNDA IMPRESSÃO

este autor "passou a entrar" em seu consultório e que o levou à sua concepção de formação de símbolos; sua revisão crítica da teoria dos sonhos e sua original conceitualização do conflito estético e o consequente fracasso no *Claustrum*.

Esta reimpressão da Revista do ano 1991 contém uma entrevista realizada por Mirta e Roberto Oelsner, que foi convertida em uma introdução às suas ideias, e sobretudo à experiência de estar e trabalhar com o mestre em sua própria casa. Dessa forma eles conseguiram transmitir algo que eles mesmos chamaram "o clima que Meltzer cria"; simultaneamente, explicam como é difícil transmiti-lo, diríamos que a linguagem é curta. Nos referimos ao que um filósofo estudado e admirado por Meltzer, Ludwig Wittgenstein, denominou como "os limites da linguagem".

Segue uma aguda e inteligente introdução às idéias de Meltzer realizada por Felisa Waksman de Fisch. Esta conduz o leitor aos encontros clínicos providos das ideias centrais do autor, expostas de uma maneira profunda e muito acessível, tarefa nada fácil de realizar.

E assim chegamos aos doze seminários clínicos durante os quais um analista em formação no Instituto APdeBA apresentava material clínico que Meltzer comentava. Esta publicação permitirá aos leitores recriar algo do clima destes seminários que compartilhamos com Donald Meltzer durante os quais ele fechava os olhos e podiamos pensar que dormia, quando na verdade o que fazia era se conectar com sua própria "pintura do mundo interno" que surgia de sua enorme capacidade de *rêverie* e de observação. Sucessivamente, relatava o que surgia deste processo para um grupo de analistas ou psicoterapeutas que o seguiam com grande admiração.

Esta era a maneira que ele considerava que devia ser realizada a transmissão da psicanálise, na forma de um ateliê. E tinha razão, pois somente se pode transmitir desta maneira pessoal a paixão por algo, que não é somente uma tarefa, trata-se de sustentar a atitude analítica no consultório e fora dele, de fazer uma aposta pela possibilidade de desenvolvimento de uma criança, um paciente, uma sociedade e o mundo, apesar de todas as forças antipensamento e antiverdade que parecem predominar no mundo da banalidade.

Esse otimismo sobre o espírito humano que Donald Meltzer manteve até o final instiga a todos que optamos por embarcarmos na tarefa de sustentar "a conversa mais interessante do mundo" no consultório e nos diversos cenários que habitamos.

Prefácio à edição brasileira

É com satisfação que apresento ao leitor brasileiro mais um volume dos "Seminários Clínicos" que Donald Meltzer ministrou em Buenos Aires, em 1991, a convite da APdeBA.

Lembramos que já editamos em português o livro *Clínica psicanalítica com crianças e adultos* (Blucher, 2022), que contém seminários clínicos de Meltzer ministrados em Barcelona. Houve uma feliz coincidência entre a data de nosso pedido à APdeBA para autorizar a publicação e a comemoração do Centenário de Meltzer em agosto de 2022. Virginia Ungar, Clara Nemas e comissão organizaram a Jornada Meltzer, muito bem-sucedida em sua divulgação e temática científica resultando em uma alta frequência de inscrições e participações, contou com psicanalistas de várias partes do mundo que tiveram o privilégio de trabalhar com Meltzer e com os mais jovens, que aprendem a trabalhar a partir das ideias deste autor.

Nós, da Sociedade Brasileira de Psicanálise de São Paulo (SBPSP), continuamos cada vez mais interessados no pensamento de Meltzer e em suas ricas contribuições clínicas. Por meio de um grupo de estudos, "Seminários de Donald Meltzer", aberto a todos os membros da SBPSP, já em seu terceiro ano de funcionamento, abordamos sua clínica e seus aportes teóricos originais e presentes em inúmeras publicações ao longo de sua vida.

Meltzer sempre privilegiou a transmissão da psicanálise por meio de Ateliers "mostrando como fazia", como nos idos tempos dos ateliês artísticos. Ele dizia "presentificar antes de discursar". A experiência em trabalhar com todas as etapas evolutivas do desenvolvimento humano e com suas patologias enriqueceu e ampliou muito seu "olhar clínico". Realmente eu o vejo como um grande investigador da mente humana, trabalhando com "suas ferramentas": seus objetos internos e sua imaginação, para chegar ao significado das emoções que habitam a sala de análise. Talvez seja por isto que ele chamou o que se passa numa sala de análise "a conversação mais interessante do mundo".

Marisa Pelella Mélega e a comissão composta por:
Aparecida Malandrin Andriatte, Maria Cristina Possatto,
Celia Blini, Janete M. Torres e Lecy Cabral,
todas membros da SBPSP.

São Paulo, maio de 2023.

Conteúdo

Entrevista a Donald Meltzer   19

Introdução às ideias de Donald Meltzer vinculadas
ao material clínico das supervisões   31

1. Ana   55

2. Dario   79

3. Florêncio   107

4. Graciela   135

5. Juan   167

6. Laura   199

7. Lucas   227

8. Maria   257

9. Marlene   287

10. Matias   319

11. Ricardo   351

12. Sor Belén   373

Entrevista a Donald Meltzer[1]

Mirta Berman de Oelsner
Roberto Oelsner

Na semana anterior, havíamos combinado, a partir de uma ligação telefônica feita para Londres, o seguinte agendamento: sábado, 7 de fevereiro às 10:00h da manhã (1999). Além do material clínico que tínhamos para discutir com ele, queríamos fazer uma entrevista, mescla de reportagem e entrevista, um *interview,* para a revista *Psicoanálisis.* Estava sendo preparado um número com as supervisões clínicas que deu em Buenos Aires em 1991 e pensamos que seria interessante conhecer suas opiniões acerca da tarefa de supervisão em 1999. Sabíamos que nos sentiríamos confortáveis

---

1 Esta entrevista aconteceu no dia 07 de fevereiro de 1999.

como em oportunidades anteriores. É que Donald Meltzer tem esta virtude. É sério, moderado, e seu tom de falar, especialmente ao telefone, é cortante. E sem dúvida transmite calidez, que convida a nos sentirmos bem.

Quando chegamos com o taxi a *Simsbury*, uma viagem de vinte minutos desde a estação de Oxford, passando por um prado coberto de neve, um campo de golfe, um pequeno povoado e um bosque gelado, ele estava nos esperando na porta. Assim imaginamos, pois, quando o taxista nos anunciou com a buzina, Meltzer logo saiu de sua casa. Uma casa de campo no meio de um parque agreste marcado por um arvoredo branco pelo gelo e um pouco de neve.

Nos cumprimentou com um "Bom dia! Como estão vocês?" – "Espere que eu entro e abro pelo outro lado". Entramos e ele, sem se virar, começou a subir uma escada. Entendemos que o correto seguramente era segui-lo, pois ele não disse nada, mas sentimos um pouco de medo de estar fazendo algo inadequado por não haver entendido a consigna muda. Sim, agora estávamos na sala de estar. Fazia frio... E no ambiente, grande, havia somente uma diminuta estufa elétrica ligada e um lugar para madeiras que se consomem em poucos minutos e não dão calor. Desculpou-se por isto dizendo que não haviam entregado o gás e que talvez, mais tarde... pensamos que seguramente era ele que havia se esquecido de pedi-lo e que, sendo sábado, não estávamos muito otimistas com a temperatura da casa quanto ao fim de semana. Cinco minutos mais tarde já estávamos em plena tarefa. De vez em quando, se levantava sem dizer nada e saía para retornar com mais lenha para alimentar a voraz lareira ou com café para seus vorazes "Nós". Tudo foi muito natural. Quando terminamos, nos comunicou que poderíamos continuar na manhã seguinte e nos ofereceu para dormirmos em sua casa essa noite. Ensaiamos um pretexto amável, sem muita convicção, não queríamos molestá-lo. Ele respondeu em seu modo de poucas palavras, mas natural sempre, que se o molestasse não o teria oferecido. E este é o clima que Meltzer cria. A sinceridade se torna cálida porque nós temos contato com a pessoa. Possivelmente por isto sentimos que esquecemos o frio ao estar com ele. Não em vão, pensamos, que ele é o autor de "Sinceridade". Este é um conceito sobre o qual insistiu no trabalho clínico. Nos mostrou que o secreto, oposto à sinceridade, danifica a relação com o objeto e por reflexo da própria mente.

Na manhã seguinte começamos a trabalhar cedo após um generoso café da manhã de domingo que Donald mesmo se esmerou em preparar e durante o qual escutava as notícias do rádio. Nós o víamos sinceramente confortável, apesar de nossa presença. Não se sentiu obrigado a conversar conosco, nem nós nos sentimos incomodados por seu pouco falar. Não havia nada "contratual" ali. Era claro que não o incomodávamos e seu quase silencio junto com seu generoso café da manhã nos pareceu uma amostra de confiança que recebemos com carinho.

Após outras três horas de trabalho clínico passamos à entrevista. "Eu gosto que me entrevistem", ele disse. Também nos sentimos que o colocávamos à vontade. Durante seu transcurso gerou-se um clima difícil de transmitir. Se levantou uma vez para pôr lenha na lareira e quase não nos olhava. Tinha um gesto divertido pela situação que gostava e seu olhar se perdia através da janela. Era uma manhã muito ensolarada e os pássaros davam voltas por uma casinha de madeira sobre um piloti. Ele havia colocado algum alimento ali. Claro, nós iríamos embora em uma hora, mas os pássaros permaneciam fazendo-lhe companhia. E isto foi o que aconteceu na reportagem.

Mirta Oelsner: Primeiro gostaria de saber se, em sua opinião, a supervisão é uma "super" visão muito especial dos pacientes.

Dr. Meltzer: Como sabem, nas primeiras etapas da Psicanálise, a supervisão era chamada controle, que era um termo terrível... o supervisor estaria controlando o analista, e até os estudantes que iniciam não gostam de ser controlados. É "super" porque se espera que o supervisor tenha mais experiência que o jovem estudante. Porque na supervisão quase a única coisa que o supervisor tem a oferecer é o fruto de sua experiência, já que em psicanálise não funcionamos como uma ciência no sentido de algo que possa obedecer às regras matemáticas ou quantificadas, estamos trabalhando com a qualidade das coisas, em especial com a qualidade das emoções. E supomos que tem experiência de vida e de muitas maneiras: por estas experiências se espera que pessoas de mais idade sejam mais sábias que os jovens, o que geralmente acontece. Os analistas mais velhos certamente tiveram experiências de muito mais situações clínicas, é o que se espera e assim acontece, e que tenham um poder mais rico de discriminação entre uma situação analítica e outra e que contribuam com isto.

No espírito da análise se espera que seja uma situação de alimentação, mas não de uma alimentação forçada, e vamos apresentar o que temos para oferecer ao estudante, o supervisionando, para que este selecione o que lhe serve. E penso que, ao oferecer a riqueza e as próprias ideias acerca do material clínico, para que seja saboroso para a pessoa que esteja em supervisão, devemos evitar qualquer imposição das ideias próprias.

Por esta razão é muito importante limitar-se ao material clínico e não derivar para considerações teóricas. Em minha opinião, as considerações teóricas podem ser deixadas para as aulas e os seminários. Para isto a pessoa que vem à supervisão deve trazer material preparado cuidadosamente e melhor que seja escrito e que se leia de modo que como supervisor temos este interjogo entre o que se lê e o que se ouve. Porque a música da voz – se é uma língua estrangeira que estou escutando, seja francês, espanhol ou italiano – a música da linguagem e ter uma tradução escrita dá uma impressão muito rica da situação clínica. Para mim é importante ter uma imagem visual de como é o paciente e como se comporta, porque isto me dá a possibilidade de participar imaginativamente na situação analítica que acontece. Se faço assim, a supervisão é muito desfrutável e não implica a tensão que vive o analista real; não é exatamente assim, mas é como um general atrás de uma linha de ação: está aí com imaginação, mas não tem o peso das ansiedades ou emoções que vão diretamente ao terapeuta; o que nós recebemos é uma segunda derivada da situação clínica.

Isto nos leva a outra consideração, que depende, em grande medida, do supervisor, que não seja tão ameaçador e assim os supervisionando possam trazer facilmente material honesto. Porque é muito, muito fácil falar do material, adorná-lo, maquiá-lo, fazer com que as interpretações que oferecemos pareçam corretas, adequadas, o máximo. Eu, muitas vezes, peço que me apresentem principalmente o material e não tanto as interpretações que o supervisionando deu, porque as pessoas jovens são tímidas acerca de suas interpretações e se sentem ameaçadas no momento que as apresentam. E assim peço que tragam somente o material e que me deixem pensar no material e entrar imaginativamente no material para não estar julgando em nenhum sentido suas interpretações. Eu acredito que isto seja possível, em parte porque não creio que as interpretações sejam tão importantes como se sustentava tradicionalmente na psicanálise; creio que a relação entre analista e paciente que está contida não apenas nas palavras como na música é muito importante; não há muito que possa ser feito a respeito como supervisor, mais do que adoçar um pouco a música com a sua própria, e creio que funciona deste modo. É como com o paciente que você apresentou, se podemos ver coisas num sentido bondoso e com humor, isto penetra em sua voz e se transmite ao paciente e torna a atmosfera mais leve. Porque a atmosfera é terrivelmente importante e não se consegue ensinar a atmosfera, somente se pode mostrar. Minha ideia de supervisão não é como uma aula magistral de música, é mais participativa, como tocar em uma orquestra, cada um toca um instrumento e contribui para a orquestra ser formada por todos os tipos de instrumentos. Creio que a música da linguagem e a voz humana é muito primordial, é o vínculo entre a mãe e o filho quando ainda está no útero, e a música da mãe chega ao bebê e creio que o aprofundamento da transferência analítica depende muito desta música e é muito menos dependente do *insight* analítico que se pode comunicar por interpretações. Não quero dizer que as interpretações não sejam importantes, mas a importância que tem consiste principalmente em que confirmem ao paciente que nós estamos, realmente, escutando e pensando. O paciente não sabe se tem razão ou não, e mesmo nós, como analistas não sabemos se temos razão ou não, se o material encaixa ou não, no entanto, as coisas podem estar totalmente mal e encaixar com o material, mas este é somente o conteúdo intelectual que se relaciona com nossas teorias acerca do desenvolvimento emocional, que são muito pouco sólidos e somente tratam da superfície dos fenômenos mentais. Enquanto um paciente como o que você apresentou, que possui transtornos do pensamento nos leva à geologia da mente. Estas coisas remontam muito ao princípio e de certa forma são muito mais interessantes quando se pode trabalhar com esta profundidade de observação e conceptualização que tem a ver com os processos de pensamento: e supostamente é isto o que sucede com o trabalho de Bion que nos deu, creio, a primeira aproximação de pensar acerca do pensar. Não considero que a abordagem de Freud nos tenha servido muito, pois era em parte o sentido comum e em parte filosofia hegeliana. Porém, Bion e, em especial, a grade, nos deu uma maneira de pensar acerca do pensar que é muito difícil descrever como usá-lo, mas é um formato da mente que promove de alguma forma o pensar acerca do pensar e nos dá um pouco de vocabulário para falar disto, não é um vocabulário fabuloso, não é como a notação musical, tão precisa, mas é alguma coisa; é um pouco demasiado matemático e quantitativo, mas organizado para que possamos começar a pensar como se desenvolve o pensamento, como se desenvolve o pensar e como o pensar desenvolve pensamentos: é uma coisa bastante maravilhosa.

Mirta Oelsner: Quando trabalha como supervisor com quem está em contato? Com o paciente? E como? Ou talvez esteja em contato com o analista trabalhando?

Dr. Meltzer: Bom, depende. Os analistas com experiência trazem o que os preocupa no momento e saltam de um paciente a outro e nunca chego a conhecer o paciente, e é uma situação momentânea. Todavia com um analista que me traz um paciente em particular atendido uma ou cinco vezes por semana – não faz diferença – sim eu posso ajudá-lo primeiro a apresentar tal paciente vividamente de modo que eu possa fazer contato com o paciente. Então, eu sinto que temos uma real supervisão, que estou em contato com o paciente e com o analista, posso apresentá-los entre si e isto é muito proveitoso. Eu penso – como penso de toda a psicanálise – que se não é proveitoso, não é muito bom, eu gosto de desfrutar. O uso do humor e picardia me parece muito importante não só em supervisão, mas em análise, gosto que, todas as sessões terminem com um sorriso ... Com algumas pessoas que supervisiono o mesmo paciente por anos, eu sinto que conheço seu paciente como meus próprios pacientes.

Mirta Oelsner: Neste sentido acredita que a contratransferência existe no supervisor?

Dr. Meltzer: Sem dúvida, sua própria contratransferência. Quero dizer que entra na supervisão tanto como entra no trabalho analítico, tudo está baseado na contratransferência, na resposta emocional, a habilidade de reconhecer a resposta emocional e encontrar a linguagem para expressá-la. A contratransferência é tudo em psicanálise. E a ideia histórica que não se deve comunicar a contratransferência é uma ilusão; nós a comunicamos na música da voz o tempo todo; temos que tomar cuidado com a música para que não se torne tirânica e que não se torne demasiado pedagógica, mas não se pode escondê-la. Somente podemos modulá-la para evitar excessos, mas o que o paciente escuta é a contratransferência; o que escuta no significado das interpretações é bastante secundário ao que ouve no significado da música da voz do analista, a voz da contratransferência.

Mirta Oelsner: Como acredita que seja possível manejar os problemas contratransferenciais do analista na supervisão?

Dr. Meltzer: Não é assunto meu como supervisor. É assunto do seu analista. E certamente eu trato de nunca comentar acerca da contratransferência e seu efeito sobre sua compreensão ou em sua comunicação com o paciente. Meu trabalho como supervisor é participar da contratransferência e dar-lhe um som na música e nas palavras da interpretação, mas não comentar acerca da contra-transferência do analista; este não é assunto meu. Teria que conhecer alguém muito profundamente para ter alguma ideia do significado idiossincrático de sua contratransferência. Como supervisor, suponho que a contratransferência do analista é razoável, e se está preocupado por ela que a leve ao seu analista e se terminou sua análise, pode voltar ao seu analista e discuti-la com ele.

Roberto Oelsner: Se não o faz, diria isto ao supervisionando?

Dr. Meltzer: Sim, se o supervisionando me traz sua contra-transferência para discuti-la, eu explicaria que não é assunto meu, que não o conheço o suficiente para ter alguma opinião acerca do significado de sua contratransferência.

Roberto Oelsner: A experiência que tenho com analistas jovens ou candidatos é que muitas vezes eles atuam o que está no material de seus pacientes. Por exemplo: às vezes vejo que há pacientes que faltam ou chegam tarde às sessões e os supervisionandos começam a chegar tarde ou a faltar; ou tem pacientes que ameaçam abandonar a análise e o supervisionando de repente diz que não tem certeza se vai continuar com a supervisão após as férias. Você faria algum comentário acerca disto, ou deixaria passar?

Dr. Meltzer: Bom, eu faço comentários sobre a técnica, mas não acerca do significado da técnica ou da atuação na contratransferência que modifica a técnica, somente sobre a técnica. Creio que quando se comenta diretamente acerca da contratransferência sempre é uma reprimenda, mas se pode comentar sobre a técnica porque somente está oferecendo uma opinião e não é ameaçador. Os supervisionandos querem saber sobre a técnica e a racionalidade da técnica – que é a racionalidade da comunicação humana com tato, delicadeza e clareza – isto é tudo que há na técnica. É assombroso quão torpes podem ser os jovens analistas e querem ter discussões acerca da técnica.

Mirta Oelsner: Desta forma o que o supervisionando aprende durante a supervisão? Você primeiro falou que apreende a técnica. Pode apreender algo mais?

Dr. Meltzer: Não, não é o mesmo que aprender, é sim, enriquecer sua imaginação acerca da experiencia clínica. Não é o mesmo que aprender porque não pode ser levado de um paciente a outro. É muito específico para o paciente que está sendo trazido.

Roberto Oelsner: A pergunta apareceu porque discutíamos se o supervisionando obtém um modelo do trabalho do supervisor.

Dr. Meltzer: Espero que não. Espero que somente obtenha um enriquecimento de sua experiência com o paciente específico que está supervisionando. Claro que o analista experiente, que traz os problemas que tem com distintos pacientes, que são difíceis no momento, não aprende nada. Ele somente é ajudado a como trocar o pneu do seu carro. Não é ensinado acerca de carro, motores etc. somente é ajudado a prosseguir. Eu não gosto muito deste tipo de supervisão, mas muitos gostam deste tipo de serviço.

Mirta Oelsner: O que pensa que supervisiona o analista quando está supervisionando? Supervisiona o paciente? A sua própria mente?

Dr. Meltzer: O que espero é que traga um relato honesto de seu trabalho com o paciente. E a ênfase está no "honesto"; porque até que um analista conheça seu supervisor o suficiente para disfrutar as supervisões, é muito difícil para ele se honesto. A construção da confiança entre ambos é essencial porque até que alcance um nível onde é um prazer vir se supervisionar, não vai trazer material honesto. E trabalhar com material que não é honesto é como caminhar num pântano um passo atrás do outro, não flui. Enquanto as supervisões não alcançam alguns meses, é difícil que apareça essa confiança, é difícil desfrutar... o prazer da informalidade... Esther Bick recebia com *strudel* de maçã, mas eu não recebia com nada os meus supervisionandos, como não faço com meus pacientes, mas a sensação de informalidade e de intimidade se pode cultivar. Claro que nem sempre se gosta da pessoa que vem a supervisão, e isso é mais difícil. É como com os pacientes, que se pode levar anos até que um paciente nos agrade; é o mesmo com os supervisionandos, que se pode levar muito tempo até que comecem a trabalhar de uma forma colorida e emocional, que dá prazer em escutar. Se são terrivelmente rígidos, terrivelmente restritos ou terrivelmente não coloridos, sente-se lástima pelos seus pacientes e sente que não gosta deles. Mas novamente, quando se persevera, as coisas se aquecem e se adoçam em geral.

Roberto Oelsner: Então, haveria algum grau de contratransferência entre o supervisor e o supervisionando, e não somente com o paciente? Digo pelo fato que agrada ou não.

Dr. Meltzer: Isto deveria ser evitado em minha opinião, a maioria vem à supervisão com um desejo honesto de aproveitar a experiência. Provavelmente possui uma ideia exagerada acerca do processo de aprendizagem. Encontramos poucos psicopatas neste trabalho, que venham com a intenção de enganar. Em minha opinião enquanto se evita a atmosfera de autoridade não é provável que haja problemas de transferência e contratransferência entre o supervisionando e supervisor. Toda a situação transferencial está confinada na relação do analista com seu paciente, que estamos supervisionando e que de uma forma privilegiada é permitido que se escute e se comente sobre isso. Parece-me que o mais urgente é evitar qualquer atmosfera de coerção, castigo e autoridade.

Mirta Oelsner: Em sua experiência o que sucede quando o analista do analista e o supervisor têm modelos teóricos distintos?

Dr. Meltzer: Eu digo sempre ao meus supervisionandos que não prestem atenção à minha linha teórica, porque me serve para me comunicar com outros colegas e para escrever trabalhos, mas não é para usar no consultório. Creio que raramente um analista vá a um supervisor que claramente esteja numa linha muito diferente de seus analistas, por várias razões, seja porque o analista não deixa ou o desanima a fazê-lo, ou porque não quer se meter numa briga de cachorro na qual vai ser mordido pelos dois lados. Em minha experiência quase nunca acontece. Mas posso pensar que isto aconteça em Buenos Aires, onde creio que há uma tendência a formar muitos subgrupos com antagonismos bastante fortes entre eles e os demais, e que não acontece em outros países latinos, de modo que não é somente o temperamento latino. Creio que deve ser histórico em Buenos Aires que teve um número extraordinário de gente muito talentosa e original que formou grupos que os seguiram após sua morte. Este é um fator pelo qual a boa sorte se transformou em má sorte, no sentido que se desenvolveu uma espécie de cultura separatista com subgrupos e sub-sub-grupos. Suponho que é só questão de tempo até que APdeBA se divida em AP e de BA. É uma lastima, mas é verdade.

Mirta Oelsner: Crê que o trabalho do supervisor influi no tratamento do paciente?

Dr. Meltzer: Certamente espero que sim. Eu creio que quando o supervisor e o supervisionando formaram uma boa dupla, o paciente recebe uma análise mais rica, e podemos ver como se movimenta o material rapidamente como consequência da supervisão. A única maneira que o supervisor tem de julgar como se desenvolve o trabalho é como se movimenta o material. Especialmente se pode ver casos que estavam estancados por anos e durante a supervisão vai acontecendo um movimento. Não quero dizer que a supervisão está necessariamente cheia de novas ideias ou de interpretações mais corretas, entretanto, digo que o companheirismo da supervisão alavanca o trabalho que fica mais leve; e afrouxa a obsessividade e a rigidez, e as coisas se põem em marcha. A única maneira de avaliar é ver o que se passa com o paciente. O que o analista nos relata não diz nunca muito acerca dos matizes de seu comportamento no consultório. Temos que avaliar como respondeu o paciente a esta análise recentemente supervisionada e às vezes é surpreendente.

Ao terminar, Meltzer ofereceu levar-nos de volta até o centro de Oxford. Despediu-se com poucas palavras como sempre. Contudo nada mais fez falta.

Donald Meltzer

Introdução às ideias de Donald Meltzer vinculadas ao material clínico das supervisões

Felisa Waksman de Fisch

Costuma-se colocar Donald Meltzer entre os psicanalistas pós--kleinianos, se entendemos por "pós" uma sequência cronológica e uma continuidade e evolução conceitual. Meltzer reconhece que se baseou nas obras de Freud, Klein e Bion e teceu o desenvolvimento de suas ideias com os autores que foram seus contemporâneos, principalmente Money-Kyrle, Esther Bick, Herbert Rosenfeld e Martha Harris. Também recebeu a influência de autores não psicanalíticos de campos tão diversos como de Wittgenstein, A. Stokes, H. Pinter e Dostoievsky.

Reconhece o aporte de numerosos psicanalistas de distintas partes do mundo, com os quais estabeleceu intercâmbio de materiais clínicos diversos durante as supervisões. Seu reconhecimento não se limita aos estímulos do campo psicanalítico, mas também ao impacto que lhe causaram obras de arte e literatura, a vida familiar e a comunidade, os grupos, as instituições e a beleza da paisagem em geral. Estes impactos, para os quais os artistas possuem talentos de expressão, levaram Meltzer à necessidade pessoal de transmiti-los em palavras. Ele expressa a convicção de que embora as obras se leem e se esqueçam são um grão de areia que provém de cada ciclo de vida e contribuem ao vasto campo da cultura.

Seus temas de investigação são muito variados: técnica psicanalítica, teoria do desenvolvimento, psicopatologia de crianças, adolescentes e adultos e a relação da psicopatologia com uma metapsicologia baseada na de seus predecessores que o levou a contribuições originais. Sua obra se estende por quarenta anos, o que lhe permitiu revisar e amadurecer algumas de suas concepções iniciais. Em seus escritos, às vezes desenvolve afirmações colaterais, seus pontos de vista sobre o fazer psicanalítico, que resulta difícil e incompleta qualquer escolha para fazer um resumo.

Escolhi apresentar brevemente algumas das ideias centrais de sua clínica e irei estender-me mais nos temas relacionados com as supervisões publicadas, cujos comentários estarão ao final de cada supervisão. Tenho tratado, na medida do possível, evitar pontos de vista pessoais sobre o material e de me referir somente às ideias que encontrei em seus trabalhos, tendo em conta que sintetizar como traduzir produz sempre um nível de alteração (ou de traição) das ideias do autor.

O processo psicanalítico

No livro *O Processo Psicanalítico* (1967), Meltzer afirma que o método psicanalítico se baseia na capacidade do paciente de experimentar relações transferenciais e considera que as etapas da evolução do processo são etapas de evolução da transferência que se modifica segundo as variações da estrutura mental em seus níveis inconscientes. Por esta razão, descreve o processo como uma história natural baseada em estruturas profundas, na medida em que as variações transferenciais são o indicador das mudanças que se produzem nestas estruturas.

Estas etapas são variáveis e se repetem nos distintos ciclos (sessões, semanas, períodos). A finalidade de processo é o estabelecimento da capacidade de autoanálise que é uma tarefa que dura a vida toda, e implica na responsabilidade da realidade psíquica. Esta capacidade se pode conseguir quando se estabelece a dependência das funções criativas dos objetos internos, a nível inconsciente.

As primeiras etapas da análise, tanto em adultos como em crianças, se baseiam na tendência natural a transferir sobre as pessoas do mundo externo os personagens do mundo interno e esta tendência se concentra no analista na medida em que as sessões começam a trazer alívio da ansiedade. Esta concentração Meltzer denomina "Colheita da transferência" e estabelece que as formas da transferência somente podem ser produzidas e detectadas com o estabelecimento do enquadre. O enquadre – que se apoia essencialmente no estado mental do analista e no clima que pode criar na sessão – requer do analista as qualidades básicas dos objetos parentais: paciência, atenção, ausência de intrusividade, liberdade de compreensão que não esteja motivada por nenhuma curiosidade pessoal. O enquadre tem que remodelar-se continuamente não somente pela tendência à atuação do paciente, mas também pelas do analista, já que para o paciente o *"acting-in"* e o *"acting-out"* constituem seus primeiros modos de comunicação.

Em pacientes adultos – que vêm carregados de preconceitos (a transferência pré-formada) – a pseudo colaboração inicial se desvanece quando surgem as primeiras experiências de alívio de sofrimento dos níveis infantis. Isto traz junto a necessidade da presença contínua do analista – embora não de dependência – que gera, frente às primeiras separações, uma reativação do sofrimento.

O paciente tenta resolver estas ansiedades com mecanismos que anulem as consequências da separação do objeto. A identificação projetiva maciça cumpre este proposito ao gerar uma confusão entre o objeto e o self. Portanto, o paciente se atribui as capacidades e as funções que são do analista.

Meltzer se dedica a tentar resolver estas confusões no capítulo "Ordenamento das confusões geográficas" tendo em conta que o que chama geografia da mente, implica aceitar que a vida mental inconsciente habita em distintos espaços possíveis[1]. Um destes espaços é o interior do objeto interno no qual se introduz uma parte do self.

Como consequência da identificação projetiva maciça no interior do objeto, se produz uma reversão da relação adulto-criança e um controle onipotente do analista. Tanto em crianças como em adultos, a identificação projetiva se instrumentaliza por meio de sedução, ameaças e chantagens mais ou menos encobertas. Esta confusão de identidade entre o self e o objeto é acompanhada de uma confusão entre o mundo interno e o mundo externo.

Quando o trabalho analítico alivia este tipo de confusões o analista começa a ser visto como um objeto descriminado, mas

---

1 Ver a classificação dos espaços no livro *Claustrum*.

parcial, com uma única função que é a de conter o sofrimento das partes projetadas nele. É um objeto necessitado, mas não amado,[2] ao qual Meltzer chama: "seio-toalete". Na análise se evidencia o "uso" do analista como depositário de sofrimento. Um *acting* frequente neste período é o de cindir o objeto de modo que o bem-estar e o progresso são colocados num personagem do mundo externo. O paciente diz que melhorou com os conselhos do amigo, do padre ou inclusive de procedimentos que provém de algum outro lugar de curas. Produz-se, assim, a cisão entre um objeto que contêm a dor e outro que proporciona compreensão.

Esta relação com objeto parcial constitui a identificação projetiva como recurso defensivo. Ao aclarar-se as confusões geográficas – entre as áreas do self e as áreas do objeto – se estabelecem as bases estruturais para o surgimento de novas configurações transferenciais.

Nos casos em que a identificação projetiva de uma parte do self no interior do objeto, deixa de ser configuração oscilante durante as separações para transformar-se em uma estrutura estável, surge a problemática que Meltzer estuda no *Claustrum*, que implica um processo e uma técnica interpretativa diferente.

O estabelecimento da transferência no "seio-toalete" quando se dirige essencialmente ao analista e não se dilui em atuações no mundo externo, vai dando lugar à constituição de um objeto que é paulatinamente introjetado e se torna disponível no mundo interno durante as separações. Ao diminuir as confusões geográficas, a discriminação entre o self e os objetos permite o aparecimento das configurações edípicas – no princípio com componentes pré-genitais e logo com componentes genitais – surgindo assim o problema dos ciúmes, a exclusão e os desejos de gratificação que vão inundando a transferência. O risco desta erotização transferencial

---

2 O amor ao objeto inclui preocupações depressivas para seu bem estar, inexistente nesta fase.

é o estabelecimento de uma idealização recíproca entre paciente e analista com uma anulação das diferenças entre as partes infantis e as partes adultas da personalidade do paciente.

A análise entra assim na etapa que Meltzer denomina "Ordenação das Confusões Zonais", referindo-se às distintas zonas erógenas e sua forma de intercâmbio com o objeto. A crescente admiração pelo método analítico que equivale na fantasia à admiração pela beleza da mãe, especialmente seus peitos, gera diversos conflitos. O sofrimento se atenua pela arrogância do self infantil que acredita serem as partes do corpo da criança (nádegas e bochechas) equivalentes ou mais belas que o peito materno. As confusões zonais originam várias possibilidades de permuta: a tão conhecida equivalência fezes = pênis = bebês evidencia, não somente a confusão de zonas e produtos, mas a idealização da produção infantil (as fezes) como equivalentes às produções parentais. Os pacientes que se encontram nesta etapa creem que sua compreensão e sua auto interpretação são melhores que as que oferece o analista.

A elaboração destas confusões reforça a dependência introjetiva: O analista é o que oferece a nutrição mental para o crescimento e a integração. Quando o peito analítico cumpre estas funções, na fantasia, vai se abrindo o caminho ao reconhecimento das funções paternas que se consideram altamente reparatórias para o objeto materno.

A união no mundo interno das funções maternas e paternas constitui a base sobre a qual se assentam o reconhecimento da realidade psíquica e a capacidade simbólica. Possibilita-se, deste modo, a autoanálise verdadeira, diferente das presunções da sabedoria das etapas das confusões zonais. Quando estas possibilidades começam a aparecer no horizonte, a ameaça da perda do peito (o futuro desmame), produz como defesa contra o término da análise um incremento da desconfiança na força do analista, que fica à mercê das partes infantis mais agressivas.

Enquanto na etapa das confusões zonais o problema central é a erotização e os ciúmes, nesta etapa que Meltzer denomina "O umbral da posição depressiva" o problema é a oscilação entre o dano e a reparação, entre a posição esquizoparanóide e a depressiva.

No material e especialmente nos sonhos há evidências de que se produza um tipo particular de cisão entre a parte adulta e a infantil; a ambivalência está distribuída em ambas as partes. A parte adulta anseia a independência do analista real a preservação da análise como um método que seguirá durante toda a vida, na medida em que se mantem a responsabilidade pela realidade psíquica e por seus significados. A parte infantil deseja uma permanência interminável na analise como único lugar em que outra pessoa está disposta a pôr todo o seu esforço em compreender a vida mental do paciente. Este período do "umbral" é muito trabalhoso na análise, porque as tendências regressivas que acentuam as cisões têm que ser permanentemente elaboradas e a confiança na força do objeto deve ser interminavelmente restituída.

A luta no umbral da posição depressiva centra-se não só em elaborar estes ataques destrutivos à análise e ao analista, mas também em atravessar períodos pouco produtivos, bem tediosos nos quais se reforçam os mecanismos obsessivos e uma reativação da latência.

A última etapa, "O desmame" e ao mesmo tempo dolorosa e bonita. Os problemas de ciúmes, exclusão, voracidade e desconfiança dão lugar ao reconhecimento do trabalho do analista e da necessidade de poupar-lhe um tempo de vida que deve dedicar a outros pacientes. Quando se insiste em falar da dependência do analista – equivalente à dependência dos objetos internos – a palavra "dependência" que entrou em tal modo na linguagem comum, deve recuperar seu significado analítico. É comum que os pacientes na luta contra ansiedades depressivas entendam mal toda a referência à dependência como subserviência e submissão, ou a equiparam, com o termo psiquiátrico dependência que está vinculado à adição.

A dependência no sentido analítico implica o crescente reconhecimento de que as capacidades criativas e reparatórias não são atributo do self, e sim o resultado do sustento e da inspiração que emanam dos objetos internos, que despertam gratidão e esperança.

As capacidades adultas da vida real se adquirem por identificação introjetiva dos objetos internos. Assim como a resolução das confusões geográficas e a diminuição da identificação projetiva marca a passagem dos transtornos psicóticos aos neuróticos, o estabelecimento da dependência introjetiva no mundo interno, abre o caminho interminável aos processos integrativos e à maturação da personalidade.[3]

Dois trabalhos sobre a teoria da técnica

Os trabalhos que seguem, desenvolvem alguns aspectos da construção de interpretações e da "atenção flutuante", como o clima do analista no qual se geram as interpretações.

No trabalho de 1973 "Interpretações rotineiras e inspiradas: sua relação com o processo de desmame na análise", Meltzer descreve duas formas externas de gerar interpretações com o objetivo de analisar suas consequências e seus riscos para o processo analítico, tanto no paciente como no analista. Este trabalho pode ser considerado como uma continuação do *O Processo Psicanalítico*, em especial em suas últimas etapas.

A psicanálise como método de tratamento é vulnerável porque mantem certa indefinição nas formulações técnicas e uma distância

---

3 Ver identificação introjetiva (Ponto 4), pág. 23.

entre o que o analista pode captar e o que pode descrever. Os deslizamentos "silvestres" constituem um destes pontos vulneráveis.

A análise "silvestre" como denominou Freud, não é apenas a dos analistas não treinados, mas de qualquer analista quando emergem aspectos de sua própria psicopatologia não analisada, que se manifestam como emoções e comportamentos contratransferenciais, especialmente aqueles que implicam uma ruptura técnica. Estes comportamentos podem racionalizar-se e transformar-se em teorias cuja base emocional não compreendida emerge como o ardor irracional de alguns debates.

Mesmo quando o método está muito ajustado, por ser a atividade interpretativa uma função da personalidade do analista, as interpretações podem conter elementos idiossincráticos não discutíveis, nem transmissíveis, que constituem aspectos vulneráveis da comunicação entre colegas.

De modo geral, é possível descrever dois tipos de interpretações. Num deles, o trabalho interpretativo introduz ordem, aclara confusões, estabelece vínculos e encontra uma notação na qual ancorar a experiência inconsciente com o objetivo de ser recordada.

Este trabalho interpretativo facilita a evolução da transferência e a descrição de conflitos que foram ocultos por mecanismos de defesa. Meltzer chama-o de *interpretações rotineiras* apoiadas em experiências passadas. Pode-se dizer que o analista observa o paciente – seu comportamento e suas palavras – que configuram uma *Gestalt* em sua mente, às quais logo aplica alguns elementos de seu acervo teórico de um modo explicativo. Tem características de um trabalho racional, primordialmente consciente, um tanto achatado. Um estilo um tanto pedagógico: o analista ensina a criança.

No outro extremo descreve a atividade do analista que está exposto e aberto ao impacto das produções do paciente e tem uma experiência essencialmente pessoal, uma representação que está ausente no material do paciente e que pode usar, com ajuda de sua equipagem teórica e seus vínculos com experiências passadas para explorar o significado da relação entre as duas pessoas que estão no consultório. Meltzer considera que estas são *interpretações inspiradas*, cujo risco é a megalomania do analista.

Ao mesmo tempo que descreve esta polaridade, coloca dúvidas que possam surgir ao diferenciá-las. Aclara esta dúvida ao reiterar que a inspiração, em geral, somente se gera em vínculos inconscientes. Na atitude pedagógica explicativa das interpretações rotineiras, sempre se desliza um elemento de atuação na contratransferência, atua-se o papel do adulto que ensina, de modo que se o paciente associa, deixa espaços para a interpretação e parece colaborar, e se gera uma idealização do tipo de "família feliz" na situação analítica.

Meltzer equipara esta atividade com a diferença que estabelece Bion entre "conhecer sobre algo" de "conhecer algo". O conhecer implica um "ato de fé" e o ato de fé está ligado a "sem memória e sem desejo". Embora a *interpretação inspirada* não seja equiparável a um "ato de fé", compartilha com o mesmo, sua desvinculação da memória e de toda a pretensão explicativa. Não se dirige à criança no paciente, mas estabelece uma camaradagem com sua parte adulta iniciando uma aventura compartilhada. O risco, então, de cair na megalomania desaparece se na mente do analista se mantém o nível inconsciente, a estrutura do par combinado.

Quando é possível estabelecer esta camaradagem, o paciente está mais interessado no desenvolvimento de sua personalidade que em seus sintomas e a análise se encaminha para seu término: o desmame é desejado e necessário, os objetos devem recuperar sua liberdade, assim como o paciente tem que estar livre para seguir seu próprio desenvolvimento. A qualidade dolorosa para ambos os participantes é gerada pela reativação de todos os lutos especialmente se os pais não estão vivos. Surgem as dúvidas: não estaremos terminando muito precocemente?

No trabalho de 1976 "Temperatura e distância como dimensões técnicas da interpretação", Meltzer aporta uma série de considerações originais acerca de sua experiência no manejo das mudanças de emocionalidade durante as sessões.

A construção da interpretação deve integrar os diferentes níveis metapsicológicos com relação à situação transferencial, mas esta formulação complexa nem sempre é alcançada. Grande parte da atividade do analista que Meltzer chama "exploração interpretativa", tende a facilitar a emergência de materiais para a construção de uma interpretação. Introduz os termos "ingenuidade linguística" e "ingenuidade técnica" para assinalar as peregrinações do pensamento e sua forma de compartilhá-las com o paciente, sem dirigi-lo, sedu-zi-lo, assustá-lo ou confundi-lo, e sim, estimulá-lo para enriquecer seu material de modo que os processos intuitivos inconscientes do paciente e do analista funcionem mais amplamente. Esta "ingenui-dade" também prepara o paciente para que possa introjetar em seus objetos internos as qualidades analíticas da mente, introjeção que gera a esperança de ser capaz de autoanalise.[4]

Seguindo certas tendências linguísticas, Meltzer considera que a linguagem se desenvolve em distintos níveis. As raízes mais pro-fundas (Wittgenstein) são essencialmente musicais tanto no senti-do histórico como no desenvolvimento individual e servem para comunicar estados mentais por meio de identificações projetivas. Sobre este nível vai se construindo o nível lexical necessário para a informação dos fatos do mundo externo. A função poética encontra as formas metafóricas de descrever sucessos do mundo interno por meio das formas do mundo externo. Através da modulação

---

4 Meltzer afirma que a capacidade analítica advém da inspiração e depende do equipamento dos objetos internos mais do que do self.

42   INTRODUÇÃO ÀS IDEIAS DE DONALD MELTZER

destes três níveis: o musical, o lexical e o metafórico, se controla a atmosfera da comunicação na sessão cujas dimensões denomina *temperatura e distância*.

Neste trabalho Meltzer se dedica especialmente ao nível musical e sugere a avaliação do tom, do ritmo, a clave, o timbre e o volume no qual o analista formula a interpretação, já que isto torna possível controlar a musicalidade de sua voz.

Quando o ardor da comunicação do paciente é extremo, convém manter um tom baixo, e elevá-lo, tratando de infundir vitalidade quando o paciente fala languidamente. Todo o analista estabelece estas regras automaticamente, mas a atenção colocada na musicalidade da interpretação está basicamente ao serviço de proteger o analista para não se deixar arrastar para a atmosfera gerada pelo paciente e a reprodução da musicalidade de sua voz. Se isto sucedesse o paciente teria a evidência do controle onipotente que exerce sobre o analista.

Chama *temperatura* o clima que se gera tendo presente o controle musical ou seja a transmissão emocional adequada para o trabalho analítico.

Ao levarmos em conta as cisões do self, a comunicação do analista deve variar quando tenta dirigir-se aos diversos níveis, os infantis ou os adultos. Há um modo indireto de dirigir-se à criança, falando-lhe sobre ela, à parte adulta. Este direcionamento também estabelece as *distâncias* de interpretação. Em sua prática prefere regular a distância tendo em conta a dor que vai gerar a interpretação: quando as interpretações se dirigem a ansiedades persecutórias, podem ser diretas, porque deste modo diminuem o sofrimento.

As interpretações que se referem a ansiedades depressivas aumentam a dor mental e, nestes casos, se dirige a parte adulta para falar-lhe acerca daquela que mais padece o sofrimento. Quando fala ao adulto considera conveniente adaptar-se ao nível cultural do paciente ou ao nível que o paciente aspira chegar.

Em trabalhos ulteriores (Meltzer, 1986) mudou o acento posto na interpretação como "modificadora" da ansiedade para considerar suas funções em termos de sua riqueza clareza e economia. Considera que as modificações da ansiedade dependem de mudanças estruturais estáveis. A exatidão da interpretação não é o fator crucial na evolução da transferência, senão um dos fatores – entre outros – sobre os quais se podem assentar as tendências ao desenvolvimento. Deste modo, muda a visão kleiniana de que a modificação da ansiedade profunda depende do acerto interpretativo, momento a momento da sessão, e o considera um ganho mais ou menos estável ao longo da evolução transferencial em geral.

Estados sexuais da mente

Esta obra publicada em 1973 dá continuidade à linha de investigação que teve seu início dez anos antes, com o estudo dos processos ciclotímicos, a hipocondria e a pseudomaturidade. O fio condutor foi a busca de formulações metafisicológicas que dessem conta de diversas manifestações sintomáticas e caracterológicas, para que pudesse se afastar de toda reminiscência psiquiátrica ou puramente comportamental.

As hipóteses estruturais continuam a teoria de Freud e incluem as modificações kleinianas: a descrição dos processos de cisão do ego e as qualidades das partes cindidas; as relações com os objetos internos (enquanto constituintes do superego), suas características parciais ou totais; os modos identificatórios e suas consequência emocionais.

Resulta central a relação do self infantil com os objetos internos em seu vínculo sexual, que configuram a cena primária.

A primeira parte do livro é uma revisão das teorias da sexualidade, em Freud, Abraham e Klein, que inclui os pontos de vista evolutivos e da psicopatologia que desenvolvem.

A segunda parte delineia seus pontos de vista originais sobre a sexualidade, essencialmente centrada nos estados mentais vinculados a manifestações ou fantasias sexuais e a terceira parte aplica suas teorias a temas tão diversos como a educação, a política e a pornografia.

Escolhi resumir somente as configurações da sexualidade adulta e infantil porque são os temas mais vinculados ao material clínico que foi apresentado e que irei citar em comentários posteriores.

Seus aportes mais originais estão vinculados à sexualidade infantil perversa, que, em outros capítulos, ele vincula com as perversões, adições e a perversão da transferência. Estes pontos de vista vão sendo enriquecidos posteriormente quando ele estuda os fenômenos de identificação intrusiva e a vida dentro do objeto, em seu livro *Claustrum*.

A. Sexualidade adulta polimorfa (Capítulo 11)

A manutenção da regra fundamental nos assegura a privacidade da vida sexual adulta do paciente, que não é motivo de análise. Todo relato de atividades sexuais nas sessões nos alerta acerca de seu caráter transferencial infantil e quando é relatado com seriedade e colaboração, deleta seu caráter pseudo – maduro pela falta de sinceridade emocional.

Na sexualidade adulta, as atividades pré-genitais e os jogos preliminares são parte do cortejo que reproduz modos arcaicos de sedução. Mas se estes componentes pré-genitais são muito ativos, assinalariam sua relação com as fantasias inconscientes acerca das funções do genital paterno em cada uma das zonas e orifícios maternos. Estas funções são basicamente reparatórias, e os componentes pré-genitais da sexualidade adulta surgem pela identificação introjetiva com os objetos internos e suas funções nas diversas zonas. Pode-se considerar que este tipo de atividade pré-genital é um alcance integrativo da posição depressiva.

Assim como a sexualidade infantil polimorfa é jogo lúdico, a sexualidade adulta é trabalho no sentido das funções reparatórias do intercurso. É uma relação internamente complexa, na qual se integrou a bissexualidade, de modo que os aspectos femininos e masculinos de cada membro do casal permitem uma intensa intimidade com o outro, tanto por processos introjetivos como por processos projetivos modulados, que implicam uma comunicação sem controle nem domínio.

Assim como a sexualidade adulta se constrói por identificação introjetiva com uma cena primaria boa, libidinal, a perversão se constrói por identificação intrusiva com os componentes de uma cena primaria má, tanática.

B. Sexualidade infantil polimorfa (Capítulo 12)

Frente à cena primaria na fantasia inconsciente, o self infantil manifesta suas tendências, edípicas diretas e invertidas.

Meltzer usa um sistema de notação que deriva da linguagem das crianças para nomear os componentes estruturais da mente que formam a trama edípica. Considera que esta linguagem, que surge e se dirige às partes infantis da criança e do adulto, é mais útil para expressar as hipóteses próximas à clínica do que a linguagem teórica psicanalítica. Por esta razão que as partes do self e dos objetos da cena sexual polimorfa são denominadas: o pai, a mãe, a menina, o menino e o bebê dentro da mãe. A inclusão deste último participante se baseia nas descobertas kleinianas de que as fantasias infantis, se centram nos conteúdos do corpo da mãe como situação sexual básica.

Os estados mentais que se vinculam à sexualidade polimorfa, ao estarem dominados pelas configurações edípicas tem como preocupação central os ciúmes, a rivalidade, a exclusão e alívio das tensões geradas pela excitação e ansiedade. O vínculo entre os pais é sentido como libidinal.

Tanto por inexperiência como por déficit de identificação, as fantasias e atividades são exploratórias, passam de uma zona a outra e se adquirem por imitação ou por identificação projetiva. As atividades se orientam na busca de prazer, mas não se chega a um clímax orgástico que deixe sequelas de culpa. O estado mental que corresponde à sexualidade infantil polimorfa é essencialmente egocêntrico, o que leva à masturbação ou à promiscuidade, com características de jogos que são isentos de fins destrutivos.

C. Sexualidade infantil perversa (Capítulo 13)

A sexualidade infantil perversa está incluída em cada uma das áreas da psicopatologia, tendo em conta que se trata de estados mentais e não de atividades. Implica o aparecimento de outro personagem na cena primária do mundo interno que Meltzer denomina o *"outsider"* por ser externo à configuração edípica idealizada como foi descrita em "Sexualidade polimorfa".

Este personagem se propõe a gerar confusões porque altera a adequada cisão e idealização que permite a categorização e diferenciação entre bom e mau. Utiliza como recursos um ataque cínico à verdade. O *"outsider"* pode ser projetado em qualquer personagem da vida real, desde irmãos, familiares, personagens admirados e temidos por sua habilidade verbal, muscular ou beleza e são usados com fins agressivos. O principal objetivo do ataque é destruir a confiança nas capacidades de criatividade, força e bondade dos objetos internos, e, especialmente, o ataque à criatividade do coito que, em última instância, implica na morte dos bebês internos.

Esta organização destrutiva como as outras estruturas mentais relacionadas à sexualidade é em geral alternante e oscilante e se detecta clinicamente quando assume o domínio da ação e da consciência de "si mesmo". A qualidade emocional é basicamente maníaca: propõe o triunfo sobre qualquer ansiedade, principalmente as ansiedades depressivas com seu componente de culpa.

Esta estrutura pode-se fixar e perdurar no tempo como estados sadomasoquistas permanentes em perversões clínicas e adições.

As atividades masturbatórias que correspondem a estes estados mentais, são usadas para gerar onipotência em relação aos objetos internos. Esta onipotência pode se estender ao mundo externo e se constituir em um poder que os outros acreditam.

A masturbação de todas as zonas na perversão é a base da omnisciência: produz teorias afirmadas com arrogância, a certeza do conhecimento do mundo e uma lógica sem fraturas. Cabe diferenciá-la da masturbação nos estados polimorfos que é exploratória e está motivada pela ignorância, devido a um déficit de identificação com os objetos internos. Sua insistência não resolve o sentimento de ignorância, de modo que cada nova exploração é uma nova busca sem sucessos.

A descrição das estruturas nas distintas formas da sexualidade, gera a impressão de que nos encontramos com um mundo interno demasiado povoado. Onde estão todos estes atores do drama pessoal? Suponho que Klein diria que habitam como entes concretos na realidade psíquica. Agregaria que fazemos conjecturas de como se estruturam diversos níveis do aparato psíquico, estruturas que podem se tornar ativas e se manifestam em emoções e comportamentos. Ou, inversamente, emoções, comportamentos, sonhos, associações, jogos, que nos permitem armar uma hipótese coerente, uma conjectura apta para operar clinicamente. Quando lembramos o modelo de ego pressionado pelos três amos, não podemos deixar de vê-lo como um antecessor deste drama interno.

"Uma nota sobre processos introjetivos" (1978)

Meltzer estuda as características da experiência com o objeto que pode levar a processos introjetivos, que é para ele "o mais importante e mais misterioso conceito em psicanálise". Nem Freud nem Klein com sua ancoragem no modelo oral canibalístico, puderam dar uma resposta que incluísse as condições do objeto e do ego, que são requeridas para a introjeção.

Meltzer se baseia em seus estudos sobre as dimensionalidades do espaço e do tempo – em *Explorações em autismo* e em suas descobertas em *O processo psicanalítico* – para afirmar que a introjeção de novas qualidades não se dirige ao ego e sim aos objetos internos, enriquecendo-os com novas capacidades.

Distingue os processos de memória que nos permitem recordar, dos processos introjetivos inconscientes pelos quais as pessoas e os fatos existem na mente e são independentes de nossa vontade. Não podem se produzir os processos introjetivos inconscientes se os objetos estão fragmentados e são evacuados (como na projeção) ou aprisionados e imobilizados (como no controle onipotente).

Seguindo a Bion, Meltzer considera a experiência emocional como a unidade de dados mentais, sobre a qual atua o aparato para pensar que pode desenvolvê-los até os maiores níveis de abstração. "Sem memória e sem desejo" e a condição da experiência emocional, ou seja, sem "reminiscências" do passado nem "expectativas futuras" que se superpõem entre si frente ao anseio do objeto perdido, porque a experiência emocional tem que ser "fugaz" e presente.

O protótipo desta experiência é essencialmente o de ir e vir do peito da mãe, que se detém para alimentar o bebê e depois o deixa. A experiência de satisfação é quando deixa ao objeto sua liberdade (um objeto que vem e que se deixa ir). Quando o momento da experiência emocional fica esmagado entre o passado e o futuro, não há experiência de satisfação. Este "momento" não tem uma medida temporal em termos de tempo externo, e sim se caracteriza pela sua força, sua intensidade.

De modo que uma experiência é "satisfatória" se é fugaz, se a ausência pode gerar pensamentos (prazerosos ou dolorosos). Esta capacidade é a condição previa para que seja possível a *introjeção* da experiência com o objeto.

As boas experiências têm que ser "toleradas" sem levar à megalomania. Quando a experiência é muito intensa existe o risco de que os sentimentos de gratidão se tornem intoleráveis e podem desarticular a experiência presente.

A introjeção, que aumenta as capacidades dos objetos internos, permite que estes funcionem como modelo para as aspirações do ego. Em um segundo passo são possíveis as *identificações* do self com seus objetos enriquecidos e admirados (Ideal do Ego). Estas *identificações* não são imediatas e sim requerem a elaboração de ansiedades depressivas para que o ego supere a ambivalência.

Apresento a síntese deste trabalho para manter no contexto o conceito de identificação introjetivas, como a entende o autor, porque está implícito na compreensão do estado mental da sexualidade adulta e das últimas etapas do processo psicanalítico. Ao mesmo tempo é uma referência entretecida nas supervisões na contraluz dos mais frequentes processos de identificação projetiva.

"O que é uma experiência emocional?"

Metapsicologia ampliada (Capítulo 2)

"Uma experiência emocional é o encontro com a beleza e o mistério do mundo que desperta um conflito entre L, H, e K e -L, -H, e -K. O sentido imediato é experimentado como emoções tão diversas como os objetos capazes de evocá-los desta forma tão imediata, e seu significado sempre se refere, em última instância, às relações humanas intimas".[5]

Bion foi o primeiro autor psicanalítico que formulou o lugar central e de origem que tem as emoções na evolução dos pensamentos e das construções simbólicas.

O interesse de Meltzer é poder distinguir esta *experiência emocional* nos analistas e nos pacientes e diferenciá-la das outras manifestações da atividade humana mental que não levam à formação simbólica e à posterior evolução dos pensamentos. Grande parte de nossa vida transcorre fora desta área? A sobrevivência seria impossível se não respondêssemos automaticamente – em um nível protomental – aos requisitos da adaptação cultural.[6]

No processo de "apreender da experiência" como diferente dos fenômenos adaptativos, originam-se não somente as cadeias da complexidade do pensar, mas as bases de nossa personalidade.

O primeiro impacto do ser humano é o da beleza exterior da mãe e o mistério de seu interior, que desperta a sede de conhecimento. O impacto não é somente frente à beleza de seu corpo e seu mistério,

---

5 Omito a explicação dos vínculos L, H e K e de outros conceitos bionianos por estar além do propósito deste trabalho.

6 Aqui a adaptação cultural como automatismo é um conceito diverso da aprendizagem cultural que depende da proibição do incesto.

mas também frente à beleza e o mistério de sua mente, tendo em conta que se trata de um objeto combinado materno e paterno.

Mas este impacto desperta também as emoções negativas (motivadas pela inveja) gerando os vínculos -L, -H, -K que são anti-emoção e anti-conhecimento.

A sequência que delineia Meltzer pode se resumir nas seguintes etapas:

1) complexo conjunto das experiências percebidas que não se explica por leis de causa e efeito;

2) estímulo à imaginação para explorá-las gerando as primeiras formações simbólicas;

3) o sentido da experiência começa a ser explorado no universo do discurso que é infinito e onde nada é correto ou incorreto. A crença de que algo é correto acaba com a exploração e o deslocamento, e estaria catalogado como uma crença em -K;

4) o significado é pelo contrário o resultado de sua elaboração dentro desta visão do mundo construído, pela imaginação.

Quando este caminho dá à luz a uma nova ideia, se desencadeia uma "mudança catastrófica" segundo Bion, que reordena a imagem do mundo para dar espaço a uma nova ideia. É sabido que a mãe por meio de sua capacidade de "rêverie" desempenha um papel básico na aprendizagem deste caminho do pensamento, diferente de todas as armaduras de caráter social. Estas últimas são áreas de interação *casuais* sem emoção, ou *contratuais* cujas respostas estão aprendidas e impedem uma resposta emocional espontânea.

Somente nas relações humanas *íntimas* se dá esta evolução das experiências emocionais que podem gerar pensamentos.

Vale a pena destacar que em quase todas as supervisões, Meltzer buscou diferenciar os momentos de *intimidade* nos quais o pensar psicanalítico pode gerar-se.

O problema do contato entre analista e paciente foi investigado por vários autores pós-kleinianos sem que se conseguisse a formulação metapsicológica deste problema clínico. A definição de Meltzer no início deste capítulo estabelece que o contato ou "relação intima" somente é possível quando se desenvolve a experiência emocional até conseguir a etapa de seu significado. Com esta visão se enfatiza a fragilidade deste processo e a tentação é de estabelecer relações *contratuais* não apenas na vida corrente, mas no trabalho analítico. Esta relação contratual se pode detectar toda vez que as teorias enunciadas automaticamente ou as interpretações de pseudotransferências, liberam ambos – analista e paciente – das angústias da espontaneidade e da exploração imaginativa.

Referências

Meltzer, D. (1963). A Contribution to the Metapsychology of Cyclothymic States. *International Journal of Psychoanalysis, 44*, 83-96.

— (1964). The Differentiation of Somatic Delusions from Hypochondria. *International Journal of Psychoanalysis, 45*, 246-250.

— (1966). The Relation of Anal Masturbation to Projective Identification. *International Journal of Psychoanalysis, 47*, 355.

— (1967). *The Psycho-Analytical Process.* Clunie Press, 1979.

— (1968/1994). A Note on Analytic Receptivity. En *Sincerity and Other Works.* H. Karnac.

— (1973a). *Sexual States of Mind.* Clunie Press.

— (1973b/1994). Routine and Inspired Interpretations: their Relation to the Weaning Process in Analysis. In *Sincerity and Other Works*. H. Karnac.

— (1976/1994). Temperature and Distance as Technical Dimensions of Interpretation. En *Sincerity and Other Works*. H. Karnac.

— (1978/1994). A Note on Introjective Process. En *Sincerity and Other Works*. H. Karnac.

— (1986a/1990). *Metapsicología Ampliada*. Spatia.

— (1986b/1994). The Psychoanalytic Process: twenty years on, the setting of the analytic encounter and the gathering of the transference. En *Sincerity and Other Works*. H. Karnac.

— (1992/1994). *Claustrum. Una investigación sobre los fenómenos claustrofóbicos*. Spatia.

1. Ana

Analista: Ana estava com vinte e cinco anos quando se deu nossa primeira entrevista em setembro de 1989. De aspecto bem adolescente, parecia bastante desarranjada em sua roupa e em seu cabelo.

Fiquei surpresa ao descobrir que ela tinha uma bebê e que a estava amamentando. Disse que se sentia muito mal, embora não pudesse descrever em que consistia esse sentimento ruim. Queria analisar-se, havia tido um tratamento anterior que não funcionou; tudo o que pode dizer sobre isso era que o terapeuta não queria saber do seu passado, só do presente.

Nessas primeiras entrevistas pensei que parecia ter muitas coisas de sua vida como em uma nebulosa; chamou-me a atenção o contraste entre aquela garota que demonstrava ter tão poucos recursos, que parecia perdida e sem saber muito sobre quem ela era, e o fato de ter podido tomar certas decisões como vir à Buenos Aires e ter sua filha. Concordamos em começar uma análise de três vezes por semana.

Algumas observações sobre os primeiros tempos da análise

Durante os primeiros meses da análise, senti-me bastante intrigada. Ela vinha regularmente embora às vezes faltasse sem avisar. Quando chamei sua atenção para este fato, disse-me que não percebera. Do mesmo modo, chegava atrasada muitas vezes sem nunca comentar sobre isso. Costumava ficar em longos silêncios que tinham a qualidade de não transmitir nada. Quando falava o fazia tensa como que com esforço; os começos não pareciam ser começos e sim continuação de algo.

O conteúdo, na maioria das vezes, parecia ser um problema, mas de ordem prática, ou pelo menos se referia a ele nesse nível.

Como conseguir uma empregada? Arrumar um emprego? A bebê chorou à noite, ficou doente, Ana não sabia o que fazer, nem como.

O material também continha referências a pessoas com quem precisava deixar a bebê para que a cuidassem enquanto ela saía e em quem não podia confiar. Essas pessoas pertenciam à sua família política; isso também trazia em um nível concreto, não sabia o que fazer, como lidar com aquelas pessoas. Um dia ela me trouxe duas fotos: uma do irmão e outra do marido. Disse que queria me mostrar, não sabia por que as carregava sempre em sua carteira.

Não trazia sonhos, dizia que não os lembrava, assim como não se lembrava de circunstâncias importantes de sua vida, por exemplo, o que viveu com relação ao desaparecimento de seu irmão; do mesmo modo muitos fatos relacionados com o nascimento de sua bebê se lhe escapavam.

Comecei a me dar conta de que Ana estava sobrecarregada com fatos de seu passado e as circunstâncias de seu presente. O nível tão concreto em que relatava suas coisas e no qual recebia as interpretações, bem como seu isolamento emocional, considerei como problemas.

Dr. Meltzer: *Parece que ela está no meio de uma psicose puerperal, pós-parto, mas não está revelando a analista todos os detalhes a respeito disso, ainda que se pode ver o aspecto confusional do estado mental da paciente.*

Analista: Vou apresentar duas sessões e alguns sonhos. As sessões correspondem a dois dias seguidos, segunda-feira e terça-feira.

As semanas anteriores a essas sessões havia sofrido com forte estado gripal e angina; também havia surgido um eczema nos dedos da mão e piorado sua alergia que se manifestava por ter constantemente o nariz obstruído e coceira.

Sessão de 03 de setembro

Chega na hora. Está vestida com um suéter roxo de angorá, que me chamou a atenção porque era muito diferente de suas roupas habituais. Mais tarde descobri que era um presente do pai de Juan, seu marido, e de sua atual esposa chamada Raquel, que não é a mãe de Juan. Raquel tem um filho. Começa com um silêncio.

Paciente: Bem, fui ao médico por causa de um eczema que surgiu em meus dedos (coça-os). Também tenho um eczema espalhado nas costas. Bem, o doutor disse que era por estresse; você falou que o eczema seria talvez, por um problema sexual... (me surpreendi porque não tinha registro de ter lhe dito algo assim) ... então o problema das baixas defesas que tenho e o eczema são problemas da minha cabeça. Juan disse que sou um pouco obsessiva, lavo as mãos muitas vezes.

Analista: O que é muitas vezes?

Paciente: Quando venho da rua, quando vou cozinhar, depois de ir ao banheiro e depois de trocar as fraldas da Alicia.

Dr. Meltzer: *Você acha que isso justificava o qualitativo "demasiado"?*

Analista: Não

Analista: Você não entende o que se passa com você e se angustia, são muitas coisas e está tratando de entender colocando algum nome que escutou: estresse, sexual, obsessivo.

Dr. Meltzer: *Não é tanto que está tratando de entender ou de localizar o que se passa com ela e sim está tratando de encontrar alguém que saiba.*

Paciente: (Silêncio). Tenho pavor de engravidar, às vezes minha barriga incha muito e desde que fui para *Cañada* (sua cidade natal onde mora atualmente sua mãe) não estou me cuidando, deixei de tomar pílulas, tenho um problema com o sexo.

Dr. Meltzer: *Você está próxima à associação que talvez explique que ela quer alguém que saiba dizer-lhe o que fazer, como por seu comportamento em ordem, porque sua vida está tomando as características de um estado caótico.*

Analista: Eu sentia que o que ela buscava em mim era algo assim como dar-lhe receitas de cozinha, receitas do que ter que fazer com o marido, com a filha etc.

Dr. Meltzer: *Minha impressão é que ela gostaria que a analista a ajudasse a ordenar sua conduta, para poder liberar sua mente de algum conteúdo perturbador que está produzindo talvez distúrbios psicossomáticos. E se poderia dizer que isso é típico das erupções psicóticas pós-parto, que as pacientes querem libertar-se dos conteúdos mentais perturbadores, não querem compreendê-los, entendê-los,* *analisá-los como uma experiência que lhe está acontecendo, o que querem é livrar-se disso.*

Analista: Pode dizer-me algo mais sobre o problema?

Paciente: Bem, agora não tenho desejo de ter relações, Juan sim, ele não quer se cuidar e eu não fico tranquila. Eu quero que ele use camisinha desde o começo, ele não quer e eu o estou controlando e não fico tranquila. Não sei por que deixei de tomar as pílulas em *Cañada*, pensei que não íamos ter relações, uma vez que dormíamos com Alicia, a bebê ... Além disso, quando Juan viu a bula, dizia que tinha que começar no primeiro dia e eu pensava que eram como as outras, no quinto dia e o primeiro dia já tinha passado. Com o diafragma é um problema, me disseram que era melhor o creme importado, peço ao Juan, mas ele não consegue.

Analista: Parece que o que você chama de problema com o sexo é medo de engravidar e não poder ou não saber cuidar-se. Problema também quer dizer que existem muitas coisas que se mesclam, coisas de sua cabeça, de suas mãos, do sexo. Você pede ao Juan que a cuide de nova gravidez, o nascimento da Alicia já foi muito para você, agora não fica tranquila. Creio que tem medo de que eu seja como Juan e que não tenha um lugar na minha cabeça para você.

Ela responde com um silêncio.

Dr. Meltzer: *Ela não só tem medo de uma nova gravidez como também está atemorizada que uma nova gravidez a faça reviver a experiência emocional a qual trata de se livrar. Experiência emocional da qual ela ainda não lhe falou, só quer que lhe tire de cima (apague da memória). Isto eu estou pensando, ainda não tenho evidências.*

Sessão de 04 de setembro

Quando entrou no consultório observei que parou no meio da sala, desabotoou o casaco e deixou-o cair no chão enquanto tirava o cardigã.

Dr. Meltzer: *O casaco era apropriado para o clima que fazia?*

Analista: Sim, era apropriado para o clima, mas de novo era como uma roupa que não tinha nada a ver com sua maneira habitual de se vestir. Também foi um presente muito caro, muito fino e ela se veste mais a moda hippie.

Participante: Foi uma atitude como que teatral tirar o casaco?

Analista: Não.

Dr. Meltzer: *Era uma atitude desorganizada.*

Paciente: Bem, depois de ontem me pareceu que não me cuido e as coisas que me acontecem é porque não me cuido. (Faz silêncio).

Analista: Podia me dizer algo mais sobre o que é para você não se cuidar?

Paciente: Bem, é isso. Ontem liguei para o ginecologista, mas não estava e estou inchada, quase não posso fechar as calças e depois me acontece o problema das costas e do eczema das mãos; são problemas da cabeça.

Analista: Parece-me que em seu corpo acontecem coisas que sua cabeça não entende, coisas raras, desconhecidas, como foram a gravidez e o parto. Problemas da cabeça quer dizer que você está querendo achar um lugar para tratar desses problemas. Poderia ser a análise que se ocupa desses problemas da cabeça?

Dr. Meltzer: *Penso que quando a paciente diz que tem que ver com sua cabeça, está se referindo a essas coisas que estão dentro de sua* *cabeça, porém que ainda não comunicou à analista, esses conteúdos perturbadores aos quais se referia no começo. Tem algo a ver com essas duas fotografias que leva sempre na sua carteira, as fotos de seu irmão e de seu marido, as que mostrou à analista.*

Analista: O irmão e o marido eram muito parecidos...

Paciente: (Ri como uma menina). Quando estive agora em *Cañada*, busquei coisas nos guarda-roupas. Gosto de procurar coisas nos guarda-roupas de lá, às vezes ponho ordem no guarda-roupa de minha mãe, levo coisas comigo, às vezes uso, outras não. Também tem um guarda-roupa de meu pai e outro com coisas de meu irmão; ali encontrei e levei esta jaqueta que às vezes uso.

Dr. Meltzer: *Estamos entrando em uma área que tem a ver com a criação da confusão. Uma confusão que ela mesma produz por meio de atividades que tem o sentido infantil de roubar coisas do papai e da mamãe com as quais coloca em seu marido, seu irmão e ela mesma, transformando seu irmão em seu marido. Ela pega uma camisa de seu pai e a dá ao seu marido da mesma forma que ela também usa. Então estamos entrando num problema que tem a ver com sua relação sexual precoce com seu irmão e em uma confusão, na qual ela confunde seu marido com seu irmão, e quando às vezes está tendo relações sexuais com seu marido ela fica confusa como se estivesse tendo relações sexuais com seu irmão.*

Analista: A jaqueta era de seu irmão e a camisa também.

Dr. Meltzer: *Podem pertencer ao seu irmão, mas ela está falando de entrar no guarda-roupa da mãe e no guarda-roupa do pai. Isso é o que ela diz. O que podemos fazer é ler isso exatamente como um sonho: ela está entrando nos genitais do papai e da mamãe e está tirando de lá as coisas com as quais coloca em si mesma e em seu irmão e desenvolve relações sexuais como fizeram mamãe e papai. E estas são as coisas que pertencem ao passado que tem a ver com* *sua relação sexual com seu irmão, e das quais a psicóloga anterior não queria falar. Assim chegamos de novo à referência às fotografias.*

Analista: O que você buscava nos guarda-roupas de *Cañada*? Para melhor entender algo de Ana, entender algo de mamãe, de papai, do que aconteceu ao seu irmão?

(Silêncio um pouco tenso, ela tem respiração difícil com nariz entupido)

Paciente: Na sexta-feira tive um sonho, quando acordei, lembrei-me, depois esqueci. Não sei por que eu esqueço, às vezes nem me lembro de ter sonhado; às vezes quero me lembrar de coisas que aconteceram e também não as lembro. Havia a imagem de uma mulher que eu conhecia depois foi apagado e eu não sabia quem era, e essa mulher me falava de alguém que havia desaparecido. (Faz silêncio).

Às vezes penso em meu irmão e sei que está morto, mas às vezes penso que vai chegar, que pode estar vivo.

Dr. Meltzer: *Agora ela está começando a mostrar algo do que está dentro de sua cabeça e que tem a ver com seu irmão, com seu marido etc.*

Analista: Quando suas memórias e sonhos desaparecem, assim como quando seu irmão desapareceu, parece que você também fica sem imagens conhecidas para ajudá-la saber quem você é, então nos guarda-roupas da *Cañada* talvez procure uma jaqueta, uma foto, algo que conte sobre as recordações dos que desaparecem de sua cabeça. Disso fala também a mulher dos sonhos, mas essa imagem desaparece, não é como as fotos. Talvez a imagem dessa mulher e o que ela diz seja uma imagem de mim e do que eu digo, mas parece que não há nenhum armário em sua cabeça onde você possa guardá-lo.

Dr. Meltzer: *Eu teria ligado esse sonho que foi esquecido – e que tem a ver com o que uma mulher está dizendo a ela, algo desapareceu, algo chamado seu irmão – com o fato que o esquecido do sonho foi posto em ação ao se meter nos armários. Eu teria interpretado o buscar nos guarda-roupas como um acting out, ligada com o esquecimento no sonho. Se relacionarmos o acting out com o pedaço de sonho que ela lembra, podemos formar uma hipótese sobre a totalidade do sonho que ela esqueceu; também podemos vincula-lo com todo o material recente relacionado a confusões em torno da sexualidade, pílulas, diafragmas, preservativos... "que parece ter a ver com experiências passadas em que você e seu irmão investigaram o quarto da mamãe e do papai e encontraram diafragmas e preservativos, e você experimentou o diafragma e ele experimentou o preservativo e trataram de fazer coisas sexuais como fazem os adultos"* [1]

Analista: Ela dormia no mesmo quarto com os pais até quatro anos.

Paciente: Às vezes eu penso que se meu irmão estivesse lá seria diferente, seria como um suporte, como um estímulo para a vida... (Silêncio) ... Às vezes quando estou deprimida e choro, rezo para ele, peço coisas como a Deus, às vezes também para o meu pai, mas ele eu sei que está morto. Minha irmã reza para meu pai como se ele fosse Deus, como se ele estivesse no céu... (Silêncio) ... eu, já faz tempo que parei de orar a Deus.

Dr. Meltzer: *Se eu tivesse interpretado como disse antes e esse fosse o material que continuava, então eu teria interpretado este novo material da seguinte forma: como uma representação dos espaços de sua infância onde a cama dos pais representavam o céu, o paraíso e, em vez disso, a área das camas dela mesma, de sua irmã e de seu irmão, era a área onde as crianças passavam de cama em cama e*

---

1 Ver Referências teóricas, pág. 39, "Sexualidade perversa em uma psicose puerperal".

desenvolviam seus jogos sexuais. Tendo interpretado isso também teria acrescentado que tudo parece ter a ver com esses conteúdos que estão em sua cabeça e que parecem estar causando toda a sua perturbação e seus distúrbios psicossomáticos, e que agora ela será capaz de começar a descobrir seu segredo e falar destas coisas. Isso é diferente da situação infantil onde isso era segredo e ela não queria que os pais descobrissem essas questões. E se pode imaginar, com um pai como o que ela descreve, como os filhos ficavam apavorados se algo disso fosse descoberto.

Analista: Eu gostaria de perguntar uma coisa, porque a dificuldade com que eu me encontrava é que não me evocava nada ao ouvir o que ela dizia, quer dizer, não havia nenhum contato emocional, ela falava e não me evocava nada, então achava que não havia simbolização. Você está se referindo a um mundo de grande riqueza simbólica e eu queria perguntar como você pensa sobre esses distúrbios psicossomáticos, qual é a relação. Se existe ou não todo esse mundo simbólico. Uma coisa é que seja secreto e outra coisa é não ter representação.

Dr. Meltzer: *Em primeiro lugar, estamos aqui lidando com experiências emocionais com as quais ela, em princípio, não é capaz de simbolizar, mas o problema imediato na transferência é que ela está querendo que a analista se dê conta das coisas que estão acontecendo na sua cabeça e que ela não pode dizer – não tenho certeza, mas acho que é porque ela tem medo, está assustada com tudo isso. Penso que há algo que o paciente não pode revelar. Estou escutando a totalidade do material que a paciente apresenta como se fosse um sonho fragmentado*
Analista: Era isso que eu estava tentando fazer...

Dr. Meltzer: *Bem, é preciso muita prática, porque quando se está lidando com uma paciente com este tipo de confusão de fato, estamos diante de uma classe de transtorno de pensamento, portanto* *o primeiro trabalho a ser feito é juntar todos os fragmentos e uni-los em um pensamento coerente.*[2]

Analista: O problema parece ser em quem você pode apoiar-se agora que possa servir como os guarda-roupas de *Cañada* e guardar os sonhos e memórias que desaparecem da sua cabeça. Seu irmão não está aqui, a religião não parece servir-lhe e creio que não sabe ainda se a análise pode ser um bom lugar para isso.

Dr. Meltzer: *Certo, é muito bom o que você disse a ela.*

Paciente: Às vezes tenho medo de fazer algo prejudicial, às vezes eu sinto que sou prejudicial.

Dr. Meltzer: *Isso é algo confidencial que o paciente está comunicando.*

Analista: Parece que às vezes você tem medo do que sente.

Sonhos

Vou apresentar quatro sonhos, três são de duas semanas após as sessões que apresentei. Os dois primeiros sonhos ela contou na segunda-feira, enfatizando que ela tinha sido capaz de lembrar-se; o terceiro sonho é de quinta-feira dessa mesma semana; o quarto sonho é de alguns meses depois. Os dois primeiros sonhos e sua interpretação, abrangeram praticamente toda a sessão, são os primeiros sonhos completos e não fragmentados desta análise.

Primeiro sonho

"Eu estava em um prédio muito grande, como a faculdade. Tinha que ir fazer um exame no andar de cima. Havia muita gente e era

---

2 Ver Referências teóricas, pág. 39, "Sexualidade perversa em uma psicose puerperal".

uma complicação, como na faculdade. Eu não sabia como chegar ao andar de cima, eu estava como que perdida. No meio encontrei um menino loiro, muito legal, que eu gostei muito, e fiquei como que olhando para ele.

Em certo momento eu cheguei ao andar de cima, tinha muitas pessoas fazendo exame.

Todos pareciam saber o que fazer e eu não sabia".

Dr. Meltzer: *Em primeiro lugar, não há muito que possa dizer sobre esse sonho, mas é claro que se refere a ansiedade frente aos exames, e isso tem a ver com a sua mente que vai ser examinada na análise sobre o que sabe ou o que não sabe. E o menino loiro indica que aquilo sobre o que ela vai ser examinada é o que sabe e o que não sabe acerca da sexualidade.*

Você poderia me dizer algo sobre seu consultório e a geografia de seu consultório? Ele está em sua casa ou em um prédio público?[3]

Analista: Fica no mesmo prédio onde moro, mas é outro apartamento.

Dr. Meltzer: *É um prédio grande? Quantos andares tem?*

Analista: Não... tem onze andares.

Associações ao primeiro sonho: associou o edifício a um lugar precário e a sentir-se no ar, como quando ela veio de sua cidade natal. Ela, sobretudo ultimamente, se sente bastante perdida na faculdade. Do menino só pode dizer que gostava dele, que era uma sensação muito agradável.

---

3 Ver Referências teóricas, pág. 39, "Sexualidade perversa em uma psicose puerperal".

Segundo sonho

Estavam no carro do pai de Juan. À frente iam o pai de Juan e Raquel, sua esposa. Atrás iam Juan e Ana. Sobre seus joelhos tinham gêmeos. Rachel se virou e ralhava com eles.

Associações: Ela associou os gêmeos a uma bolsa que Raquel deu a Alicia, a bebê de Ana. A bolsa tinha dois bonequinhos.

Dr. Meltzer: *Então nós temos uma associação aqui que liga com bebês do sonho. Esta bolsa que tinha dentro os bonecos, que poderíamos ligá-lo ao escroto contendo os testículos, ou o corpete que sustenta os seios, ou o útero contendo bebês.*

Analista: Raquel havia se oferecido para cuidar de Alicia, mas mais tarde ela disse que seu filho tinha problemas na escola e que ela tinha que ocupar-se dele. Ana não sabe agora se é conveniente ou não lhe perguntar se ela poderia cuidar da bebê.

Dr. Meltzer: *Provavelmente a implicação disso é que ela não tem certeza sobre a sinceridade do argumento da Raquel por não poder cuidar da bebê.*

Analista: Isso significa que devido a que ela não é totalmente sincera que lhe despertam estas suspeitas?

Dr. Meltzer: *Não, acho que tem a ver com o conteúdo anterior de Raquel ralhando com eles no sonho; isso significa que ela acredita que Raquel retirou sua ajuda porque não quer incentivá-los a ter mais bebês.*

Terceiro sonho

Ela sonhou que a analista estava indo para os Estados Unidos; Ana ia para casa da analista e não entendia nada. Como ela saiu tão de repente? como não lhe avisou? Ana começou a olhar tudo na sala, olhando as coisas da analista. De repente via entre essas coisas um

68   ANA

carrinho de bebê *Perego*, marca italiana de um super carrinho de bebê; o carrinho estava dobrado.

Dr. Meltzer: *Já não se trata agora de faculdade, agora estamos diretamente na casa da analista. Vamos ver então: tivemos a Raquel que a desafiou e não quer cuidar da bebê, e agora temos a analista que não quer cuidar mais da paciente bebê e vai embora. O material que aparecia antes como olhar nos guarda-roupas, aparece agora no sonho como o voyeurismo de olhar tudo no consultório da analista, e o que ela encontra é este lindo carrinho de bebê italiano que contêm esta suspeita de que a analista está tendo um bebê. Agora temos que transformar tudo isso, e então diríamos que a razão pela qual ela se sente compelida a olhar tanto para o consultório da analista é que ela tem essa suspeita que a analista vai ter um bebê e o que ela encontra confirma esta suspeita. Ela tem uma curiosidade intrusiva acerca da sexualidade dos pais analíticos, sua curiosidade intrusiva produz o temor não só de que os pais vão descobrir, mas por outro lado eles vão descobrir o motivo de sua curiosidade, e então descobrirão que ela sabe muito sobre sexualidade, e então eles vão tirar a conclusão: onde aprendeu tanto? Conhece porque ela e seu irmão estiveram envolvidos nessas atividades sexuais. E o castigo é ela ser rejeitada e substituída por um novo bebê.*[4]

Analista: Associações: alguns vizinhos com quem Ana às vezes deixa a bebê, que são admiráveis (extraordinários), irão de viagem aos Estados Unidos; eles têm uma filha que está um pouco doente e têm que fazer um transplante de fígado...

Em relação ao carrinho, lembra-se que a bebê precisa de uma cadeirinha de carro, quando Juan a leva sempre lhe dá medo de que tenha algum acidente, Ana lhe diz que a leve atrás.

---

4 Ver Referências teóricas, pág. 39, "Sexualidade perversa em uma psicose puerperal".

Há algum tempo a Raquel deu-lhe uma cadeira, mas é uma cadeira usada. "Eu não sei como fazem essas coisas". É uma cadeirinha muito ruim que não serve, às vezes não entendo por que fazem essas coisas se eles têm tanto dinheiro. É como o carrinho que deram para ela, é muito baixinho, usado, e agora que a bebê está maior, o cinto mal fecha. Outro dia descendo da calçada para atravessar a rua, quase caiu.

Ana comenta que isso a incomoda e não entende por que Raquel não percebe.

Dr. Meltzer: *Aqui temos mais evidências de que o paciente sente que Raquel, e talvez também o pai de Juan, são hostis às atividades sexuais do jovem casal, e não querem incentivá-los a ter mais bebês.*

Agora este "um pouco doente" referia-se a esta menina que precisa ser levada para os Estados Unidos para um transplante de fígado parece estar relacionado, por um lado, às ansiedades dela sobre a bebê e a saúde da bebê, mas também poderia referir-se àquela confidencia que fez à analista, que às vezes ela tem medo de fazer algo prejudicial, ou seja, que ela poderia machucar um pouco a bebê, como bater a cabeça contra a parede.[5]

Analista: A mãe de Juan – que não é Raquel – e a irmã de Juan aparecem como objetos ruins, ela diz que a irmã de Juan se droga e não quer deixar a bebê para ela cuidar, mas está constantemente tendo que enfrentar situações em que a mãe de Juan quer que a irmã cuide da bebê.

Dr. Meltzer: *Obviamente a bebê está um pouco em perigo, não importa o quanto ela queira espalhar a destrutividade no risco de que Juan sofra um acidente, ou que a cunhada não cuide bem dela... a verdade é que o perigo vem de algum impulso destrutivo dentro dela, em sua fantasia, de prejudicar a bebê. Contudo não devemos esquecer*

---

5 Ver Referências teóricas, pág. 39, "Sexualidade perversa em uma psicose puerperal".

que estamos lidando aqui com um estado confusional, um dos elementos da confusão é entre passado e presente, e isso também implica confusão entre seu marido e seu irmão; e a confusão que anteriormente sugeri de estar vivo ou morto no céu, ou naquele quarto onde os meninos desenvolviam suas atividades sexuais na cama.[6]

Ela é a caçula de três irmãos, certo?

Analista: Sim.

Dr. Meltzer: *Construí para vocês uma hipótese de que este material tem a ver com ela e o irmão na infância encontrando elementos sexuais – diafragmas, preservativos – no quarto dos pais, provando-os e desenvolvendo entre eles um ato sexual que imita ao dos adultos. E a pergunta que surge agora é qual a natureza desse ato sexual? Será uma imitação da atividade dos pais? E sua capacidade de ter bebês? Ou será um ato sexual perverso cujo conteúdo terá o significado de matar bebês?".*[7]

Analista: Ela está sempre com medo de que alguém ao seu redor faça mal à bebê.

Dr. Meltzer: *Do meu ponto de vista, a situação em sua cabeça tem um impacto emocional que está produzindo sintomas psicossomáticos. Isso, ela não pode pensar e muito menos comunicá-lo à sua analista. Mas começa a tomar forma.*

Analista: Você quer dizer que começa a tomar forma simbólica?

Dr. Meltzer: *O que ela precisa comunicar a você, o faz pedaço por pedaço, através de seus sonhos. Seus sonhos não são muito simbólicos, são bastante concretos.*

Analista: Em relação aos sonhos e à psicossomática, os sintomas mais psicossomáticos parecem ter muito a ver também neste

---

6 Ver Referências teóricas, pág. 39, "Sexualidade perversa em uma psicose puerperal".
7 Ver Referências teóricas, pág. 39, "Sexualidade perversa em uma psicose puerperal".

momento com questões referentes à transferência, porque a primeira noite após a primeira sessão das férias todos os seus dedos estavam rachados, por exemplo.

Dr. Meltzer: *O que está acontecendo na análise é que a paciente está tentando encontrar uma maneira de comunicar à analista o que está acontecendo dentro de sua cabeça, a princípio, isso veio como associações fragmentadas e agora está vindo como o relato sistemático dos Sonhos. Minha leitura deste material, desses conteúdos, tem a ver com algo que a aterroriza, porque tem que ver com matar o bebê; mas ela também está atemorizada de estar louca, porque o presente está tão confundido com o passado, e o que parece estar mais confundido é que a relação sexual atual com seu marido está confundida com a relação sexual perversa passada com seu irmão. Agora, se essa relação sexual com o irmão existiu de fato ou só em suas fantasias masturbatórias, é algo que por enquanto não podemos saber. Não sabemos, mas eventualmente seria importante descobrir por um motivo específico: ela não tem certeza de que no desaparecimento de seu irmão seus pais não tiveram alguma conivência, pelo menos seu pai".*[8]

Analista: Ela censurou os pais por nunca terem procurado o irmão, mesmo depois que veio a democracia, nunca se relacionaram com os familiares dos detidos-desaparecidos, nunca se preocuparam; mesmo agora com os perdões, há como que um silêncio.

Dr. Meltzer: *Essa suspeita que tem em relação aos seus pais – ou seu pai – e o desaparecimento de seu irmão, também suspeita que pode ser parte de sua loucura.*

Analista: Na época dos indultos, ela estava em sua cidade, e depois, quando ela voltou, conversamos sobre isso. Ela tinha algum tipo de medo. Perguntei-lhe e ela disse que associava o bairro onde eu morava com os militares. O único medo que ela tinha, era que eu

---

8 Ver Referências teóricas, pág. 39, "Sexualidade perversa em uma psicose puerperal".

estivesse associada a um militar. Disse-me que se ela se encontrasse em uma praça e alguém lhe dissesse que ela era a mãe ou irmã de um militar, sairia correndo, então eu lhe disse que ela era filha de um militar e irmã de um desaparecido.

Quarto sonho

"Eu estava em uma sala onde havia móveis como que pintados. Alicia, a bebê, começou a pular e eu queria impedi-la porque os móveis eram muito precários. A bebê pulava e começava a despedaçar tudo, e então poderia ver como eles eram precários.

De um lado da sala estava um homem, ele parecia um militar; do outro lado estavam o pai de Juan e Raquel. Tinham nas mãos um móvel como de mármore, como uma mesa. Eu queria que eles me dessem, o outro homem disse que não porque ela tinha tudo muito precário".

Dr. Meltzer: *Tudo é precário...*

Analista: Associações: Ana às vezes quer que o pai de Juan e a mulher lhe deem coisas. Ela associa o móvel a uma caixa como de uma pedra azul, que Raquel lhe presenteou.

O homem, o militar, relaciona-o com os militares e o desaparecimento de seu irmão. Recorda-se de uma exposição de quadros para a qual ela foi, onde havia algumas Mães da Praça de maio. Ela queria se aproximar, dizer a elas que ela tinha um irmão desaparecido, mas ela não sabe por que não teve coragem.

Dr. Meltzer: *Aqui está a acusação que ela faz à mãe. Se não me engano, quando seu irmão começou a sentir que estava em perigo, comunicou à mãe, mas a mãe tinha medo de contar ao marido. Então aqui temos um arranjo no sonho em que a bebê está em perigo porque todos os móveis são precários, alguns destes móveis parecem ter sido* *dados pelo pai de Juan e Raquel, entre eles uma mesa com tampa de mármore; a bebê pulava e Ana queria impedi-la, mas a bebê continuou pulando. Esta é uma situação que leva a espancamento dos meninos. O menino chora, chora e chora e os pais enlouquecem e o castigam com muita severidade. Penso que pular é uma referência à atividade sexual atual com o marido e no passado com o irmão, que tiveram o sentido de espancar os bebês até matá-los. Definição de Freud de masoquismo através de "Uma criança é espancada". A analista disse à paciente que não pode confiar nela porque é filha de um militar, e isso parece significar ter medo de seu pai por causa da violência dele e de seu revólver...*

A referência ao sadomasoquismo sexual está relacionada com a identificação na relação sexual com um pai visto como violento que mata um bebê dentro da mãe. Então vejo o que está acontecendo na análise como se a paciente estivesse tratando de comunicar algo que acontece dentro de sua cabeça que ela teme que seja loucura, também teme que isso a leve a uma atuação que possa danificar a bebê. Entretanto, a transferência está começando a se estabelecer e tomando a forma em que ela tem medo de confessar à analista, porque a analista poderia – como sua própria mãe – estar casada com um militar e por isso ter medo dele. No passado isso poderia ter tomado a forma de ter querido contar para a mãe sobre essas atividades sexuais perversas com o irmão, mas teve medo de que a mãe por sua vez, ficasse aterrorizada de que o pai ao saber, punisse o irmão.

O que corresponderia um pouco a isso na situação analítica é que se ela contasse à analista sobre esses pensamentos e impulsos que estão ocorrendo na cabeça, a analista contava ao marido supervisor, que por sua vez, diria: "ela está louca, livre-se dela". Então a analista está tendo sérias dificuldades para estabelecer uma situação analítica. Se eu estiver certo em supor que a paciente está tendo uma ruptura psicótica pós-parto, é muito difícil conseguir com uma mulher nessa situação estabelecer uma situação analítica na qual se possa trabalhar com a transferência, porque um paciente assim não quer ser analisado, quer que este problema desapareça. Assim que descobrem que o analista está interessado em explorar tudo isso e explorar a transferência em vez de livrar-se de tudo isso, eles querem escapar e correr para alguém que lhes dê pílulas ou algo assim, porque é claro que eles têm grande dificuldade em reconhecer que o que lhes ocorre em suas cabeças é parte de si mesmos e parte de sua vida mental. É por isso que essas ideias em sua cabeça assumem muito facilmente um colorido paranoico; que algo aconteceu no hospital, lhe deram uma medicação errada lhe intoxicaram e isso produziu todo o problema; ou ela pode projetar e dizer que as pessoas não são confiáveis porque dizem que ela está em um estado tão precário que pode bater na bebê, ou ela pode projetar que alguém tem inveja dela por ter tido um bebê e, então, lhe colocar uma maldição de algum tipo...facilmente assume a forma de possessão demoníaca. Mas na minha experiência é extremamente importante para uma mulher que teve uma psicose puerperal que faça uma análise. Porque geralmente se não tinha um caráter psicótico anteriormente, com repouso, drogas, apoio do marido e família, o episódio psicótico desaparece da consciência, mas o que ele deixa por trás disso é o terror de que reapareça se ela tiver outro bebê. Portanto, tende a destruir sua vida sexual, elas querem ser esterilizadas ou que os maridos façam vasectomias etc. ...[9]

Participante: Eu queria perguntar como você intervém dentro da mente com um luto pelo irmão sem velório, sem cadáver, sem visão do cadáver ou do destino de um cadáver; e como isso influenciaria na mente, no vínculo interno com sua mãe e na maternidade e sexualidade no futuro. No futuro significa como intervém no desmantelamento do pensamento a presença desta transferência com a mãe, que destrói sua capacidade de pensar.

---

9 Ver Referências teóricas, pág. 39, "Sexualidade perversa em uma psicose puerperal".

Dr. Meltzer: *Às vezes acontece, mas muito raramente, que filhos – irmãs ou irmãos – se amam. Geralmente, a relação dos irmãos entre si toma sua característica, sua cor, de diversos aspectos que cada um deles tem para com os diferentes pais e com os dois como um casal. Quando há um bom relacionamento com os pais, tanto interna como externa, o sentimento dos irmãos é estar unidos pela relação interna com esses objetos comuns; e embora seja raro, vemos que esta sensação de forte união entre os irmãos se dá mais frequentemente nos casos em que a mãe morreu quando eles eram pequenos. Geralmente o relacionamento entre irmãos é colorido pela forma como eles representam, um com o outro, a trama do complexo de Édipo.*

A atividade sexual está identificada com os pais em uma função parental, ou é hostil a esta função e é, portanto, perversa. A psicose pós-parto geralmente tem no núcleo uma confusão sobre se a paciente teve um bebê ou a mãe teve um bebê, portanto uma confusão entre passado e presente, e uma confusão entre ser criança e ser adulto. E na minha experiência isso é o produto da atividade de identificação projetiva que ainda está operando na personalidade da paciente. Assim, embora a psicose puerperal não seja ostensivamente exibida porque ela a mantém em segredo, a configuração geral do material com a confusão entre passado e presente e entre boa e má sexualidade, parece totalmente típico para mim, e então fica a suspeita de que a bebê não lhe pertence – que é a bebê errada, que foi trocada na maternidade – ou o medo de prejudicar a bebê.

Então essa é uma maneira de não responder sua pergunta, mas é o melhor que posso fazer.

Participante: É possível – além de tudo que você nos explicou – encontrar alguns pedaços de elaboração depressiva ou luto para com o irmão? A segunda questão é se a psicose pós-parto pode ser devida, em alguns casos, não apenas a uma identificação com a mãe que a teve, mas com o desaparecimento do irmão?

Dr. Meltzer: *Essas questões estão além do que eu tenho elaborado em relação a este caso, por isso pergunto-lhe se pode localizar evidências no material para esta suposição que apresenta.*

Uma questão é se um fator importante no desencadeamento desta psicose é que haja sido impedido o luto pelo irmão, nesse caso você pode encontrar evidência disso no material?

Participante: Por exemplo, quando ela vasculha os armários da mãe na casa da família, pega a roupa do irmão e tenta compartilhar objetos mortos com pessoas próximas, tenta compartilhar a morte que ela não pode tolerar, com os outros, através da roupa.

Dr. Meltzer: *Bem, vamos considerar isso; eu o interpretei como uma atuação de um sonho que ela não pode recordar, se tomarmos separadamente como um pedaço de conduta de uma irmã cujo irmão desapareceu, vamos tomando-o em si mesmo sem considerá-lo no contexto deste surto psicótico pós-parto, você consideraria que para uma irmã ir secretamente aos armários de seus pais, pegar roupas de seu irmão e dar algumas dessas roupas do irmão para marido, é um ato de luto ou é um ato de confusão?*

Participante: O esparramar que fragmenta e projeta o luto.

Dr. Meltzer: *Fragmentação e projeção do luto... isso seria como impor uma parte do luto ao marido, como usar a roupa do irmão poderia impor uma fragmentação de luto no marido?*

Participante: Não sei, o que sei é que parece algo concreto que concretiza o não simbolizado.

Dr. Meltzer: *Isso pode ser comparado à quando as crianças começam a brigar pela herança dos pais, isso não é luto, mas é o impedimento do luto, está impedido, o luto está impossibilitado.*

Claro que a questão é não fragmentar o material, já que a paciente o fragmenta bastante. Nossa tarefa é tentar juntar esses fragmentos de uma forma coerente; Claro que é apenas uma hipótese, mas a mim, me parece que este é o trabalho que o analista tem que fazer quando o paciente está em estado confusional. Em outras palavras, evitar analisar fragmento por fragmento e, em vez disso, organizar os fragmentos em um estado mental coerente para analisar isso depois."[10]

Referências teóricas

Sexualidade perversa em uma psicose puerperal

Na introdução, foram resumidas as características da sexualidade infantil polimorfa e perversa, como são apresentadas em *Estados Sexuais da Mente*.

No material desta supervisão, Meltzer vai reconstruindo jogos e fantasias sexuais entre irmãos a partir de um *acting out* da paciente na casa de seus pais (entrar em seus armários e verificar e levar consigo roupas) (1).

Em primeiro lugar, discute a hipótese de que pode tratar-se uma estrutura infantil polimorfa na qual a necessidade de aliviar a excitação e o sofrimento dos ciúmes, subjaz aos jogos sexuais que exalta a sexualidade das crianças, imitação a seus pais (6).

Considera que o estado mental desta paciente está ligado a uma sexualidade perversa e indica seus componentes: o grau de confusão de identidade entre a mãe e ela, quem tem a bebê?; Entre seu irmão e seu marido, com quem ela está tendo relações sexuais? Entre o passado e o presente. Estas confusões são o resultado da identificação intrusiva com um coito sádico (7) e (8). O sadomasoquismo infantil, surge da identificação com um pai visto como violento que mata o bebê dentro da mãe.

---

10 Ver Referências teóricas, pág. 39, "Sexualidade perversa em uma psicose puerperal".

Ao final da segunda sessão, a paciente havia comunicado seu medo de ser nociva e essa fantasia se expande projetivamente quando acredita que seu bebê está em perigo de morte (5).

O revistar os armários é uma atividade vinculada ao sonho no qual revista o consultório da analista. Atividade e sonho revelam um voyeurismo intrusivo (4) para controlar a sexualidade da analista e impedi-la de ter outro bebê. A morte do bebê é o objetivo sádico da organização perversa, o espancamento das crianças até matá-las (8) (Meltzer cita "Espancam a uma criança").

Toda essa sexualidade perversa é o conteúdo de sua mente que ela não pode contar à analista, desconfia dela, pode estar casada com um militar (8) ou querer examinar sua cabeça para saber o que ela sabe sobre sexualidade, como no sonho (3).

A sugestão técnica de Meltzer é não fragmentar o material e analisar pedaços, mas dada a desordem do pensamento juntar os fragmentos em uma formulação coerente (2) (9). Essa supervisão mostra como se efetua a tarefa de abranger os fragmentos de material completando a hipótese inicial e tornando-a mais complexa.

Descritores: Caso clínico. Psicose puerperal. Sonho. Supervisão.

2. Dario

Analista: Vou começar lendo uma breve história do paciente para poder entrar logo no trabalho das sessões, também mencionarei algo a respeito do vínculo transferencial.

Darío tem quarenta e quatro anos, é casado, pai de duas filhas de dezessete e quinze anos. Reclama por afeto permanentemente e está insatisfeito por não se sentir querido. Sempre desejou um filho varão pelo sobrenome.

Há um ano mantém relações com uma amante dez anos mais nova que ele.

Seus pais são os únicos sobreviventes da família, o resto morreu nos campos de concentração. Darío buscou famílias substitutas: tios, primos – que ele chama assim. Assim mesmo é notória sua necessidade de ter amigos e estar rodeado de gente.

Há três anos morreu sua mãe em pleno estado de invalidez, dela diz que o que mais lhe dói de sua morte é o vazio de não a ter conhecido, é como se não houvesse existido.

Uma recordação de sua adolescência: tinha aproximadamente dezesseis anos, gostava de pintar, quando sua mãe, orgulhosa disso, porém sem consultá-lo nem lhe pedir permissão, oferece seus quadros, momento a partir do qual não volta a tocar nos pinceis.

Desde os quinze anos trabalha com o pai em uma fábrica de roupas, tem uma relação muito conflitiva de dependência e submissão mútuos. Já nessa época o pai lhe ensinava que os amigos estavam com ele só por interesse, por seu dinheiro ou por seu automóvel, ainda na atualidade o desautoriza na frente do pessoal da fábrica.

Há cinco anos o pai se aposentou e, pouco tempo depois de morrer a mãe, voltou a se casar, deixando a cargo de Darío a fábrica e a economia das duas famílias. Inicia então sociedades comerciais com distintas pessoas – geralmente de menores recursos –, sociedades que terminam com roubos ou desgastes por parte dos sócios.

Sua irmã é três anos mais nova, casada, com dois filhos, e é a preferida do pai. Ela recebe bens e dinheiro, sem ter méritos e nem fazer esforço.

Desde muito pequeno foi obeso, sua mãe tinha medo de que ele morresse de fome. Costuma ter problemas digestivos e colite, especialmente quando está angustiado tudo que come lhe cai mal. Foi operado de hemorroidas faz um ano.

Gordo, baixinho, feio, sentia que não podia agradar ninguém de nada. Foi iniciado sexualmente por uma empregada que o masturbava, geralmente buscava prostitutas ou mulheres muito mais velhas que ele e de condição social inferior, assegurando-se assim que não o rechaçariam. Quando tentou se aproximar e contar seus problemas para o pai, este lhe respondeu com uma bofetada.

A única mulher de idade similar com a sua com quem manteve contato é sua atual esposa, não estava apaixonado por ela, era muito feia, e Darío se casou porque pensou que ele nunca se casaria e que não poderia ter filhos. Além disso, queria provocar o pai que se opunha ao matrimônio. Havia dado a palavra a seu sogro de que se casaria com sua filha, este, que perdeu seu capital, e fugiu do país deixando a Darío a filha e seus credores como dote.

Deste modo, Darío crê repetir a história de seu pai, o qual se casou com sua mãe por uma promessa feita ao avô paterno de que quando chegasse à Argentina ia se casar com quem havia sido sua noiva na Europa.

Sobre o vínculo terapêutico

O paciente foi encaminhado por uma colega que o conhecia desde a infância, e cujo marido mantinha relações comerciais.

Esta colega o descreveu como alguém muito difícil, complicado, que coloca obstáculos e se mostra negativo às propostas.

A relação terapêutica atravessou três momentos: um primeiro período - que durou de 1982 a 1984 quando investiga a raiz de sua má relação com o pai, ao não poder aguentar mais o nível de conflitos e agressões mútuas. Tinha diante de mim uma pessoa de aspecto desagradável, brusca, uma espécie de massa amorfa.

Trabalhamos com quatro sessões semanais, se deitava no divã e me dizia que ele acreditava que tinha arteriosclerose, não podia pensar, que lhe dava um branco na mente, e tinha como buracos na cabeça.

Com frequência depois de alguma interpretação minha onde havia tentado entender algo, me dizia: "perdoa-me, porém não estava escutando". Muitas vezes senti meu trabalho como inútil e infrutífero; sem dúvida ele não faltava, vinha pontualmente e tinha medo de que eu me zangasse por alguma mudança que ele pedisse em relação ao *setting*.

Durante este período havia certos segredos, coisas que não podia contar por que eu podia chantageá-lo, ou se tratava-se de assuntos comerciais apareciam vivências paranoicas, que eu aproveitaria em meu benefício os dados que ele me dava e colocaria um negócio antes do dele para competir com ele.

Isto ganhava vividamente força de realidade. Decide interromper o tratamento ao final do segundo ano porque não tolera a dependência comigo. Disse que tinha medo dessa dependência, porém que eu esperasse, que ele iria voltar.

Regressa depois de dois anos, em 1986, me pede para vir duas vezes por semana e não se deitar no divã. O vejo mais cativante, mais magro – havia emagrecido 15 quilos – seu aspecto denotava maior cuidado pessoal.

Havia se separado comercialmente do pai, e estava tentando uma mudança. Analiso sua proposta e a aceito como um teste, se não resultar em benefícios para sua análise readaptaríamos este novo contrato.

No início parecia funcionar, porém logo comecei a sentir que estávamos entrando em uma espécie de impasse. Também cheguei a pensar se não seria uma reação terapêutica negativa, dado que quando estava melhor segundo meu critério, ele piorava.

Dizia que ele entendia tudo, porém quando saia do consultório ficava igual ou pior. As pessoas perguntavam: "Você se analisa? O que faz em sua terapia? Cada vez te vejo pior".

Na realidade eu também tinha minhas dúvidas que estivesse ocorrendo mudanças nele, questionei tanto a minha forma de trabalho como os métodos de abordagem.

No final de 1989 lhe propus um limite, aumentar minimamente uma sessão por semana e colocar um prazo este ano para analisar a marcha do tratamento, no caso de evoluirmos o processo com signo negativo interromperíamos de comum acordo.

As duas sessões transcritas pertencem a este terceiro período no qual reconheço haver modificado alguns modos de abordagem, que creio me deram melhores resultados. Em janeiro de 1990, quando se despede me diz: "obrigado, creio que este ano vá haver mudanças". Obviamente fica aberta a interrogação.

Dr. Meltzer: *Parece um personagem de Gogol, não é somente seu caráter, mas também é a cultura familiar e o meio social no qual vive. É difícil dar uma ideia da vida interior que ele tem, porque parece que a maior parte da vida transcorre no meio no qual se encontra e sua adaptação a esse meio. E quanto a valores, o único valor que se pode detectar até o momento é a gratificação sensual, por um lado, e o sentimento de segurança de que não há noção de relações íntimas em sua vida. Não é fácil ver que concepções tem do que é a psicanálise, não parece ter uma ideia do que é o trabalho profissional da psicanalista, a única coisa que noto é que a análise é parte de um mundo comercial onde ele se move.*

A atitude diante da terapeuta é em geral de aplacamento, mantê-la contente para evitar antagonismos, para evitar que ela se canse, e não tem muito claro para que vem três ou quatro vezes por semana, se deita no divã... não está muito seguro do que é tudo isto.

Não temos ideia até agora do que ele entende, o que faz ele com estas interpretações, a única coisa que sabemos é que às vezes escuta e que se desculpa porque não escuta, porém não sabemos muito bem o que se passa com o que diz a analista.

Quando ele interrompe, obviamente, dá sinais de não aguentar a dependência, é um pouco como um menino que diz: "espera, eu vou voltar quando for grande e estiver pronto e preparado para entrar em uma relação de intimidade e uma relação sexual com a analista".

Entretanto ele trata de se recuperar de alguma maneira, perde peso, se faz mais atrativo, se senta frente à analista, contudo na realidade é difícil saber o que ele ganha com tudo isso. E parece que cada sessão é uma desilusão porque ele não vê evidências de que a analista se enamore dele. Assim o que nós vemos aqui é como uma espécie de réplica de um cortejo arcaico, é um pouco como um jovem que vai visitar uma senhorita e se senta no sofá, e ela talvez lhe ofereça chá, e ele a visita, e a visita até que se sente suficientemente seguro como para falar com o pai e pedir a mão.

Isto será diferente de seu primeiro matrimônio porque a mulher neste caso era feia e o pai queria se livrar dela, se livrar das dívidas e ir para outro país. Todavia esta moça é linda, o pai é rico, e tem bom status social... assim que a outra proposição é que tem que tomar cuidado.

Em ambos os períodos de análise o que estamos vendo até agora, mais do que qualquer coisa, é o atuar na transferência, não há muita comunicação e não há muita investigação psicanalítica propriamente dita, sendo o que ele comunica basicamente mediante a atuação na transferência. Os processos que não soem como uma análise ideal não são necessariamente inúteis, há toda uma escola que crê que existe uma coisa que se chama a experiência emocional corretiva, baseada em que o paciente atua na transferência, e o analista atua na contratransferência, e os dois oferecem versões melhoradas do que foi o passado e que isto – em teoria – é algo que leva a uma melhora.

Temos que observar em detalhe no material o que é que se passa, porque suspeito que isto não vai aparecer como um procedimento analítico convencional, é antes de nada uma espécie de repetição da vida familiar.[1]

Ele vem três vezes por semana... se senta?

Analista: Sim.

---

1 Ver Referências teóricas, pag. 55, "A atuação nas primeiras etapas do processo".

Dr. Meltzer: *E em quais dias da semana ele vem?*

Analista: Segunda, quarta e sexta.

Dr. Meltzer: *A que horas?*

Analista: O horário eu troquei, porém o ano passado vinha segunda, quarta e quinta. Nestas sessões que trago hoje, vinha na segunda, quarta e quinta pela manhã, as oito da manhã, isto era o ano passado, este ano fizemos uma mudança.

Dr. Meltzer: *Ele é o primeiro paciente?*

Analista: Sim o primeiro paciente... cedinho.

Dr. Meltzer: *Pergunto simplesmente porque estou tentando ter uma ideia de qual é o setting, para preencher os buracos dentro da imagem que tenho do que está ocorrendo. Não tenho uma razão em particular para fazer esta pergunta.*

Analista: Posso fazer um pequeno comentário sobre o que disse anteriormente? Este paciente quando começou a análise me disse que queria ser meu amigo, e porque eu não podia conhecer sua casa... ele queria me mostrar sua casa porque tinha mudado de casa, por exemplo, para ver estas confusões. Eu lhe explicava que não podia ser sua amiga, que eu era sua analista, ele podia me mostrar uma foto de sua casa... Porém ele tem a uma séria dificuldade em poder entender por que não podíamos ir tomar um café., ele o dizia realmente, e eu não sentia que era um psicopata.

Dr. Meltzer: *Poderia me descrever seu consultório? Que edifício é? ... a geografia.*

Analista: Quando veio à consulta – há muitos anos, nestes primeiros anos de tratamento – eu atendia em minha casa, tinha uma entrada comum à minha casa e ao consultório. Era no terreno, era um consultório na verdade meio ascético porque ali trabalhávamos meu marido e eu, e como ele é pediatra – não tinha maca nem nada – o consultório, por sua vez, era um consultório médico. Estas sessões transcorriam em um consultório que fica no quinto andar – um consultório meu – tinha uma sala de espera e meu consultório com muitas plantas.

Dr. Meltzer: *É a única troca de consultório em sua análise ou houve outras mudanças?*

Analista: Agora há outra troca porque voltei a mudar-me, em março deste ano, mas não pertence a estas sessões.

Dr. Meltzer: *Quando foi a troca de vê-lo em sua casa por vê-lo em seu consultório?*

Analista: Nos dois primeiros anos o fiz em minha casa, quando ele retomou, voltou ao outro consultório.

Dr. Meltzer: *Deste modo entre os dois períodos houve uma mudança na geografia do setting.*

Analista: Queria lhe dizer algo a respeito desta atitude aplacadora à qual você se referia. Havia-me passado algo transferencialmente com este paciente, eu nessa época, tinha um nódulo na garganta e me dava conta que ele gritava e eu falava mais forte, e como eu não podia forçar a voz, se não houvesse sido por este fato foniátrico, não teria me dado conta de que ele necessitava falar em cima, me abafava, e de formas aplacadora não me deixava falar. Eu tomei consciência porque estava muito contactada com minhas cordas vocais naquele momento, porém era muito forte esta sensação aplacadora – que você me dizia – a respeito de não me deixar falar.

Dr. Meltzer: *Ao que chama aplacar, a falar mais alto que você?*

Analista: Por exemplo falar mais alto que eu, não me deixar falar e falar em cima do que eu falo.

Participante: A ideia de algo aplacador é algo destinado a evitar que te aborreça, penso que é diferente.

Analista: Também tinha isso.

Dr. Meltzer: *Como é a situação com o pagamento? Não lida como você estabelece ou como ele decide?*

Analista: Ele tem feito muitas tentativas de manejá-lo como ele decide. Custa-lhe muito aceitar os limites quanto ao pagamento sou eu que decido, porque sempre sente que o cobro demais... apesar de ser um paciente que tem um bom nível econômico, eu não sinto que é pão duro, mas que ele não suporta que seja algo que eu maneje.

Dr. Meltzer: *Qual é sua maneira de cobrá-lo?*

Analista: Eu lhe cobro no final do mês, verbalmente anúncio no meio do mês e geral mente me paga pontualmente entre os dias um e cinco. que é quando ele paga a todos os seus empregados.

Dr. Meltzer: *Como paga? Em espécie, em cheque?*

Analista: Em espécie.

Dr. Meltzer: *E a primeira vez que o viu, como entrou em acordo com relação aos honorários? Simplesmente lhe disse quanto cobrava e ele aceitou ou houve algum tipo de negociação?*

Analista: Quando começou lhe disse quanto cobrava e ele disse que ia pagar, mas depois tentou fazer negociações com o pagamento. Ele sente que lhe custa muito pagar os honorários, volto a insistir, não por uma questão econômica, custa-lhe pagar.

Sessão de quinta-feira

Analista: Chega pontualmente. Ao entrar comenta: "Faz frio".

Dr. Meltzer: *Ele disse isso antes ou depois de sentar-se? Fazia frio na sala, você também sentia frio?*

Analista: Antes de sentar-se. Na sala sim, fazia um pouco de frio, eu ligava um aquecedor, mas ele geralmente não tem frio, é raro, por isso eu lhe pergunto. Em geral ele faz algum comentário do tempo, às vezes subimos juntos no elevador porque eu venho da minha casa e ele vem muito cedo e me espera, subimos junto, e então me faz algum comentário no elevador que depois começo a trabalhar na sessão, porque geralmente não lhe respondo.

Dr. Meltzer: *Como se liga a calefação? Que tipo de aquecedor tem?*

Analista: É um aquecedor elétrico.

Analista: Chama-me atenção que você faça este comentário, em geral não costuma manifestar ter frio, mas sim, ao contrário.

Dr. Meltzer: *Ele às vezes se queixa com relação a calefação?*

Analista: Sim...como dizendo "por mim não o liga", uma coisa assim.

Dr. Meltzer: *Imediatamente na entrada a gente tem a escolha de ligar ou não a calefação, ou de dizer-lhe que se ele tem frio que ele a mesmo ligue. A escolha que faz o analista é responder ao pedido do paciente e ligar a calefação. Não sabemos se é uma decisão que o analista tomou, uma decisão consciente, pensada, ou se é simplesmente uma resposta automática social.*

Analista: Creio que é mais o segundo, porque eu chego ao consultório e ligo o aquecedor no inverno também por mim, em geral nessa época do ano faz frio e às vezes não o ligo por ele – isso sim – porque ele me disse "por mim não o liga", mas em geral só ligo o aquecedor nesta hora.

Paciente: Hoje me levantei muito cedo, e antes de vir para cá acompanhei minha mulher nas compras de materiais de trabalho. (Fica pensando). Pode ser que tinha dormido mal...

Dr. Meltzer: *Isto é as oito da manhã, ou seja, foi fazer essas compras, antes das oito da manhã?*

Analista: Sim, não quero dizer a atividade de trabalho, mas tem que se levantar às cinco da manhã para fazer essas compras.

Dr. Meltzer: *Este é o procedimento rotineiro para ele?*

Analista: Não, não é comum, nem habitual.

Analista: Pergunto-me: será só o fato de ter dormido mal ou a você acontece algo mais neste estar indisposto. Recorda que na sessão anterior me relatou que havia estado tão tenso que em um jantar de trabalho comeu sete pães, e que só ficou consciente do fato pelas migalhas de pão que deixou sobre a mesa? (Pequeno silêncio). Não aconteceu nada à noite? Alguma preocupação?

Dr. Meltzer: *Não estou muito seguro o que está investigando com está com esta interrogação.*

Analista: A intenção era porque havia algo incomum, não era comum que ele me falasse que tinha frio e eu sentia que algo lhe estava acontecendo. Eu fiz uma associação que na sessão anterior ele tinha estado muito tenso, e que havia se passado coisas que o fizeram se descompensar muito – porque em geral ele tem, atualmente, com a comida um certo controle – como se tinha descontrolado totalmente, então lhe perguntei se não teve alguma preocupação no dia anterior, se não tinha acontecido algo, como para indagar o lhe acontecia.

(Fica por um longo período em silêncio, e com um gesto de descoberta muito apaixonado – tem um gesto muito particular que eu não o poderia descrever – mas os seus olhos brilham muito, faz assim com o dedo e diz: "já sei o que pode ser" como quem descobriu algo).

Paciente: Já sei o que pode ser, a noite fiquei vendo os filmes na tv. a cabo, dois filmes ao mesmo tempo... (ele disse que o associou com ter mulher e amante ao mesmo tempo, paralelamente) ... um dos filmes tratava de um policial que luta contra um mafioso da droga; o policial é derrotado, mas continua insistindo, e até chega a poder matar o mafioso. O mafioso lhe diz: "mata-me agora, agora mesmo porque vou sair daqui igual e não vai me acontecer nada, por outro lado a você..." e assim termina o filme, o policial tem que ir buscar trabalho em outro lugar.

Dr. Meltzer: *É um filme argentino?*

Analista: O filme não é argentino, mas é um filme conhecido...

Paciente: O outro filme tratava de... (Fica em silêncio e pensa). Ah! Sim, dos meninos pretinhos, se tratava de uma doutora recém--formada que a enviaram à Etiópia. Ela vai com toda a ilusão, e quando chega vê o que é isso... (Ele para o relato e faz uma cara de horror) você teria que ver o que era isso, foi filmado da realidade.

Analista: Suponho que quando você viu esses meninos deve ter pensado também em outros meninos.

Analista: Eu tinha também na cabeça – quando lhe fiz este comentário – as imagens do museu do holocausto em Israel, foi como um flash que tive; como ele tinha estado vendo filmes, eu tive esta imagem.

Dr. Meltzer: *Essa era a contratransferência, você tinha a impressão de que o horror do paciente tinha a ver com meninos moribundos e mortos de fome. Ele provavelmente esteve dizendo algo com que tem uma indigestão mental que é parecido ao que você dizia sobre a sessão anterior de que havia comido todo esse pão. Ele parece estar dizendo agora que tem uma espécie de indigestão mental que viu dois filmes que não se combinaram bem dentro dele, que lhe provocaram uma espécie de indigestão. As duas comidas, as duas coisas com as quais se alimentou ao ver estes dois filmes é por um lado o mundo dos homens, drogas, violência; e por outro lado o mundo das mamães com os bebês, morrendo de fome e coisas assim.*

Se bem viu estes filmes simultaneamente – como ele dizia mudando os canais – quando ele conta na sessão sobre estes filmes, o conta com uma certa sequência: primeiro o filme do policial e logo o da Etiópia. Conta estes dois filmes numa sequência determinada e tem que entendê-lo um pouco como quando um paciente conta dois sonhos, ou seja, que é como se tivesse uma sequência gramatical, como se dissesse "se acontece uma coisa ocorre a outra", ou seja "se os homens se comportam assim, estas são as consequências".

E ele imediatamente viu a associação de que ver dois filmes ao mesmo tempo é como ter uma esposa e uma amante; que se os homens vão se comportar de tal modo que a sexualidade deles está determinada por problemas de competitividade entre homens, a consequência disto vai ser uma escassez emociona e na família, isto é o que acontece às mães e aos filhos.

Se ele vem à análise com a intenção de macho de seduzir a analista, todo o dinheiro, todo o esforço que faz, tudo o que investe na análise vai empobrecer a vida de casa. Se é um bebê vai se comportar de uma maneira sedutora, erotizando a relação com o peito, vai empobrecer seu mundo interno.

Analista: (Eu o sigo como comentando o filme), "Sim claro a pobreza".

Paciente: Sim a pobreza, mas nos campos havia coisas mais terríveis ainda, os levava à câmara de gás, os matavam; tudo isso me passou pela cabeça. Ao final a menina faz uma denúncia ajudada por um fotógrafo da equipe que foi a esse lugar, e o problema se conhece em todo mundo. Houve muitas dificuldades, muitas oposições, mas mandam alimentos.

Analista: Este paciente em todos estes anos de análise nunca trouxe um sonho. Eu tomei esse material como se fossem sonhos, e então decidi como deixar mais aberto, seguir perguntando para ver com que associava. Eu o relacionei também com coisas que estavam muito fechadas em sua família, por exemplo: a mãe nunca falou com ele de sua família, ele não conheceu ninguém.

Por isso eu sigo perguntando-lhe o que lhe despertaram estes filmes, a mim me chamava a atenção que no primeiro há denúncias que se voltam contra o policial, em troca no segundo caso a denúncia é considerada.

Paciente: Do primeiro filme me impactou o tema da justiça, lutar toda a vida e que não sirva para nada, não ser ninguém, morrer sem ser descoberto, sem que ninguém se dê conta. Não sei o que fazer com o meu negócio, se o fecho ou se o contínuo? Minha mulher me disse que ela está em outra coisa, que não está disposta a ajudar-me. Eu quero fazer algo criativo na minha vida, fazer algo, deixar algo... (Chora muito aflito e me pede um lenço de papel; eu tenho lenços de papel ao lado da mesa então lhe ofereço a caixa) ... não quero ser como minha mãe que passou pela vida e não deixou nada, ninguém a vai visitar no cemitério. Se eu não chamo as pessoas para sair ninguém me chama, só me procuram por interesse.

Analista: Isso é o que ele dizia a seu pai.

Dr. Meltzer: *Você lhe pergunta que impressões tem dos filmes e ele responde algo que não tem aparentemente nada que ver com os filmes. Começa seu lamento e é para que o ajude a fazer algo que a esposa não o ajuda a fazer; ele quer fazer algo criativo na vida e quer que o ajude.*

Quantos filhos sua mãe teve?

Analista: A mãe teve dois filhos: ele e uma irmã.

Dr. Meltzer: *Assim que a mãe teve um filho varão e o paciente não tem nenhum filho varão... o lamento do paciente seria algo assim como se estivesse dizendo: "minha esposa não pode me ajudar, minha* *esposa somente produz meninas, minha pobre mãe só me produziu a mim e eu não fiz nada para enfatizar a criatividade de minha mãe e o eu que necessito fazer e necessito ajuda é para produzir um neto para minha mãe. Isso vai ajudar a minha mãe a sentir que tem conseguido algo na vida". Em tempos bíblicos uma das razões de divórcio aceitáveis era que o casal só tivesse mulheres; Henrique VIII se divorciou de sua esposa espanhola porque não produzia filhos que sobreviveram.*

Analista: Esse paciente durante muitos anos guardou brinquedos que comprava para um suposto varão, e até teve a fantasia de adotar um varão, mas a mulher não queria saber de nada. Ele demorou cinco ou seis anos no decorrer da análise para dar de presente um trem que havia comprado para este suposto filho varão.

Dr. Meltzer: *O que ele parece estar dizendo neste namoro é que a esposa é social e geneticamente um ser inferior, e que não quer ajudá-lo; que a analista parece que é forte, vigorosa, de boa família, inteligente, e que ela está em muito boas condições de produzir um neto para sua mãe. É uma forma de entender este material usando como base associação que faz ao ter visto os dois filmes, quando ele disse que viu dois filmes e o associa com ter uma mulher e uma amante, esta é uma forma de entendê-lo. É como se ele dissesse é parte deste mundo de machos, de policias, drogas, criminalidade, mas ele quer se reformar, quer transformar-se em alguém criativo, enquanto a mulher continua sendo como é não vai poder fazer nada. Ele também parece estar dizendo que vem de uma pobre semente do pai e que não é um orgulho para a mãe, mas sua intenção é injetar novo vigor nessa família. Tem a lógica da reprodução animal para melhor a espécie.*

Analista: Quando eu lhe digo que isso era o que lhe dizia o pai, ele disse:

Paciente: Claro, não quitar as contas, que sempre me devem é uma forma de continuarem atados a mim por meu dinheiro.

Analista: Sim, mas também é uma forma de tentar romper ou cortar a relação, porque você disse muitas vezes que meu interesse por você é só porque me paga, e acredita que me pagando você me tem, nesse mesmo momento me perde dentro de você porque corta a relação comigo e se decepciona comigo, porque sou mais uma interesseira. Por outro lado, você quer que eu lhe preste atenção, que me dê conta que existe, mas quando o faço me ignora ou se distancia.

Dr. Meltzer: *Vamos examinar a interpretação. Você está confirmando para ele que esta é a forma em que ele se sente a respeito das relações comerciais, e que é parte da relação comercial com a analista que a analista esteja interessada no paciente. Depois você disse: "Você quer que eu lhe preste atenção, mas quando lhe presto atenção você me ignora e se mantém distante". É assim a sequência?*

Analista: Sim.

Paciente: Alícia, minha filha menor, é muito sensível, ela também se dá conta, ela percebe o que me acontece. Fiz um seguro de vida para minha família caso me aconteça algo; você sabe que sempre tenho medo de infarto, ou de algum problema cerebral, ou de ficar como minha mãe.

Dr. Meltzer: Por que fala de Alícia aqui?

Analista: Porque como eu digo-lhe que ele muitas vezes não presta atenção ou me ignora, fala de Alícia, como que o mesmo lhe acontece com a filha mais nova, que ela é muito sensível e que de repente ele não se dá conta.

Dr. Meltzer: *Parece-lhe que é isso que está fazendo? Dizendo que Alícia é sensível como sua analista, e seriam sensíveis porque o conhecem bem? Incluindo a parte do seguro de vida, se olhar um pouco este material como o que está dizendo que é um bom pai para as crianças, é sensível se sente muito perto de sua filha, e tomou todas* *as medidas que são adequadas para garantir o futuro de sua família. O escuto como o tipo de insistência que faria um vendedor de seguros... Como se dissesse: "não tem que se preocupar, se me divorcio de minha esposa e me caso com você, porque eu vou me ocupar das crianças, vou lhes dar o dinheiro, não tem que se sentir culpada". Escuto tudo como uma espécie de negociação, como um tratado comercial.*

Analista: Assim você parece estar pensando em assegurar o futuro de suas filhas, parece que este seguro é mais um investimento para a morte do que para a vida, em vez de assegurar seu próprio futuro de vida, tentar saber o que quer fazer nesta vida...

Dr. Meltzer: *Você respondeu de forma apropriada do ponto vista do paciente, e ele tomaria essa resposta como uma resposta alentadora.*

Paciente: Conformaria me em poder fazer algo, por exemplo: fiquei contente outro dia porque pude terminar de ler um livro (Geralmente não aguenta, lê o começo e o final, mas não pode ler um livro todo).

Dr. Meltzer: *É como voltar depois de dois anos tendo perdido peso, com uma melhor predisposição, é como se também tivesse melhorado sua mente para se colocar mais ao nível intelectual da analista. Você tem que pensar que estas seduções sempre falham, mas às vezes tem êxito.*

Analista: O que acontece é que neste paciente a sedução é muito infantil.

Dr. Meltzer: *Sim, mas está melhorando... este tipo de atuação na transferência pode chegar a um ponto no qual, se o paciente nota que a analista pensa que ele não é um bom parceiro para ela, e a analista não interpreta, ele pode repetir este tipo de conduta. Fora do consultório com outra mulher, começar uma relação assim em forma compulsiva, e a gente veja pouco depois que se divorciou da esposa... enfim atuou toda a situação fora do contexto e como resultado deste tratamento.*

O que estou descrevendo é algo que ocorre muito frequentemente na idade média da vida, quando os maridos se cansam das mulheres, que as mulheres com as quais se casaram parecem de repente como inadequadas... os homens se transforam em mais prósperos, mais elegantes, mais mundanos e então ao querer adquirir um status maior buscam uma mulher que se adeque melhor dentro de seus planos.[2]

Com relação à transferência infantil, é um processo que tem a ver com a emergência do complexo de Édipo que parece genital, mas é pré genital, e é pré genital porque uma vez que se completou o controle dos esfíncteres a criança começa o trabalho de seduzir a mãe na idade de dois, três anos.

Podemos pensar que o primeiro período de análise a analista passou limpando-o e secando-o, e ele já não é mais esse menino sujo que está preocupado com seu material fecal, que está preocupado com o dinheiro, que está preocupado com suas fantasias sado masoquistas, que está preocupado com sua masturbação anal... ele está limpo, prolixo, pronto para começar a escola e preparado para começar a sedução da mãe, até está começando a aprender a ler.

Sessão de segunda-feira (chega 15 minutos atrasado)

Paciente: O trânsito estava muito carregado (Silêncio). Estou angustiado, é por uma reportagem que escutei, é a primeira vez que escuto algo assim... (Estava muito chocado) ... diziam nesta reportagem que se pode ser adicto às pessoas e que os que têm esta enfermidade não podem ficar sós; me senti totalmente identificado. Eu vejo pessoas que nem necessitam companhia, por exemplo: minha mulher e minha cunhada, que cobrou dinheiro de uma causa que ganhou, comprou para ela um apartamento em *Pinamar* e nem avisou. Ofendi-me, eu não agiria assim, teria comunicado.

---

2 Ver Referências teóricas, pag. 55, "A atuação nas primeiras etapas do processo".

Chateia-me, minha mulher me disse que deve ser por minha forma crítica de atuar que maltrata aos demais, algo assim como que eu emito ondas negativas.

Minha irmã também comprou passagem para viajar para Miami e não disse nada.

Analista: Por que teriam que avisá-lo? Como você está muito dependente dos demais e se irrita quando descobre que cada um cuida de seus próprios interesses e tem sua vida, talvez o que te maltrate é que você se sente mais dependente de mim e sente que eu não lhe correspondo da mesma maneira.

Dr. Meltzer: *Eu continuo ouvindo o mesmo, desde o mesmo ponto de vista, ele está falando aqui destas outras crianças que são crianças sujas, preocupadas com a matéria fecal, o dinheiro, os seus segredos e que ele é diferente, ele necessita companhia, ele depende da analista... Ele precisa da analista e necessita relações íntimas.*

Com esta estrutura diria que ele deixou depois de dois anos, análise, porque não aguentava mais a dependência da analista como alguém que o limpava o bumbum, e ele se foi com a determinação de aprender a fazê-lo sozinho e se apresentar novamente como um bom partido.

Sua resposta a este material pode ser interpretada por ele como que você o encoraja; "sim... eu entendo que você não queira brincar mais com essas crianças sujas e que você está preocupada porque sente tanta adição por mim, e você sente que na realidade eu não respondo aos seus sentimentos"; o que ele vai escutar é: "mas em realidade eu respondo". Usando este marco de referência ele vai escutar esta resposta, como que a analista está alentando suas esperanças.

Paciente: No fim de semana ocorreu um acidente com meu pai pelo pagamento da Obra Social *Médicus* (E tem uns lapsos e disse: Galeno").

Analista: Como foi que confundiu *Galenos* com *Médicus*?

Dr. Meltzer: *Quando um paciente atua na transferência, muito frequentemente eles não vão escutar as palavras das interpretações, eles vão escutar a música do que a gente diz, vão escutar mais a resposta emocional ao que dizem.*

Paciente: Sim, porque *Médicus* é minha Obra Social, estou cansado de me ocupar de pagar os gastos... (refere-se aos do pai) ... e se falta algo, se alguma conta não está correta, parece que me acusa, sou suspeito de roubo, sou o que se ocupa de suas coisas, mas ao final desconfia de mim.

Analista: Apesar do esforço que você faz para ser querido.

Paciente: Em outro dia veio ao meu negócio e me disse: "Não sou feliz". Ele é feliz só quando está longe, agora quer ir por um mês aos Estados Unidos me parece que é para deixar a Betty longe de seus filhos... (Betty é a nova esposa do pai) ... não suporta que os veja e se dedique aos seus filhos e aos seus netos. Depois de me dar essa notícia me disse: "Por que não lhe paga a conta de Galeno também à Betty"? Disse-lhe que a Betty não é minha mãe... "mas se tua mãe vivesse a pagaria"; "sim – lhe disse – mas Betty não é minha mãe". Custou-me muito dizer-lhe.

Dr. Meltzer: *O próximo passo, o passo lógico que segue a isto, tendo ouvido na voz do analista algo que o alentava, é começar uma propaganda contra o pai. É como se dissesse: cada vez que o pai chega em casa e vê que você é infeliz ele me culpa, e não se dá conta que é ele a causa de sua infelicidade porque ele te separa de seus filhos; e de todas as maneiras cada vez que ele me acusa de tratar a mãe desta maneira eu lhe digo: mas não és minha mãe. De modo que isto é evidência de que ele está dizendo algo assim como que "você não é minha mãe, você é minha madrasta". Quanto ao acting out o significado que teria é como o paciente dizendo-lhe: "bom, eu vejo que você trabalha muito,* *possivelmente seja porque seu marido não a ajuda. Seu marido não a mantém, a abandona e a separa dos filhos analíticos aos que você quer tanto" e logo aparece a barreira ao problema do incesto, que é como se ele contestasse ao conflito dizendo: "bom, mas de todas as maneiras você não é minha mãe, você é minha madrasta".*

Quanto a estrutura da situação, o paciente cindiu, dissociou de forma severa o objeto materno, e fez uma cisão entre a parte de cima, entre o peito materno e, também, a mãe que cuidou dele durante os primeiros dois anos que agora está relegada ao esquecimento, está morta – de acordo com ele – e a parte de baixo da mãe que é você neste momento; a transformou em uma mãe genital, que viria a ser a parte de baixo da dissociação.

O que está ilustrando é algo que a analista tentou fazer no princípio da sessão, é que quando um paciente atua na transferência tem que observá-lo, encará-lo como um sonho, ou seja, tem que visualizá-lo na tela da televisão da mente como se fosse um drama. E quando se faz isto, ajuda a não se sentir preso no drama, e sentir-se impulsionado a atuar na contratransferência.

Analista: Parece que estas coisas geram muitas confusões: *Médicus, Galeno,* qual lugar ocupa cada um, qual é o que corresponde a você, qual corresponde a seu pai, a quem lhe corresponde saudar ou pagar as dívidas com Betty, com sua mãe, com os familiares mortos... (eu não me referia à sessão anterior) ... de quem é a dúvida. Entendo que estas confusões na sua cabeça às vezes o fazem confundir-se com relação aos lugares que você ocupa em outros vínculos, por exemplo quando você me chama Joana ou Teresa...

(Porque ele tem um costume: pode me chamar de qualquer nome, toca a campainha do consultório e pode me chamar de Rosa ou Susana; às vezes me chama por meu nome também. Quando acontece isto ele me diz que é porque está arteriosclerótico).

Dr. Meltzer: *Como ele vai escutar isto? Algo assim como: "Posso ver que é impossível ele ter uma ideia muito clara de como são as relações úteis com outra pessoa, mas pelo menos esclareçamos as coisas comigo, meu nome é Sara".*

Paciente: Com respeito a isso... (refere-se aos lugares que ele ocupa) ... com Susana a contadora pode resolver o problema do trabalho que havia no negócio. Caso alguma vez tenha tido uma fantasia com ela, agora não mais; onde se come não se caga.

Dr. Meltzer: *Esta é a cisão da qual lhe falava ... Só estou interessado em você como a futura mãe de meu filho... não, o neto de minha mãe.*

Paciente: Mas com o meu pai não se pode, eu me alívio quando ele está longe, até chego a desejar-lhe a morte... (O disse em tom de confissão muito angustiado).

Dr. Meltzer: *Falando do complexo de Édipo...*

Paciente: ... Por isso lhe pago as coisas, talvez para não se sentir tão culpado. Quando está em Buenos Aires deixa-me louco. Eu aceitei pagar suas coisas, seus impostos, mas me arrependo de ter feito esses acertos. Tenho vontade de dizer-lhe: "faça suas coisas sozinho"

Dr. Meltzer: *É como se dissesse: Quando penso como ela trata seu marido me dá uma bronca.*

Analista: (Ele me conta sobre os acertos que faz com o pai, eu lhe faço uma pergunta). São acertos que não se podem desfazer? São contratos para sempre?

Dr. Meltzer: *Se a gente não vê o material na forma apropriada, a gente se encontra brincado no papel atribuído.*

Paciente: Antes falou mal de mim para Betty, disse-me: que faço com tudo isto? Falo-lhe? Não queria que acontecesse com ele como com minha mãe que morreu e não pude dizer-lhe nada. Queria cortar com tudo isso, não quero ficar mal e isto me invade.

Tem demasiada água estas plantas (me diz se referindo a uma planta ao lado de sua poltrona; corta uma folha seca).

Dr. Meltzer: *O que está dizendo é: Alguém lhe pôs água demais nestas plantas... foi seu marido? A forma como seu marido interfere na relação com teus filhos...*

Analista: Você se sente muito carregado como o trânsito que o fez chegar quinze minutos atrasado. Como encontrar – como as plantas – o equilíbrio justo? Nem pouco nem demasiado, para não ficar colado, aderido... (Eu tinha na cabeça o modelo dos bichinhos na luz que morre quando se aproximam demasiado) ..., mas tão pouco descolado no ar e só. Ainda que você neste momento disse: "quero cortá-la... (referia-se ao pai) ... Não é tão fácil, o problema não está somente fora, mas também dentro de sua cabeça. Como estar dentro de si e por sua vez por limites ao pai de fora quando se grudam e se invadem? Recorda quando você me dizia que tinha medo de ficar grudado na análise, como se analisar-se fosse um vício? Eu seria como esse pai de quem você teve que se distanciar para recuperar sua identidade, e fica tão carregado de bronca o que pode fazer apodrecer ou secar a relação.

O outro problema é que se você deseja ser seu pai fica um vazio, e aí teria que se perguntar e descobrir quem é você, o que quer para sua vida, qual é o seu próprio desejo.

Dr. Meltzer: *Não está muito claro o que você pensa, o que está dizendo ao paciente, o que é mais claro é o que o paciente quem sabe lhe escute dizer. O paciente ouça dizer que ele tem medo de que a relação com você seja somente um vício, que tem muito pouca análise ou análise demais, e que parece ser necessário encontrar a justa medida, e que a dificuldade que tem a análise tem a ver com seu pai, com seu pai interno e como isto se refletiu na relação com seu pai externo. De modo que você está tratando de enfrentar o problema do complexo* *de Édipo com relação ao pai interno como se reflete na transferência, mas externalizada sobre o pai verdadeiro.*

Analista: Ele deixa de estar grudado, ocupando o lugar deste pai...

Dr. Meltzer: *A pergunta é: Você está lhe dizendo que ele tem o problema de tirar o pai de cima, ou submeter-se ao pai, ou encontrar o caminho do meio como uma forma de transformar-se em se transformar em seu próprio pai?*

Analista: Eu posso lhe dizer – não só nessa sessão, mas também em geral, é uma sensação que tenho deste paciente – que ele, por esta situação do complexo de Édipo, fica tão grudado nesta imagem do pai e ao pai real, que não pode ser ele.

Dr. Meltzer: *Mas quem sabe também esteja lhe dizendo que a única solução que ele conhece é transformar-se em seu próprio pai, algo assim como se não pudesse imaginar-se encontrar um pai novo e melhor na situação analítica.*

Analista: Não na situação analítica, mas também algo assim como poder fazer um luto deste pai, separar-se encontrar um vazio, e buscar-se a si mesmo.

Dr. Meltzer: *Ele quem sabe escute tudo isto como que lhe esteja dizendo: Você tem que tomar uma decisão e atuar de acordo com isto, e dessa maneira transformar-se em um pai verdadeiro.*

Essas duas sessões possivelmente deem a experiência ao paciente que fez um grande progresso em sua intenção de converter-se em um bom candidato para a mãe; que fez um grande progresso em converter a situação de dependência infantil em uma relação que vai durar toda vida, que vai ser criativa, que vai produzir crianças; ou seja, que transformou o problema do apego edípico pré genital com você, o problema da dependência da criança feia, da criança suja, em um problema de objeto total; onde se converteu em um agradável cavalheirinho que pode ser um marido melhor par a mãe e salvá-la desse homem desagradável que não a trata nada bem.

Uma psicanálise pode terminar desta maneira não somente mediante a sedução da analista, mas também quando o paciente começa uma relação fora da análise com outra pessoa e o leva a interromper o tratamento. É um problema muito comum que se encontra com adolescentes, com os quais muito poucas vezes se pode chegar à posição depressiva e não se pode elaborar o conflito edípico; geralmente se relacionam com outra pessoa e abandonam a análise antes que isto ocorra.

O problema mais importante é a tendência de atuar na transferência, e o que escutamos hoje é a expressão mais pura da atuação na transferência. Cada episódio de atuação na transferência tem intenção de controlar e manipular a analista, por um motivo ou outro. Quando os pacientes estão atuando na transferência geralmente não escutam as interpretações, não escutam as palavras, mas sim escutam a música; tratam de ler a resposta emocional que obtém sua intenção de controlar a analista. Enquanto escutam uma música doce eles sentem que a gente está lhes seguindo os passos, que a gente está de acordo com o que eles dizem e quando sentem uma certa dureza na voz, quando eles sentem que a gente está dizendo "não", mudam a forma de relacionar-se, deixam de atuar na transferência e começam a trazer sonho.

Desgraçadamente, tem pacientes que podem trazer sonhos e usá-los para atuar na transferência, mas para promover este tipo de mudanças tem que fazer uma mudança na música que a gente expressa com a voz, a gente tem que dar a mensagem ao paciente de que não está de acordo. Tem que ensinar ao paciente que ele não está escutando o que a gente está dizendo, que somente está escutando a música.

Também se dá a situação oposta em pacientes muito obsessivos que escutam somente as palavras e não escutam a música, e por isso não obtém a experiência emocional da situação. Desta maneira, o que há de se fazer é quem sabe escutar muito atentamente qual a forma, o que há é a resposta do paciente, tanto a voz como a música; a música quanto expressa a emocionalidade, e as palavras quanto expressam o significado.

A contratransferência que se usa para trabalhar com os pacientes é uma das coisas que se comunicam por meio da música na voz, e isso é parte do compromisso emocional entre a transferência e a contratransferência. A gente está envolvido neste processo observando a conduta do paciente, e observando também a música, a voz e as palavras que o paciente diz; e. também, a gente espera que o paciente faça o mesmo. A gente responde mediante a comunicação por meio de palavras e música e se é possível sem atuar.

E se ele quer ligar o aquecedor, o pode ligar sozinho, e seria melhor para a análise se não tocasse as plantas.

Referências teóricas

A atuação nas primeiras etapas do processo (O processo psicanalítico)

Nesta supervisão Meltzer levanta o problema da transferência Pré formada e das atuações tanto dentro como fora das sessões no início de uma análise. A continuidade das atitudes, comportamentos, formas de aceitar o contrato compões junto ao material verbal o panorama da atuação. Destaca os problemas da contratransferência em pacientes tão pouco dispostos a ser analisados e as dificuldades de estabelecer um enquadre e interpretar as atuações, já que, o que o paciente busca é a atuação da analista para que monte em suas expectativas. Caso se sinta desapontado, a atuação se derrama na vida a externa. (2).

Refere-se também aos elementos musicais da voz (ver em Introdução: "Temperatura e distância como dimensões técnicas da interpretação"), mas neste caso, não como parte do instrumental técnico do analista, mas sim como uma cisão do paciente entre o conteúdo da interpretação e sua musicalidade, com o objetivo de pesquisar as emoções do analista e controlá-lo.

Na intervenção (1) Refere-se à ausência de relações íntimas na vida do paciente. (Ver a respeito na Introdução: "O que é uma experiência emocional").

Descritores: Atuação. Caso clínico. Contratransferência. Supervisão.

3. Florêncio

Analista: Consultou-me em maio de 1985; é italiano, naturalizado argentino, solteiro. Preocupava-se com suas tendências homossexuais porque queria se casar e formar uma família. O conteúdo de suas fantasias homossexuais se referia a masturbações mútuas com parceiros ocasionais. Suas atividades homossexuais se reduziam a muito esporádicas trocas de toques com desconhecidos nos metrôs. Não lhe atraía as mulheres.

Seu pai, que havia sido oficial do exército italiano durante a Segunda Guerra, foi acusado de fascista quando ocorreu a libertação, e teve que viver escondido muito tempo. Desta época se recorda pouco.

Chegou à Argentina aos sete anos junto com sua mãe e seu irmão, seis anos mais velho que ele. Ali se encontraram com seu pai que havia viajado uns anos antes.

Ele não reconheceu seu pai – a quem recordava por fotos – grisalho e gordo que os recebeu no porto.

Viveram bastante pobremente. Acostumado a dormir com a mãe, recorda o impacto que lhe causou a primeira noite quanto teve que dormir sozinho, enquanto seu pai compartilhava com sua mãe o único colchão da casa.

Desde o começo de sua vida na Argentina sentiu que seu pai não o levava em conta, ao contrário seu irmão estava sempre com seu pai, a quem ajudava em suas tarefas de carpintaria. Ele sempre se sentiu excluído destas tarefas.

Mais frequentemente ajudava sua mãe nas tarefas domésticas, esta era uma mulher severa, incisiva e queixosa.

Sempre foi bom aluno, porém, com pouco contato com os companheiros; era gordo e não se sentia apto para atividades desportivas. Ao terminar o secundário ingressou no seminário, porém ao final de poucos anos este o desiludiu. Ao sair, decidiu estudar direito. Formou-se com diploma de honra e a melhor média de sua turma.

Vive com seus pais em um apartamento de sua propriedade. Seu irmão está casado e tem quatro filhos.

Começou sua análise com três sessões por semana, passando a quatro em janeiro do ano seguinte.

Foi sempre muito colaborador com sua análise, trazendo sonhos muito esclarecedores. A figura mais frequentemente transferida sobre mim foi a de seu pai sádico e desqualificador. Este foi um ponto de apoio para uma distorção da compreensão do sentido da análise, que o levou a buscar em minhas interpretações juízos e avaliações acerca de sua masculinidade.

No curso destes cinco anos tem ocorrido uma série de mudanças, que produzem um paulatino incremento de sua autoestima, produto da atenuação da violência dos conflitos de seu mundo interno, sua forma de pensar tem-se tornado mais tolerante com critérios mais amplos, sua forma de vestir tem incluído mais elementos informais e coloridos, coisa que era totalmente impensável no começo da análise.

As relações com seus pais, embora ainda distantes e às vezes dependentes, até o ponto que não podia deixar passar algumas horas sem lhes telefonar, tornaram-se mais francas e discriminadas. Concretizou, finalmente, o projeto de comprar outro apartamento para ir morar sozinho, coisa que pensa em realizar este ano uma vez terminada a reforma.

Sua vida social embora bem limitada, se ampliou consideravelmente.

A respeito de sua vida sexual, tem acontecido por meio de atuações homossexuais que consistem em masturbações mútuas em algum banheiro público ou sauna, atuações que lhe proporcionam – para sua surpresa – pouco prazer.

As fantasias homossexuais têm agora a característica de que não são acompanhadas de excitação. Conscientemente, sente que a atividade heterossexual não é para ele, e que a homossexualidade é a única que lhe resta.

Em seu inconsciente, sem dúvida, temos inferido a existência de uma determinação de abandonar a heterossexualidade por medo de estragar a mãe, por medo do pai sádico e castrador, e por desejos vingativos de frustrar tanto a mãe quanto ao pai. Essa problemática se atualizou de muitas formas na transferência, e tem aparecido representada em grande quantidade nos sonhos.

Dr. Meltzer: *Ele provavelmente era a menina da família.*

Analista: O nome que lhe puseram é uma transformação masculina de um nome feminino, e sua forma masculina é muito rara em italiano.

Dr. Meltzer: *É uma homossexualidade feminina, e estas pessoas são bastante infelizes porque geralmente se apaixonam por homens masculinos que não querem nada com eles. As atividades homossexuais geralmente consistem em masturbação mútua e mimos, abraços,* *geralmente têm muito medo da penetração anal, e não estão inclinados à felação.*

Em geral, ele se manteve bastante apegado à sua mãe e à sua família, e embora não esteja muito comprometido socialmente, não elegeu ter relações amorosas homossexuais de longa duração, apenas relações a curto prazo no metrô. Este tipo de homossexualidade feminina não é uma homossexualidade perversa, mas é o que poderíamos chamar de homossexualidade social, e em geral, sofrem de uma inibição da agressão e por isso nunca podem fazer parte dos esportes, era um menino gordo, ou seja, que é como se tivesse a heterossexualidade bloqueada.

Às vezes se encontram tendências travestidas, sobretudo se tem irmãs; porém neste caso não seria uma perversão.

Parece ser uma pessoa com uma emocionalidade pobre e não alguém que vai usar a análise para florescer, mas para adaptar-se melhor a sua predisposição feminina, algo disto já aparece ter ocorrido nos primeiros cinco anos de análise, de maneira que a pergunta agora é em que momento do processo vamos encontrar este material.[1]

Sessão de 3 de janeiro de 1991

Paciente: Quando vinha pensava que não sabia do que iria falar hoje; não estou com ânimo para falar de coisas profundas, espirituais, que são as que creio correspondem a análise. As outras são levianas, cotidianas.

Dr. Meltzer: *Isto talvez seja uma referência a se sentir atraído pelo sacerdócio, porém sem esse interesse passional que tivesse permitido submeter-se às privações que isso exigia. Não estaria surpreso*

---

1 Ver Referências teóricas, pág. 71, "Homossexualidade feminina".

se a transferência para o analista tivesse sobretons monásticos, com ênfase na obediência.[2]

Analista: Parece-me que o que você chama profundo é o que supõe que a mim interessa, e as levianas as que interessam a você; e você decide dar-me o gosto de se submeter ao meu gosto.

Dr. Meltzer: *Sim, é a obediência. Não estou seguro se as coisas simples são as coisas que o interessam ou se realmente são as coisas que não o afetam. Segue sendo gordo?*

Analista: Não.

Paciente: Sim, é algo assim. Esta manhã aconteceu uma coisa com o jornal, você já conhece o assunto do jornal. Ultimamente meu pai está olhando para o jornal pela porta da frente e eu não sei por que, porque é uma porta que não usamos muito. Ele se senta para ler o jornal na sala de estar, aonde devo ir e perguntar a ele. Mas esta manhã se trancou em seu quartinho - sua oficina - com a porta fechada. Ele me irritou tanto que saí sem dizer olá. Esta noite quando eu voltar vou falar para ele: "esta manhã você adormeceu", para ver o que ele responde.

Analista: Parece-me que ele é um pouco dissimulado, vai falar isso para ele para que responda que não, que ele estava no quarto.

Paciente: Não, acho que ele vai responder que sim, que adormeceu, e isso vai confirmar que não tinha interesse em falar comigo.

Analista: Também soa rebuscado, você poderia dizer a ele: "você estava trancado no seu quarto hoje, queria falar comigo?" Aqui pode ser que ele trabalhe da mesma forma, pode me dizer que você só pode falar sobre coisas profundas para que eu, ao não dizer nada, confirme que não tenho interesse em ouvi-lo falar sobre o que lhe interessa.

---

2 Ver Referências teóricas, pág. 71, "Homossexualidade feminina".

Dr. Meltzer: *Em relação ao jornal, parece que o jornal contém um pouco o que se refere à situação analítica, o que interessa ao analista ou ao que o paciente não se interessa, mas em geral o paciente não tem a impressão de que ele mesmo é uma pessoa interessante e fica um tanto resignado por não ser um paciente muito interessante para o analista.*

Existem muitos pacientes que têm uma vida emocional deprimida e estão convencidos de que são enfadonhos, e a verdade é que são enfadonhos.

Nestes casos, vejo-me obrigado a explicar aos pacientes que não é papel do paciente divertir ou ser interessante para o analista, mas sim que é papel do analista interessar-se pelo paciente mesmo quando significa se interessar pelo fenômeno do tédio. Esse é um problema muito importante encontrado na análise, de qualquer pessoa, e pode ser um problema caracterológico que surge com pacientes que se queixam de não ter amigos que se sentem desconfortáveis em situações sociais, ou que não podem falar em situações públicas. Essas pessoas geralmente são péssimas observadoras do que acontece ao seu redor e também dentro delas e, como consequência dessa pobreza de observação, surge uma supressão da resposta emocional. Isso é visto quando eles descrevem as pessoas que encontram, eles não descrevem o que vêm, mas sim estereótipos, e é claro que esses estereótipos também são aplicáveis à percepção do analista que eles têm. Isso seria o que eu chamo de uma espécie de onisciência negativa, e por terem uma percepção limitada sobre o significado do comportamento do pai, escolhem o modelo que mais se aproxima como um estereótipo para descrevê-lo. Tipo de onisciência que se expressaria porque descrevem coisas que são mais óbvias para eles, e não podem ver os detalhes.

Então esta é a situação hoje: o paciente sente que o analista não está muito interessado nele, que ele tem que providenciar algo que o faça parecer obediente neste mosteiro que é a psicanálise.

Paciente: Sim, acho que é o caso, mas é difícil para mim repetir o que você disse? Você disse que acho que só posso falar sobre coisas profundas para confirmar minha ideia de que você não está interessado nas minhas coisas?

Analista: Como você vê, você pode repetir, mas é exatamente isso, você tem que repetir; isto é, diga o que eu digo e não o que você pode pensar do que eu digo.

Paciente: Sim; hoje ao meio-dia fui a uma galeria de arte na rua Florida e na rua Paraguai para ver as coisas para o apartamento. Vi uma escultura que adorei, representa um homem e uma mulher se abraçando como se estivessem dançando, mas com uma linha tão harmoniosa, tão expressiva que me fascinou. Tinha um cavalo do mesmo escultor que eu já tinha visto, está cavalgando, também tem muito movimento e vitalidade. Eu queria colocar um cavalo no meu apartamento, mas este do casal eu gostei mais. A dona da galeria se ofereceu para mostrar mais coisas, eu disse a ela que não, mas ela insistiu: "gosto muito de mostrar o que tenho", disse ela, e realmente me mostrou muitas pinturas e esculturas, todas coisas muito bonitas. Mas o que eu mais gostei foi essa escultura ...

Dr. Meltzer: *É muito interessante como ele descreve a situação em que os primeiros objetos que ele encontra o fascinam e depois disso ele não quer ver outros objetos; de maneira que os primeiros objetos que lhe são mostrados ele está preparado para explorá-los, para conhecê-los, mas não quer conhecer mais objetos porque mais tarde estaria em posição de ter que escolher. A teoria dos vértices de Bion pode ser aplicada aqui onde ele escolhe uma forma, um vértice de ver as coisas, fecha a situação e não a abre para a possibilidade de outro vértice porque nesse caso ele teria que escolher.*[3]

---

3 Ver Referências teóricas, pág. 71, "Conceito de vértices".

Paciente: ... Mas o que eu mais gostei foi essa escultura. É feita em acrílico e tem uma parte alta – mede cinquenta cm. – e está patinada na cor preta. Achei que na frente da janela da sala ficaria muito bom. Quando alguém abre a porta do apartamento se vê toda a sala e ao fundo a janela, de modo que o que estivesse em frente se veria contraluz, algo que se fosse colorido perderia um pouco do seu charme, então isso é o ideal. Você se lembra daquelas colunas de madeira? Eu colocaria em uma delas; sobre a outra colocaria um vaso com plantas. E o preço não é muito, quatrocentos dólares, se comparado a uma foto que, emoldurada, custa um milhão e duzentos ou um milhão e quatrocentos mil austrais não é tanto. Mas, mesmo assim, pensei que essa despesa era como jogar dinheiro fora.

Dr. Meltzer: *O material até aqui ilustra o aspecto feminino da personalidade do paciente, onde ele trata o apartamento como algumas mulheres tratam a casa ou o corpo, e se preocupa – neste material – com as aparências superficiais, a decoração do apartamento, e ele não está tão interessado no valor intrínseco ou artístico dos objetos que examina, mas na aparência deles na parede, se refletem luz, se a cor combina ... São características superficiais. Quero salientar que é um ponto de vista feminino que ele está usando para examinar esses objetos, como as mulheres fazem quando experimentam vários vestidos e se olham no espelho para ver qual deles se encaixa melhor.*

Isso também descreve de alguma forma como ele sente a situação analítica. A análise é como comprar algo que você usará para decorar sua mente, e a mente vai se transformar em um lugar atrativo de onde convidar pessoas, e de onde ele vai se transformar em uma anfitriã. Muitas pessoas fazem isso, enfeitam o interior da mente com informações: o último livro, o último filme ... para que quando forem a eventos sociais possam ser anfitriões e ter o que conversar. O que eles fazem é mostrar essas coisas que existem dentro da mente e compartilhar com outras pessoas que tiveram experiências semelhantes, ou seja, mostram os quadrinhos, as críticas são mostradas e compartilham algo nesse nível.

Você sabe que é muito difícil dizer algo inteligente sobre as obras de arte, e se ler as resenhas de arte, verá que a maioria delas é bastante enfadonha. Ele não tem uma concepção de interesse, o que ele tem é uma concepção de exibicionismo no sentido de que está interessado em exibir o conteúdo de sua mente.

Isso é o que é interessante sobre o conceito de Bion de vários vértices, que não apenas permite examinar o interesse em um objeto a partir de muitos pontos de vista, mas também dá um sentido de multiplicidade de vértices como uma forma de fazer testes de realidade.

O que dizer então da técnica com um paciente desse tipo? Pode ser importante não fazer interpretações definitivas, mas estudar o material sob vários pontos de vista – o ponto de vista dos múltiplos vértices – e permitir que o paciente eleja aquela versão que mais lhe interessa.[4]

Participante: Para isso, o analista precisa ser capaz de se colocar no primeiro lugar, para que possa ver isso.

Dr. Meltzer: *Isso é o que quero dizer quando digo que o trabalho do analista é se interessar pelo tédio. O enfastiamento é um fenômeno bastante interessante por si só, e estou ilustrando-o aqui, interessando-me por um material essencialmente enfadonho*

Analista: Você sente que não tem o direito de se dar ao luxo.

Paciente: É algo conhecido. Sempre que preciso comprar alguma coisa, é a mesma coisa; mas para os demais não é assim, é um problema de dinheiro.

Analista: O dinheiro é apenas uma medida da importância que você lhe dá. O que não pode se permitir é desfrutar a vida. A

---

4 Ver Referências teóricas, pág. 71, "Conceito de vértices".

escultura é, também, um símbolo do que acima de tudo não se pode gozar, da sexualidade, da relação com uma mulher.

Dr. Meltzer: *O paciente parece estar correto aqui ao dizer que, uma vez que ele não tem a capacidade de pensar sobre a qualidade e o significado das coisas devido à sua falta de emocionalidade, ele confia em um parâmetro quantitativo, e então parece que usa o dinheiro para ser uma forma muito útil de quantificar o valor das coisas. É um exemplo de paciente que sabe o preço de tudo, mas que o conceito de valor não tem muito significado para ele. O valor é essencialmente um conceito emocional, porque a emocionalidade é o que dá sentido às coisas, e é assim que os conceitos de Bion, onde a transformação da emoção leva ao pensamento, são muito úteis. Estes pacientes têm capacidade limitada para expressar emoções e têm dificuldade para simbolizar e pensar, e em ter sonhos, para investigar.*

Vamos ver até agora onde encontramos esse paciente. Depois de cinco anos ele está melhor adaptado socialmente, o estado de confusão melhorou um pouco, mas ele ainda está um pouco longe da posição depressiva. Encontra-se em um momento de bem-estar geral, o que é bastante típico da posição em que se encontra - o umbral da posição depressiva - e que é possibilitado por algo negativo. Sente-se bem num sentido negativo, porque não existe algo que atue como irritante neste momento. Não existem ansiedades persecutórias ou confusionais. É o momento em que pode surgir o impasse no processo analítico, que é quando o paciente não quer sair de onde está para não permitir que apareçam situações de dor, para entrar em contato com a dor mental e ansiedades depressivas.

O problema técnico neste momento vai se concentrar nas situações de separação, e não tanto na importante ansiedade de separação, mas na ansiedade de solidão como consequência da separação. Enquanto o analista não se estabelecer como a pessoa mais interessante na vida do paciente e a análise não se estabelecer como a situação mais importante na vida do paciente, essa situação interna não poderá mudar; esse momento de análise é o umbral da posição depressiva e é o que exige muito mais trabalho do analista. O cavalo representa a vitalidade dos órgãos genitais em um nível animal, e o casal representa a vitalidade genital em um nível mais emocional.

Vamos ver como a sessão continua ...

Paciente: Sim, pensando bem, o importante é não gastar. Há em mim como uma ideia macabra que contradiz tudo o que eu possa gostar, inclusive o que se passa com você. Não posso falar do apartamento porque acho que você vai falar que antes de gastar eu deveria pagar mais honorários, e não sei por que, porque temos uma diretriz de reajuste estabelecida. É algo negativo, é ... qual foi a palavra que eu disse?

Analista: Você falou de uma ideia macabra.

Paciente: Isso.

Analista: Do qual me sinto participante, você sente que não quero que você aproveite.

Paciente: Ontem à noite eu tive um sonho – Fico com raiva de não me lembrar a não ser por uma parte: Eu estava com o menino que foi nosso guia na Grécia e tinha uma relação homossexual, então ele encarou, era como esfregar pênis.

Analista: Por que lhe dá raiva de não se lembrar de parte do sonho?

Paciente: Porque você não pode saber realmente o que significa, e a parte que me lembro é como uma confirmação da homossexualidade, embora já saiba que o que importa é o que realmente significa.

Dr. Meltzer: *Caso tivesse podido interpretar antes os diferentes tipos de vitalidade, poderia ter interpretado neste sonho - ou a conexão entre desperdiçar dinheiro e desperdiçar sêmen na masturbação mútua. E dá muita raiva ter um sonho – homossexual porque* é como desperdiçar sêmen, esbanjar sua vitalidade e desperdiçar dinheiro. Quando fala em desperdiçar dinheiro, está dando sinais de usar valores quantitativos, e isso também influencia seu medo de falar em dinheiro, porque assim que fala em dinheiro o analista vai querer arrancá-lo dele. Isso tem um paralelo com uma situação de masturbação mútua, que se ele mostrar seus órgãos genitais, o analista vai querer masturbá-lo e extrair o sêmen. Ele não tem uma concepção do analista como alguém interessado, mas sim a concepção do analista como alguém predatório do seu ponto de vista de avaliar as coisas de forma quantitativa.

Do ponto de vista do impasse no umbral da posição depressiva, o analista ainda tem a maior parte do trabalho a fazer para estabelecer a análise como a mais importante coisa na vida do paciente, e a maneira de fazer isso é para mostrar a ele o significado, que tem seu material de tantos vértices quanto o analista pode pensar. Mas há outro aspecto técnico. Não se trata apenas de mostrar o material a partir de vários vértices, mas de apresentar o material da forma mais interessante e divertida que a capacidade discursiva do analista permite. Você pode ver que estou argumentando que isso requer um trabalho analítico bastante intenso.

Analista: No sonho parece representar o que acontece, porque sou para você o guia do tratamento, e você sente que tem que falar o que eu gosto de ouvir, e repetir o que eu falo. Em outras palavras, ele sente que tem que se submeter a masturbar-me, isto é, à análise homossexual.

Dr. Meltzer: *Sim, isso é bastante correto, apenas que ele tem que se submeter ao analista que o masturbe e desperdiça seu sêmen.*

Analista: Na semana seguinte, o tema dominante foi a maneira como sua submissão aos desejos dos outros tornava difícil para ele realizar os seus próprios.

Ele tem sessões de segunda, terça, quarta e quinta-feira; na quarta-feira ele me disse que quando foi comprar a estátua já a tinham vendido ...

Dr. Meltzer: *Sua história de vida ...*

Analista: Ele também me disse que não me sentia seu aliado. Quinta-feira não chegou. Na segunda-feira pediu-me para mudar o horário e na sessão disse-me que na quinta-feira tinha ido ao apartamento supervisionar o instalador do tapete, que teria preferido não vir – naquela mesma segunda-feira – e que o incomodava era que por estar na sessão não podia ir ver uma poltroninha que queria comprar.

Ele inclusive mencionou a fantasia de sair do tratamento, falou em se rebelar contra a escravidão, e que ter chamado para mudar a hora era um protesto à escravidão.

Dr. Meltzer: *Este é o impasse no umbral da posição depressiva.*

Sessão de 15 de janeiro de 1991

Paciente: Vim praguejando porque também não vou ver a poltroninha hoje. É um grande esforço vir ... aproveitaria melhor o meu tempo indo lá ou brincando. Não estou com vontade de vir, quero fazer outras coisas. Ocorreu-me fazer um curso de *ikebana*, mas é meio boiola ... pensei: "X (o analista) vai achar que é um pouco boiola." A alternativa é algo desse tipo, algo manual; pensei em cerâmica, mas você tem que saber desenhar e nisso eu sou uma negação, outra coisa é cantar. Quero um hobby ... não gosto de ler, sinto que estou perdendo tempo, não quero ler para que papai não se meta com isso, ele lê muito...

Dr. Meltzer: *Isso é típico, ler é perder tempo, porque você não pode provar que você leu e a única coisa concreta que você tem são os livros na biblioteca, mas então não é o problema de ter que lê-los...*

Paciente: Não quero ler para que papai não se meta, ele lê muito, quando me vê lendo algo ele diz: "você devia ler esse outro". Incomoda-me me sentir bisbilhotado, por seus comentários.

Dr. Meltzer: *Ele tem uma imagem do analista como alguém que lê, como alguém que tem ideias e interesses, que a análise não é um hobby, mas a leva muito a sério, e que ele - o paciente - está interessado em ter o que chama de um hobby, que é algo em que você não deveria se interessar com muita paixão.*

Você pode ver como é fácil agora perder o interesse por um paciente assim e dizer "bem, vá em frente e faça suas coisas". A técnica que usa o pai não parece funcionar, e dizer-lhe que faça isso ou aquilo não serve muito, mas você tem que descrever o conteúdo do livro, em detalhes, o que está acontecendo.

Analista: Ele também ficou chateado quando pensou em *ikebana* e teve medo de que eu o bisbilhotasse e o criticasse.

Paciente: Eu realmente quero fazer uma atividade diferente... eu igualmente poderia fazer piano. Estou ansioso por uma atividade, não sei qual. Realmente não estou com vontade de falar, teria sido mais útil ir ver a poltroninha.

Analista: Você se sente desconfortável no silêncio?

Paciente: Não, mas ficar quieto... é como ir à uma academia e não fazer ginástica. Não sei o que me ocorre, não estou com vontade; também estou muito cansado, no escritório, do mesmo modo, estava em branco. Tinha algumas fantasias homossexuais, mais do que nos últimos tempos, como era de costume antes.

Analista: Pode ser que tenham algo a ver com o aborrecimento que você tem comigo.

Paciente: Não é por você.

Analista: Vindo para a sessão.

Paciente: Sim, pode ser. Ontem à noite eu tive um sonho, foi na Idade Média, havia alguns cruzados. Um cruzado vinha falar com minha mãe e perguntava a ela sobre os outros cruzados; ele havia se perdido ou estava reclamando porque os outros o espancaram. Procurava os outros cruzados ... depois foi como o cenário da ópera "I Lombardi". Depois havia uma moça jovem, não sei se ela era prostituta, dava a impressão de que estava à espera: ela estava encostada numa parede que tinha um portão que limitava a casa e separava o jardim da calçada. Como na segunda cena do primeiro ato de "Don Carlo", na cena do jardim, onde a criança confessa seu amor à rainha; depois que ela sai, o rei entra, pergunta porque a rainha está sozinha e se senta encostado na parede como aquela. Eu estava conversando com aquela mulher, tinha medo das insinuações dela.

Analista: O que você acha dos cruzados?

Paciente: A Conquista do Santo Sepulcro, a ópera "*I Lombardi*", o absurdo da trama.

Analista: Como é?

Paciente: É em Milão, um irmão perdoa o outro por sua ofensa, mas isso é um falso arrependimento, é um disparate... O perdão é pelo parricídio, o perdão é ao parricida, mas este não se arrependia. Este fez a amada de seu irmão ser sequestrada pelos turcos, os sarracenos; o Lombardo vai para a guerra no Santo Sepulcro, não sei como segue ... acho que o parricida se faz de ermitão. É mais absurdo do que "*Rigoletto*".

Dr. Meltzer: *Isso está indo embora para um dos sonhos; o sonho em realidade é este cruzado que perde contato com os outros cruzados, e é uma descrição da percepção da perda do contato com o analista que parece que o paciente sente que é como um cruzado que perdeu o contato com o seu companheiro. Há uma referência aqui ao bebê, sua mãe e o rei que parece ser uma referência ao reaparecimento do pai quando ele teve que parar de dormir com a mãe. Acho que nesse sonho – há uma referência interessante ao fato de ele ter um irmão mais velho ao invés de uma irmã mais nova. Se ele tivesse uma linda irmã mais nova, ele não teria que ser a menina da família e não teria que contemplar como o pai preferia o irmão mais velho. Se ele tivesse uma irmã, quando seu pai reapareceu, ele poderia ter ido da cama de sua mãe para a cama de sua irmã, ao invés de ter que recorrer à sua própria feminilidade. Do ponto de vista da análise, ele não viu uma paciente, uma mulher, que poderia representar a irmã na análise?*

Analista: Não.

Dr. Meltzer: *Você não viu os pacientes que vieram antes ou depois?*

Analista: Eu os vi, mas por acaso não eram mulheres.

Dr. Meltzer: *É uma pena ... O que ele está procurando realmente é seu desejo de ter uma irmã, os irmãos são inúteis, eles são todos parricidas e nem sequer se arrependem de seus parricídios; não se pode ser amigo dos irmãos porque são muito competitivos, por outro lado, se ignorarmos a sexualidade das irmãs, pode-se ter uma boa amizade com elas. Em outras palavras, sua solidão se expressa neste momento em que ele deseja ter uma bela relação fraterna, assexuada, com uma bela jovem.*

Participante: No sonho aparece um cenário... isso é realmente um sonho, ou a partir disso é uma fachada de sonho, um *ikebana*, e não uma autêntica associação?

Dr. Meltzer: *Na realidade, muito disso é como uma conversa de mesa, é uma conversa em que eles estão falando sobre óperas, esculturas, cenas... de qualquer forma eu estou procurando algum elemento significativo para limpar toda esta grande tagarelice ou falar de depois do jantar, e dentro disso estou interessado em algumas associações, por exemplo a da rainha, o parricídio... e que ele quer uma irmã.*

Outra referência falando sobre ópera, posso pensar que quando chega a hora que a análise passa a ser a coisa mais importante na vida do paciente e o analista é visto como uma pessoa que está realmente interessada no paciente, o prazer maior desta situação vem do que eu chamo uma situação estética, que não provém do que o analista disse e sim que provém do tom de voz do analista, a música... De maneira que o paciente fala como a voz penetra, como excita, como fascina mais do que o significado das palavras.

E se você está acostumado – como eu – fazer um resumo nos últimos dois ou três minutos da sessão, você percebe que o paciente realmente não escutou. Um paciente costumava pontuar esse momento dizendo: "Ah, foi aí que a canção de ninar começou".

Estou interpretando a menina no sonho como um aspecto de seu desejo de ter uma irmã para protegê-lo da solidão das interrupções da análise. Portanto, o papel dos hobbies é protegê-lo contra a solidão.

Analista: O parricídio está relacionado ao fato de você sentir que seu gosto vai contra o meu, como vimos na sessão de ontem. Embora, da mesma forma, seja possível que julgue que o que eu digo é como um disparate.

Paciente: Não sinto que lhe dou o prazer ao renunciar a mim mesmo. Venho para a sessão porque tenho que vir.

Analista: Você sentiu que eu era contra o seu desejo de fazer *ikebana*, provavelmente não queria vir para que eu não me metesse.

Paciente: Sim, isso é interessante. Quando quero me entregar, sempre sinto que é contra algo, contra normas éticas, não sei impostas por quem.

Dr. Meltzer: *Aí está o monastério...*

Analista: No sonho é mostrado que você quer ser como os outros homens e conquistar uma mulher, mas a trama de *"Don Carlo"* também inclui o parricídio. No sonho - a mulher está encostada na mesma parede que o rei, seu pai. Por isso tem medo das insinuações dela, tem medo de que cobiçar uma mulher signifique me atacar.

Dr. Meltzer: *Isso é provavelmente correto, mas eu suponho que seja algo que possivelmente tenham falado nos cinco anos anteriores.*

Paciente: Eu entendo o que você está dizendo, mas não vejo aqui, não percebo. Lembrei-me da ópera que lhe presenteei há anos – *"Rigoletto"*. Quanto tempo faz que não escuto ópera; é impressionante, outro dia eu queria escutar *"Lohengrin"*, a cena do casamento e a cena de luta no túmulo.

Analista: Você acha que se pensar em casamento vai ter que lutar comigo.

Paciente: A luta aí é com quem matou o pai.

Dr. Meltzer: *O complexo de Édipo genital é ele em um futuro distante no que diz respeito à evolução da análise, não é uma coisa presente. A crise neste momento é melhor entendida em termos econômicos, a economia do princípio do prazer e da dor. A dor que o trouxe à análise praticamente desapareceu, e por enquanto só resta a solidão. A relação não se consolidou suficientemente na transferência materna, pois não houve uma provisão de funções maternas por parte do analista que lhe permitiu consolidar este tipo de transferência. Então tecnicamente a ideia é como falar com o paciente cumprindo o papel materno. Você deve falar com ele explicando ao bebê o quão interessante* *é o mundo em que ele se encontra. Focalizando mais na transferência materna eu traria o sentimento de solidão na transferência, seria mais relacionada com a situação analítica.*

Analista: Ele não compareceu à próxima sessão.

Sessão de quinta-feira, 17 de janeiro de 1991

Paciente: Ontem não vim porque me sentia mal, tinha comido pouco, estava muito cansado.

Analista: Você está fazendo dieta?

Dr. Meltzer: *Para quê? Ainda é gordo?*

Analista: Não, mas faz dieta porque tem tendência ao excesso de peso.

Paciente: Não, tinha que compensar o que tinha comido, sentia-me cansado e disse a mim mesmo: "Além disso, vai ao X, não", em vez disso fui comer com o Mario. Eu disse: "vamos comer bem, sentado, com tudo." Comi um bom peito, uma salada e depois fui à sorveteria tomar um sorvete. Depois me senti melhor; eu não comi hoje.

Analista: Você teve que compensar também?

Paciente: Não, é que ontem à noite comi um bolo de maçã que meu pai faz, comi duas frutas e dois iogurtes à noite, e vi o bolo no meio da mesa e comi um pedaço... E hoje tive que compensar, você tem razão. Sim, não comer porque tinha que ir para o apartamento era uma desculpa. O *bandô* na janela ficou espetacular, se eu disser que hoje não tive entusiasmo para vir vou mentir, tenho mais do que na terça-feira. Penso no meu apartamento, na varanda vou colocar vasos de flores, vai ficar espetacular de vários ângulos; da mesma maneira, à noite, com as luzes da cidade passando pela janela, e uma planta iluminada. O tapete em duas cores, cinza e bege, sai do comum...

Dr. Meltzer: *Como fica de vários vértices diferentes...*

Paciente: ...Hoje espero o vidraceiro, tenho que colocar mais plantas e fotos. Quando terminar, as pessoas ficarão surpresas a cada passo. Tenho desejo de desfrutar das coisas. A arquiteta não deixou os meninos dela usarem as cadeiras, mas eu insisti que eles se sentassem lá. Estou satisfeito por sentir as coisas ao meu serviço...

Dr. Meltzer: *O que está começando a ser ouvido são os princípios de um interesse apaixonado, e uma comparação perfeita pode ser feita com a situação analítica, que as interpretações são vistas como o analista apresentando-lhe um pano que é fascinante a partir de qualquer ponto de vista que se olhe. Portanto, pode-se formar uma equação de que ele está extasiado, que está gostando tanto de sua boca, de seus ouvidos e de seus olhos, e que se juntar tudo isso soa como "mamãe". É a paixão da transferência materna que, todavia, está externalizada, todavia está lá fora, e você precisa atraí-lo para o espaço analítico.*

Paciente: Ontem fui ver a poltroninha, mas me atrasei. Durante a caminhada tive fantasias homossexuais e em um momento mudei, senti rejeição pelas fantasias. Hoje não sinto o mesmo, se uma oportunidade homossexual fosse dada, não seria estranho à minha fantasia.

Dr. Meltzer: *É interessante como a transferência materna e o orgulho e o prazer nos vários aspectos dessa mãe de repente se transformam em identificação e nas fantasias homossexuais, porque é o que acontece em uma análise, quando surge este tipo de transferência materna em toda a sua intensidade é que dá lugar a diferentes tipos de identificações e eles mesmos se encontram fazendo interpretações aos amigos, e demais pessoas.*

Analista: É claro para mim que você quer se dar ao gosto do apartamento, agora me chama a atenção essa alternância de comer e não comer; também esta alternância de vir e não vir para a sessão; e a alternância da fantasia homossexual.

Paciente: Como relacionou a sessão e a fantasia homossexual? Porque há algo, eu acho que eu me sinto confortável quando eu decido não vir para a sessão, e eu me sinto confortável quando eu concordo em ter uma fantasia homossexual. Sentir-se confortável seria uma coincidência.

Dr. Meltzer: *Isso é muito claro, ele reconhece que não vir à sessão, ou seja, identificar-se com o objeto, é um substituto para ter uma relação de objeto. Ou seja, a relação com o seu apartamento tem um equilíbrio muito delicado entre algo que vai ser tão bonito que vai cativar quem o vê, igualmente algo com que ele se identifica, para que se transforme em alguém admirável e bonito.*

Os hábitos alimentares dele não sofrerão este tipo de mudança, pois as pessoas que gostam de comida geralmente transformam este hábito no prazer de cozinhar para os outros; o que é visto com anoréxicos, que não comem, mas que alimentam os demais.

Analista: Na terça-feira vimos que quando ele se dava um gosto, sentia que era contra algo; "acredito que quando você decide não vir à sessão ou aceitar uma fantasia homossexual, você se dá luz verde para ser quem você é, em vez de ser como você acha que eu quero que seja".

Paciente: Satisfazer meus desejos está bem, desde que seja possível, como o apartamento, mas sentir o mesmo em relação à fantasia homossexual não seria um progresso.

Dr. Meltzer: *Isso é claro, quando ele expressa sua feminilidade por meio de seu apartamento, isso é mais aceitável do que quando ele a expressa por meio de seus relacionamentos homossexuais.*

Analista: O progresso seria que você os tivesse ou não por suas próprias razões e não porque eu quero.

Paciente: O crescimento seria deixar a fantasia porque não me interessa, eu vejo isso como uma luz vermelha, não parece que existe esse desinteresse, é uma coisa como a barragem rompida.

Analista: Tínhamos visto que a fantasia homossexual - entre outras coisas - tinha um sentimento de rebeldia: "Não sou o que você quer que eu seja."

Paciente: Pode ser, essa rebeldia me parece familiar.

Analista: Você sente que está ligado a uma necessidade de expressar rebeldia por não comparecer a uma sessão ou por ter fantasias homossexuais.

Dr. Meltzer: *A identificação com o objeto é verdade que é uma rebeldia, mas é uma rebeldia contra algo que ele ainda não experimentou, que é a rebeldia contra as ansiedades depressivas.*

Paciente: Sim, tudo tem um sabor rebelde, como se dissesse: " Que ousadia!" Tenho uma expectativa de onde virá a reprovação.

Analista: Pode ser que você queira testar para ver se eu o culpo.

Dr. Meltzer: *Falando dos problemas técnicos no impasse do umbral da posição depressiva, isso requer um tipo diferente de participação por parte do analista que deve neste momento desempenhar as funções maternas, e principalmente a função materna de colocar o bebê em contato com a beleza do mundo, não só a beleza sua – da mãe – mas que por meio de sua beleza, a beleza do mundo, e assinalar lhe o entorno como: " olha que belas flores, que adorável cachorrinho, que linda árvore..." O equivalente na análise é mostrar ao paciente a complexidade e a beleza do interior de sua mente, e isso é um pouco difícil neste momento porque o paciente não quer que você saiba o que está se passando em sua mente, não coopera mostrando.*

Portanto, você tem que se conformar com o que o paciente dá e tem que usar o que o paciente oferece, explorando as complexidades e implicações do que o paciente está apresentando.

É um problema tecnicamente diferente do que ocorre na análise da posição esquizoparanóide, quando se trata de encontrar indícios de ansiedade no paciente onde se analisam defesas, estruturas objetais, self... enfim, neste momento o importante é mostrar ao paciente a textura, essa estética de seu mundo interno.

O interesse pelo apartamento, que pode de alguma maneira ser visto como uma forma de exteriorizar o que a experiência adquirida dentro da análise, não deve ser visto como um acting-out, por isso não é algo que ele faz por razões defensivas não é um tipo de experiência que foi adquirida na análise que é externalizada, mas a experiência dentro da análise ainda não foi consolidada.

Eu teria muito mais interesse nas coisas com as quais ele mobília seu apartamento, pedindo ao paciente que descreva em detalhes o que cada uma dessas coisas significa, por exemplo, o que significa que os filhos do arquiteto se sentem nas poltronas, e se tem algo a ver com o corpo da mãe que está cheio de bebês. Em suma, cada um desses elementos deve ser colocado sob um microscópio e explorado com mais detalhes.

Se você pensar sobre o impasse em uma forma gráfica, você pode pensar que o paciente tenha melhorado um pouco, em seguida, chegou a um "platô" e ficou ali, não se pode ir mais além deste patamar. Por outro lado, se fizermos um gráfico que reflita a dor mental, veremos que a dor diminui, a confusão diminui, a perseguição diminui, o pico mais baixo é atingido, então aumenta novamente, e desta vez a qualidade da dor é a dor depressiva.

Como a atividade interpretativa, é correto descrever a atividade durante a posição esquizoparanóide como a clássica de interpretar as resistências, transformar o que é inconsciente em consciente; mas é muito diferente do tipo de atividade exigida na posição depressiva porque ao analisar a posição do esquizoparanóide está sendo analisada a psicopatologia do paciente, mas quando se analisa a posição depressiva, está sendo promovido o desenvolvimento normal.

Se você pensar em melhorar o paciente até que ele atinja esse platô, e se usar isso como um indicador do fim da análise, você vai possivelmente terminar muito desiludido e um pouco conformado já que o paciente não continuará a se desenvolver. Em vez disso se usa o outro modelo, da posição depressiva se nota que tem um incremento da dor depressiva e, também, da capacidade de conter a dor depressiva, e aparecerá então uma capacidade de autoanálise e de introspecção que vai fazer que a atividade do analista seja redundante; e como resultado o analista e o analisado se prendem um ao outro com uma tendência a levar a análise mais adiante do que o necessário, como forma de evitar a situação de separação.[5]

Participante: (Questão que não foi cadastrada).

Dr. Meltzer: *É verdade que isso acontece em todas as sessões, meu ponto de vista das sessões é como um processo em espiral onde há um movimento de fenômenos esquizoparanóides para fenômenos depressivos e, então, em face da separação, um recuo para se refugiar na posição esquizoparanóide etc. e em todas as sessões existe tanto um tipo de interpretação e movimento a favor da promoção do desenvolvimento, como também, a análise da psicopatologia.*

Participante: O equilíbrio com o modelo de objeto estético poderia ser um risco de ser comparado ao fetichismo? Isso me fez

---

5 Ver Referências teóricas, pág. 71, "O impasse no umbral da posição depressiva".

pensar nas ideias de Winnicott sobre o modelo de objeto transicional, por exemplo.

Dr. Meltzer: *Nunca fiquei impressionado com o conceito de Winnicott do objeto transicional, especialmente pelo que foi coletado na observação de bebês, que o conluio entre mãe e bebê ocorre no momento da separação para diminuir o impacto emocional da separação e reduzi-lo a um nível sensual que pode ser erotizado.*

No que se refere ao objeto estético, ele é definido como algo que se conhece essencialmente pelo impacto emocional que causa, e o critério do impacto emocional é um critério interno e subjetivo, não havendo uma forma externa de avaliar o impacto emocional. Na verdade, é bem diferente quando se pode substituir o impacto emocional da separação por um objeto de certa textura, de modo que seria um critério externo.

O que é muito útil para avaliar o impacto emocional é a teoria de Bion de menos L, H e K, que representaria o negativo, a perversão do impacto emocional; o exemplo seria quando a excitabilidade que seria menos L, H e K passa pela emocionalidade. Por exemplo, quando o paciente tem medo de que o analista lhe aponte que seu interesse no apartamento é parte de sua homossexualidade, e ele não está muito seguro se esse interesse será uma apreciação de seu senso estético, ou se corresponde a um estado de excitação com seu exibicionismo.

Infelizmente, existem outras categorias, e uma daquelas que me ocorre e que é difícil situar nesse tipo de classificação do estudo da personalidade é da moda. A moda e todos os sentimentos que surgem em torno das coisas da moda fazem parte do que Bion chama de exoesqueleto.

Portanto, esta diferenciação, por um lado a experiência estética, por outro lado a perversão da experiência estética, e por outro lado a moda da experiência estética, ajudará o paciente a discriminar, a separar o que é emotividade da pseudo emotividade. E esse tipo de discussão tem que ser em relação à análise, se alguém é atraído a discutir esse tipo de coisa com relação a outros objetos, está perdendo tempo.

Participante: Queria te perguntar o que te fez pensar num segundo momento, que os encaminhamentos que o paciente fez para o apartamento foi o começo da coisa passional.

Dr. Meltzer: *A referência ao dinheiro estava na primeira parte do material; a segunda parte, acho que foi sobre o impacto emocional que isso teve sobre ele.*

Referências teóricas

Conceito de vértices

Meltzer adapta as ideias de Bion para enriquecer suas visões clínicas e as aplica à sua compreensão e interpretação do paciente. Em Metapsicologia Ampliada, o Capítulo VI trata da aplicação clínica do conceito de vértices, oferecendo dois exemplos de materiais em que a mudança no vértice não altera a relação com a realidade, mas enriquece, embora essa mudança seja motivada por necessidades defensivas.

A mudança de vértice é diferente de negação ou da renegação, porque não reprime ou divide o vértice anterior, mas o integra e faz parte do enriquecimento do insight. Meltzer usa como metáfora de uma luz que está iluminando diferentes aspectos de um trabalho que é escuro. A possibilidade de que analista e paciente compartilharem esse movimento modifica o clima de comunicação, reduzindo as expectativas autoritárias do paciente em relação ao analista (Ver intervenções (3) e (4)).

O impasse no umbral da posição depressiva

O umbral da posição depressiva é o período de análise em que os riscos de impasse ou interrupção são maiores, pois o aumento da dependência analítica é o surgimento da desconfiança de cada uma das facetas do método, que está basicamente ligado à desconfiança da força do objeto interno. À medida que aumenta o bem-estar na vida externa e se registra a necessidade de análise, aumentam as desqualificações e as críticas, como ataques cínicos às verdades do mundo interno. As partes destrutivas do self permanecem divididas e separadas da análise. As sessões intermediárias da semana ou outros períodos, além dos momentos de separação, permitem registrar a ajuda das estruturas da criança e a crescente tolerância à integração e ao sofrimento edípico. A causa mais frequente de impasse é o ataque à figura combinada (seio-mamilo) e ao bebê interno, que gera as ansiedades mais aterrorizantes.

Nas intervenções ao final da supervisão (5), Meltzer relaciona o impasse nesse paciente à dificuldade de consolidação da transferência materna, apesar da diminuição do sofrimento como conquista terapêutica. Por não ter assegurado a transferência materna, não lhe é possível enfrentar a dor depressiva diante das possibilidades do término. As sugestões interpretativas não se concentram na agressão ou na integração das partes cindidas, como no livro O Processo Psicanalítico - que são interpretações mais toleráveis -, mas na necessidade de desenvolver o impacto estético, que ao contrário das decorações superficiais e exibicionistas do paciente, implica uma experiência emocional estética capaz de gerar elementos a serem pensados.

Homossexualidade feminina

Nos Estados Sexual da Mente (Capítulo 9), Meltzer propõe o distanciamento dos termos descritivos psiquiátricos, para que palavras como "homossexual" devem adquirir um significado metapsicológico. Isso é possível integrando diversos vetores: a diferenciação entre identificações projetivas e introjetivas, as atuações de forças destrutivas, basicamente invejosas, criando estados confusionais que anulam a diferenciação entre bem e mal, entre objetos parciais e totais, entre mundo interno e externo, entre organizações narcisistas e relações objetais. Isso permite uma definição tridimensional moldada por impulsos (libidinais ou destrutivos), sexualidade (adulta ou infantil) e partes do self e do objeto (bom ou mau). A sexualidade perversa teria predomínio de impulsos destrutivos, seria infantil e estaria relacionada a objetos maus, gerando uma organização narcísica.

Na intervenção (2), Meltzer descarta componentes perversos e chama isso de homossexualidade social. Embora esse nome não apareça em Estados Sexuais da Mente, pode-se presumir que ele se refira a uma sexualidade infantil polimorfa que toma forma por imitação (Capítulo 12).

As afirmações clínicas de Meltzer (1) de que esses pacientes têm acesso apenas à masturbação mútua, mas temem a penetração anal e não são inclinados à felação, assinalaria que os processos identificatórios intrusivos são pouco ativos.

Não há busca de verdadeira gratificação sexual ou de criatividade, há apenas um anseio por gratificação sensual e superficial: toque, cores, texturas.

Descritores: Caso clínico. Homossexualidade feminina. Supervisão. Transferência.

4. Graciela

Analista: Acho interessante mostrar minhas primeiras impressões quando recebi essa paciente, ou seja, como nasceu em minha mente, Graciela.

Uma pediatra, por telefone, me informou seu desejo de que eu atendesse uma paciente com anorexia nervosa, com desnutrição muito grave, que corria sério risco de morte. Ela e a família queriam evitar a hospitalização e entenderam que a única saída era o tratamento psicológico. Ela me perguntou se eu estava disposta a abordá-la, e me informou que naquele momento a paciente tinha doze anos – quase treze – e pesava vinte e sete quilos.

De tal forma que não era uma paciente comum, apresentava uma emergência que causou em mim um grande impacto; eu sabia que não tinha todo o tempo do mundo para ver o que estava acontecendo com ela e se eu poderia ajudá-la; a mensagem era: é uma questão de vida ou morte.

Por um lado, me senti pressionada e com medo, mas por outro lado me movia um grande desejo de ajudá-la e de aceitar o desafio.

Nestas condições, e com estas premissas prévias, iniciei o tratamento da Graciela.

Dados da sua história de vida

Graciela tinha doze anos – atualmente catorze – na época da consulta, em outubro de 1989. O tratamento começou no mês seguinte e continua até os dias atuais. A indicação terapêutica foi de quatro sessões semanais individuais e uma sessão semanal terapia de grupo familiar com outro terapeuta; atualmente seguem nas mesmas condições.

Constelação familiar

A mãe tem trinta e quatro anos e é dona de casa; o pai trinta e seis anos, profissional; uma irmã de catorze anos e gêmeos de onze anos. Eles vivem em uma casa de dois andares. No térreo vive G. com sua família, no andar de cima a avó materna e o pai tem seu escritório. Os avós paternos vivem fora da cidade.

O pai é filho único, de pais muito exigentes. Exerce a mesma profissão do pai. Estava muito desconectado do grupo familiar. Esta situação foi completamente revertida na atualidade já que o pai se encarregou da filha, não apenas em termos de controle de alimentação, mas também nos cuidados pediátricos; atualmente apenas ele e G. frequentam a terapia de grupo familiar.

A mãe tem um irmão mais novo que mora fora do país. É altamente dependente da figura materna e estabeleceu um vínculo simbiótico com suas filhas, especialmente com Graciela.

Motivo da consulta

Foram encaminhados pelo pediatra. Estão seriamente preocupados com G. pois se recusa a comer, e eles temem que ela possa morrer. Pesa vinte e sete quilos, está em constante atividade em casa, totalmente isolada, e manifesta desejo de morrer. A família toda está muito angustiada por G.

Relato alguns dados registrados na entrevista familiar. Este é um diálogo:

Paciente: (Para o pai). Eu me sinto saciada, não estou com fome. Eu me sinto trancada e não se trata só de sair ou sair para a rua, mas estar sempre no mesmo.

Pai: Mas você tem que comer.

Paciente: Não me force, deixe-me escolher.

Pai: Eu não posso deixar você escolher morrer, eu não posso deixar você morrer.

Paciente: Por que temos que comer? Por que temos que viver?

Mãe e irmãs: (Chorando). Não queremos que você morra.

Mãe: Acho que entendo G., às vezes sinto o mesmo.

A mãe de G. aos quatorze anos era bulímica e depois perdeu peso muitos quilos, não conseguia comer. Atualmente ela está muito magra, confundida fisicamente com G.

Refere a mãe: "G. foi quem menos comia e menos ficava doente. Quando nasceu, parecia magra, mas pesava três quilos e oitocentos gramas". Ela estava esperando um menino e ficou muito desapontada, mas rapidamente a aceitou. "Depois foi com ela que eu me senti mais mãe."

G. chorava muito à noite e dormia durante o dia. A mãe estudava odontologia e de dia voltava para casa só para amamentá-la – as filhas ficavam com a avó – mais tarde ela abandonou a carreira.

Ela a amamentou até os nove meses, interrompeu abruptamente porque engravidou das gêmeas.

G. sempre teve problemas com a alimentação, só gostava de ensopados de lentilhas e comidas com molho. O tio dizia a G.: "pequena de mau humor, as gêmeas vão ganhar de você."

Ela sempre foi magra. No início deste ano G. começou a pedir arroz integral e que lhe comprassem uma corda de pular. Nesse momento, pesava trinta e oito quilos. Sua irmã mais velha começou a fazer dieta para emagrecer, ela a imitava e de maio a novembro perdeu onze quilos.

Há um ano começou a criticar as amigas, a dizer que elas eram estúpidas e preocupar-se porque suas pernas estavam ficando gordas; praticava hóquei. Ela sempre quis fazer as coisas melhor que sua irmã mais velha.

Segundo o pai, G. começou a colocar em ordem compulsivamente tudo que estava bagunçado na casa. Também no início do ano formou par com uma das gêmeas, deixando a outra fora da brincadeira.

Na época de iniciar o tratamento, essa situação se inverteu; as gêmeas voltaram a ficar juntas deixando-a de lado.

Em casa há muito rigor; circula a versão sustentada pela mãe que há muitos micróbios por toda parte, que tem que lavar as mãos constantemente. Aquele que cumpre lei, tudo bem; aquele que não o faz é um transgressor tolo. O pai se refere também que a filha mais velha foi capaz de desprender-se um pouco da mãe, enquanto as outras irmãs ficaram muito simbióticas. Ele é aquele que trabalha e sente que não tem lugar nesse mundo de mulheres, no qual a sogra está incluída, figura dominante.

Dr. Meltzer: *Não é uma história muito interessante até agora, são na verdade comentários da família que não revelam nada de interessante sobre os motivos dos sentimentos da menina, que até agora não parece ter falado nessas reuniões de família. Não posso saber qual é o grau de vaidade que ela tem ou quão competitiva ela é, embora haja alguma indicação de que algo competitivo aconteceu com a irmã no jogo de hóquei, e nem o quanto é encrenqueira. Há indicações de que tratou de dividir as gêmeas, mas não se pode ter uma ideia muito clara sobre nenhuma dessas coisas por enquanto.*

Também soa como se depois de uma breve explosão da sexualidade e da reprodução, o casal deixou de ser parceiro sexual. O pai se retirou em seu escritório e está ocupado com suas coisas. Uma espécie de junta feminina formou que o excluiu ou do qual ele mesmo se excluiu.

Tem-se a impressão pelo pouco que essa garota disse, que ela está muito ocupada projetando ansiedades depressivas em todo o mundo, o que é muito comum com pacientes anoréxicos.

Analista: Fiquei impressionada com sua aparência física, ela era algo como um inseto com cabelos longos, pele e ossos. Não olhava para mim e continua sem olhar para mim; cabelos longos e soltos cobriam seu rosto.

Dr. Meltzer: *Você quer dizer pelos do corpo ou da cabeça?*

Analista: Cabelos na cabeça e pelos nos braços e pernas.

Eles impactaram os ossos pronunciados do pescoço e ombros, caminhava lentamente, e toda ela dava a impressão de uma tremenda fragilidade. Usava bermuda e camiseta. O que referia G. de si mesma era:

Paciente: "Tenho medo da gordura; me sinto comendo cada vez menos, há algo que não me deixa comer, por mim, não comeria. Sempre fui como minha mãe, magra. Eu gostava quando me chamavam a magrela, aí pararam de me chamar e me vi gorda.

Tenho medo que se eu começo a comer não vou conseguir parar e volte a ser gorda.

Tenho que fazer coisas para gastar energia, não queria engordar todos me tratam bem sendo magra, mas eu não queria pular corda.

Não preciso comer, fico bem sem comer. O estômago me fecha e não me pede mais nada.

Às vezes eu sinto vontade de morrer porque me sinto trancada nas mesmas coisas, sem poder sair, sem poder comer, mas quando é hora de comer eu não posso.

Não me interessa ter amigas nem ir dançar; sinto que me usam, às vezes as meninas falam entre elas sobre mim, sempre procurando ganhar."

"Como não como, nem bebo água, a médica – ela se refere à pediatra – descreveu os riscos aos quais estou exposta. Então eu toco meu coração e penso: terá alimento?"

Dr. Meltzer: *Algo que é encontrado com muita frequência com pacientes anoréxicos é esse tipo de atividade ruminativa, que está centrado no que se come, e se engorda, nesta atividade catártica do que acontecerá se eles comem ou se não comem... enfim, uma espécie de processo obsessivo que tem como objetivo evitar ter experiências emocionais. Para deixar tudo na consciência, bloqueiam a ser receptivos ao que as pessoas pensam, ou a ter uma experiência emocional com outra pessoa.*

Alguém poderia se perguntar qual é o significado de gordura para esses pacientes, ou que sentido tem a ideia de morrer para esses pacientes; creio que a resposta é que da maneira como a usam não tem nenhum significado, todo o propósito desta ruminação, quando se revela como discurso é frear as emoções e com isso um freio a qualquer significado.

Estado atual

Continua seu tratamento com a mesma frequência, também sua terapia familiar à qual por algum tempo só a paciente e seu pai comparecem, já que a mãe e as irmãs se recusam a fazê-lo.

Está no segundo ano, recuperou o peso normal: mede um metro e cinquenta e três centímetros; pesa quarenta e um quilo e meio; retomou sua atividade física, ela pratica hóquei.

Está muito menos isolada e há três meses menstruou por primeira vez.

Dr. Meltzer: *Você pode nos dar alguma ideia de por que a mãe e irmãs não querem ir à terapia familiar?*

Analista: Sim, não só não fazem terapia familiar, como a mãe também se recusou a comparecer a qualquer uma das entrevistas que tive com o pai.

Dr. Meltzer: *O que parece ter acontecido é que houve uma nova divisão dentro da família, e em lugar de ser o pai contra as mulheres agora parece ser o pai e Graciela contra mãe e irmãs. Houve um rearmamento territorial com novas fronteiras. É um novo tipo de agrupamento, não é possível saber se é o resultado de algo que Graciela fez, ou o pai, ou a mãe, mas parece que houve uma reorganização do* *grupo familiar. Nem se pode saber se foi causado por terapia familiar ou o resultado de um acting out de Graciela como resultado de sua análise; eu suspeito que tem a ver com o último.*

Analista: Na verdade, essa retirada da terapia coincide com a aproximação do pai com a paciente e a melhora da paciente. O que a mãe mostra é que ela não quer ter nada que ver nem com a análise, nem com o pediatra, nem com a terapia de grupo familiar.

Dr. Meltzer: *Você pode dizer algo sobre a cronologia disso; ela estava em análise por dois anos.*

Analista: Não, até agora um ano e meio.

Dr. Meltzer: *Quando a mãe e as irmãs se retiraram da terapia familiar? Em que momento?*

Analista: Aproximadamente oito meses.

Dr. Meltzer: *Quando ela começou a ganhar peso?*

Analista: Quatro meses após o início do tratamento. No entanto, a mãe, apesar de não ter comparecido às entrevistas e à terapia do grupo familiar, providencia para que sua filha compareça e regula os horários em que a filha tem que comparecer à terapia.

Apresentação do material da sessão

Divido o tratamento em dois períodos marcados: um primeiro período em que G. é anoréxica fora; na transferência ela se comunica e é ativa, só que não me olha. Atualmente ainda não olha para mim, nem mesmo quando cumprimenta.

Dr. Meltzer: *Para se ter uma ideia da cronologia, quanto dura deste primeiro período?*

Analista: Aproximadamente seis meses.

Um segundo período em que G. melhora visivelmente fora: sai da anorexia física, volta à escola com muito bons resultados, sai de seu isolamento, tem amigas – embora não sejam muitas. Fisicamente ela faz uma mudança importante, prende às vezes o cabelo, antes o usava para cobrir o rosto. Caminha erguida, é como se tivesse sido transformada de uma planta murcha, em uma que se hidratou e começa a ganhar forma. E em troca, na transferência, é ostensivamente retraída gerando em mim um abundante fluxo de contratransferência.

Dr. Meltzer: *Isso diz alguma coisa sobre o conteúdo, a qualidade da contratransferência?*

Analista: Sim, depois incluo no material.

Escolhi transcrever minha contratransferência como uma maneira de preservar minha atividade profissional na sessão, e como forma de depurar minha contratransferência até ser capaz de transformá-la em uma interpretação.

Neste período a paciente aparentemente produziu muito pouco material. Dava a impressão de que neste segundo período se instalou a anorexia na transferência, cujo observável é a boca fechada, pouca contribuição de material, e a pouca permeabilidade da paciente ao contato comigo.

Neste momento eu falaria de um terceiro período, que começa em novembro-dezembro, que é o que me preocupa muito, porque a paciente fica mais autista, ela se persegue cada vez mais e eu diria que o contato verbal é praticamente nulo. Apenas fala comigo para me pedir mudanças de horário.

Selecionei duas sessões do primeiro período e duas sessões final do segundo período.

Dr. Meltzer: *E então você vai acrescentar algo sobre o terceiro período?*

Analista: Sim.

Dr. Meltzer: *A sessão de dezembro é o terceiro período? Ou o primeiro período?*

Analista: Novembro e dezembro são as do primeiro período. O segundo período começa a partir de agosto de mil novecentos e noventa.

Dr. Meltzer: *E a última sessão de dezembro de noventa é do terceiro período?*

Analista: Não, é o final do segundo período, que também não se diferencia muito das sessões do terceiro período.

Introdução da caixa de brinquedos na sessão

Mostro-lhe a caixa de brinquedos e lhe dou a senha. Olha-a de lado, não a abre.

Analista: Se você quiser pode trazer brinquedos de sua casa e colocá-los na caixa.

Paciente: Não, eu tenho todos os brinquedos juntos com os de minhas irmãs e então não posso trazer, porque se os trouxer, vão ficar misturados com os seus. Também não vou brincar.

A caixa ficou sempre sem ser tocada nem olhada, nunca a abriu.

Analista: Parece que juntar-se comigo lhe assusta e que se você se mistura comigo não se saberia quem é Graciela e quem é R.

Paciente: Eu não posso nem vou trazer os brinquedos das minhas irmãs.

Analista: Juntar-se aqui é como misturar os brinquedos das suas irmãs com os da caixa.

Continua muito calada, em silêncio. Observo que fixa seus pés em um suporte da mesa, abaixa a cabeça, cobre seu rosto com o cabelo, movimenta os pés.

Aos vinte minutos da sessão me diz:

Paciente: Posso ir?

Analista: Assim como se passa com a comida, você se nega a comer da análise.

Paciente: Posso ir?

Analista: Você me sente como alguém que está lhe conectando ao tratamento e você se nega a tomá-lo da mesma forma que faz com a comida.

Paciente: Eu estou dizendo se posso ir.

Analista: Sim, claro que você pode ir quando quiser, mas talvez possamos ver que você está me pedindo para ir porque tem medo de ficar presa como em um pântano e não poder mais sair. (Observo que se firma mais fortemente no suporte da mesa). É como se você precisasse se firmar na mesa como uma forma de não ser sugada por mim.

Silêncio. Termina a sessão.

Dr. Meltzer: *Ela não saiu antes?*

Analista: Não.

Sessão de dezembro

Última sessão antes do intervalo para os feriados. Fica em silêncio por alguns minutos. Cabeça baixa, sem olhar para mim.

Analista: O que está pensando?

Perante esta questão em várias sessões anteriores, sorri como se fosse comunicar alguma coisa, fica séria, não responde.

Paciente: Penso que: por que você faz tanta confusão com os feriados. Não é para tanto, você está exagerando. (Ela sorri novamente). Em casa, em dois quartos, temos o mesmo piso que o seu.

Analista: Acho que você está dizendo que há algo que nos une e temos em comum; e está no chão onde você colocou o olhar, que nos une as duas.

Paciente: (Sorri novamente.) Sim, mas as madeiras não estão colocadas da mesma forma.

Analista: Você me diz que sim, que podemos ter um chão comum, no entanto há um mais.

Ela fica séria, fecha a boca, franze os lábios e fica em silêncio.

Analista: Agora que você está em silêncio é como se um personagem tomasse conta de sua boca e não lhe permitisse falar. E quando você sorri é como se estivesse na companhia de outro personagem, mais benevolente, que lhe permite falar comigo.

Dr. Meltzer: *Isso é baseado em alguma evidência ou é uma interpretação intuitiva? Está interpretando um processo de dissociação no qual se diz ao paciente que uma parte dela está no controle da boca. A pergunta é, se é uma interpretação decorrente de uma evidência ou se é simplesmente algo que surge da sua intuição por observa-la.*

Analista: Acho que são os dois, de alguma forma surge de uma observação que já havia sido feita em outras sessões.

Dr. Meltzer: *Eu me perguntava se surgiu dos dois quartos que você nomeou.*

Analista: Quando ela volta dos feriados começa uma luta sem quartel, um negativismo muito acentuado e oposicionismo.

Na primeira sessão depois dos feriados ela diz:

Paciente: Você é uma estranha, por que eu tenho que contar-lhe minhas coisas? É a mesma coisa que alguém passando na rua, uma desconhecida. Não é ninguém.

Analista: Nas sessões que se seguiram ao intervalo dos feriados, o estranhamento frente à terapeuta, a desconfiança e a rejeição, foram repetidamente trabalhados como produto da separação entre a mãe e o bebê.

Dr. Meltzer: *Agora temos uma evidência importante sobre sua onipotência, ela é um pouco como um bebê que pode aniquilar objetos pelo processo de não olhar para eles.*

Se fizerem uma observação de bebês, se por exemplo, uma amiga da mãe entra com outro bebê e você observar os olhos do bebê da casa, verão que faz uma viagem que obviamente vai aniquilar, a não ver o novo bebê. Parece estar ligado ao comentário de que seu piso e os pisos dos dois quartos da casa da paciente serem semelhantes, embora tenham a madeira disposta de uma maneira diferente.

Se então juntarmos as duas coisas – a questão da palavra, que ela disse então, e a inexistência do analista agora – temos uma imagem de um processo, um processo primário de introjeção, modificação e aniquilação do objeto externo. Pelo olhar ela o introjeta, modificando-o para sua conveniência; tem dentro dela os objetos que ela quer e pode então aniquilar o objeto externo, não lhe prestando nenhuma atenção.

Sessão de abril de 1990 (chega 20 minutos atrasada)

Quero esclarecer que ela está sempre atrasada, dificilmente usa toda a sessão, às vezes dura quinze minutos, vem por quinze minutos; às vezes por vinte minutos. Mas nunca falta.

Lembro-me que durante os primeiros meses de tratamento a mãe a trazia e esperava por ela, atualmente em algumas oportunidades vem e vai sozinhas de ônibus.

Creio que ela tem vontade de vir, e que apesar de seus atrasos, suas resistências não são tão acentuadas. Apesar de tudo, a rebeldia aparece.

Lembro-me que o pai me ligou para ver se eu poderia mudar o horário da sessão, porque ela tinha uma partida de hóquei.

Enquanto a paciente está em silêncio, noto que sua aparência física mudou muito. É uma linda garota, agora ela prende o cabelo, costumava usá-lo para cobrir o seu rosto.

Percebo que apoia firmemente os pés na mesa. Olha seu relógio.

Analista: Será que você quer me indicar que chegou tarde.

Paciente: Não sei.

Analista: Do que você acha que vamos conversar hoje?

Em outras ocasiões, quando lhe perguntei o que ela pensava ou o que estava fazendo, ela me disse para não lhe perguntar, que dessa forma não gostava.

Paciente: Eu não gosto desta forma, pode haver outro.

Analista: Qual?

Paciente: Falar sobre coisas, propor temas: escola, casa...

Analista: ... e que eu seja quem fala das minhas.

Paciente: E por que eu tenho que falar sobre as minhas com você? Quem é você para que eu fale das minhas coisas?

Analista: É provável que esteja com medo de que eu possa meter-me dentro de sua cabeça e olhar lá dentro, e que para você é importante que eu respeite sua privacidade e possa entender seus medos.

Paciente: Eu não me importo com o que você pensa.

Analista: Deve ser importante ter-me longe e à distância por medo de que algo aconteça com você se nos unirmos.

Dr. Meltzer: *Esta parece ser uma situação anoréxica muito semelhante à situação em que ela diz: "não me force comer", mas ela está o tempo todo causando uma situação que obriga a pessoa que está com ela a penetrá-la de alguma maneira.*

Indubitavelmente, algo está acontecendo em todo esse tempo na análise ou em outro lugar – a diminuição da anorexia – pelo fato de ter aumentado o peso e haver mudado sua aparência e a forma de se apresentar. Algo aconteceu, e temos que assumir que alguma mudança ocorreu na análise. O que eu acho que está acontecendo é um pouco comparável a 'como roubar um banco'; a forma de roubar um banco é primeiro a causar um distúrbio, um grande alvoroço na porta da frente do banco para que a polícia cuide do que acontece na frente do banco e não note que os ladrões entram pela porta de trás. O que ocorre entre a boca do paciente e os ouvidos da analista ou a boca da analista e os ouvidos do paciente, o que ocorre nestas sessões é equivalente ao alvoroço, e o que ocorre secretamente ocorre com os olhos; é com os olhos que ela está roubando o banco.

Havia uma vez um filme divertido com Alec Guiness chamada "The lavender hill mob" que se tratava de uma gangue que roubava lingotes de ouro de um banco e a forma de tirar os lingotes de ouro do país era fundindo o ouro e transformando-o em imitações baratas da Torre Eiffel.

Ocorre muito frequentemente com crianças na idade da latência, perto da adolescência, uma situação muito similar. As crianças são trazidas para análise, são forçados, não falam, trazem seus deveres de casa e não acontece nada por meses e logo misteriosamente, aparece uma mudança; e o problema analítico é averiguar o que é que realmente ocorre nas sessões que está mascarado por esta aparente inatividade.

Creio que aqui há dois elementos evidenciáveis que ela traz. Um é a referência ao piso e o outro é a posição das pernas contra a mesa. De maneira que a imagem que tenho é de um bebê que está sendo posto ao seio, mas que se nega a comer, que se põe rígido, que empurra os pés contra a saia ou o estomago da mãe; e o que penso que ocorre com G é que enquanto com as pernas está forçando a separação da parte inferior, enquanto não se alimenta, por cima rouba com os olhos a feminilidade da analista.

Não é incomum na análise, isto ocorre com frequência, mas em geral quando ocorre percebe-se, por exemplo, quando a analista usa um vestido vermelho um dia, e no dia seguinte o paciente aparece com um vestido similar, ou quando se está usando um par de sapatos novos e no dia seguinte o paciente aparece com um par de sapatos novos. Contudo, isto em Graciela está muito mais disfarçado, ela vem trazendo sessão após sessão estes incrementos em sua feminilidade e beleza, mas nenhum parece ser o resultado de ter roubado algo da analista; todos foram alterados em sua forma e tem um pouco essa qualidade que eu falei sobre as Torres Eiffel feitas com lingotes de ouro.

Em abril, a mãe deixa de vir, é o pai que liga para solicitar a mudança de sessão, e isso sugere que, possivelmente, com a feminilidade que ela roubou, começa a sedução do pai. A implicação disso é que uma vez que ela tiver completado o roubo da feminilidade e tiver completada a sedução do pai, vai descartar a análise como algo vazio, sem valor.

Este é um " acting out" que é uma atuação psicótica, muito semelhante a outros tipos de "acting out" não psicóticos que se dão em quase todas as análises. Falando teoricamente é uma situação em que a introjeção foi substituída pelo roubo; a forma mais frequente em que isso se manifesta em análises é por meio dos pacientes que parecem ouvir com muita atenção as interpretações que fazemos, e depois se ouve que eles começaram a ser psicanalistas gratuitos de todos os amigos, a praticar analise de todos os amigos. Isso é diferente do que acontece no processo analítico com os pacientes que entram em identificação projetiva com o analista, que se manifesta de diversas formas. O resultado desse tipo de roubo é que eles não param de introjetar o analista, mas eles o introjetam como um objeto arruinado e vazio e tornam-se hipocondríacos.

Participante: Eu quero fazer-lhe uma pergunta, você disse que isso é uma introjeção psicótica que não difere da não psicótica em outros pacientes, qual é a diferença clínica?

Dr. Meltzer: *Roubar com os sentidos é uma forma psicótica de usar os sentidos, da mesma maneira que o seria quando se alucina e não é parte do desenvolvimento normal, não é regressivo, mas psicótico.*

Analista: Como resultado do que o Dr. Meltzer comenta sobre o roubo, lembrei que essa paciente em uma sessão comentou que quando ela veio para a sessão, ela estava como morta, e quando ela saiu da sessão, estava viva.

Neste segundo período, estabelece-se uma relação inversa entre a produção de material analítico e meu fluxo contratransferencial. Quanto mais escassas se tornavam as produções da paciente, maiores eram minhas emoções e ocorrências contratransferências. Isso foi acontecendo gradualmente e espero ser capaz de transmiti-lo no material que se segue.

Sessão de agosto de 1990

Analista: É uma sessão depois de um final de semana. Chega trinta minutos atrasada.

Silêncio.

Me pergunto como começar, creio que é o problema que ela a coloca, como começar a relacionar-se? Ia escrever relacionarmos.

Acho que é um problema das duas, um problema muito complexo que não é fácil de resolver. Para se juntar a mim, você tem que soltar-se da mamãe, e então, eu tenho que construir uma ponte.

Tenho uma imagem: costa, rio, costa. Para unir as duas costas, uma ponte é necessária. É ali que eu interpreto.

Analista: Para você poder se separar de sua mamãe, eu tenho que aparecer como uma ponte que une duas margens. Mas eu entendo que ficar junto de mim não é nada fácil.

Paciente: Meu pai estava atrasado para o almoço.

Analista: Seu pai se atrasou para o almoço e eu tenho que esperar por você, como você por seu pai.

Paciente: Tenho que esperar o papai para ele me contar quanto comer.

O pai é quem regula o que ela tem que comer, as quantidades e qualidades dos alimentos.

Dr. Meltzer: *Aí está o romance entre ela e o pai...*

Analista: Conte-me como é isso do papai.

Paciente: Papai sempre chegava atrasado para comer, isso era antes, agora é um pouco menos. Ele chega um pouco tarde, e eu não tenho a culpa por estar atrasada aqui.

Dr. Meltzer: *Isso parece dizer que papai chegava muito tarde quando vinha ver a mamãe, mas agora que ele vem me ver chega um pouco tarde.*

Analista: Papai deve ser muito importante na sua vida.

Paciente: Se ele não me contar, não há ninguém para me dizer.

Analista: Agora eu entendo porque quando você chega, fica em silêncio e espera que eu fale primeiro.

Isso acontece em sessões repetidas, onde se eu não falar primeiro, ela não pode fazê-lo. Também me diz que eu proponha os temas.

Dr. Meltzer: *Também parece significar que "Papai não me disse para eu comer aqui", que papai se encarregou. O que está envolvido no que ela diz: "é que se o pai não me disser para fazer algo, não há ninguém para me disser, se ele não me diz que faça, eu não o faço; eu só faço o que meu pai me diz. Se eu não faço aqui é porque papai não me disse para fazer; papai disse para eu não fazer isso? Não, ele não me disse que não faça, mas ele também não me disse para fazê-lo".*

Analista: Acontece que quando estou aqui, você me experimenta como faz com seu pai, se eu não lhe disser o que você tem que falar, você não pode fazer sozinha

Paciente: Isso que você está me dizendo, já pensei antes, mas não lhe disse porque pensei que você já sabia. Além disso, por que você quando eu chego, não começa logo a falar?

Analista: Eu entendo que você fica com raiva de mim quando eu não começo a falar imediatamente, e você tem que esperar por mim como por seu pai quando ele está um pouco atrasado.

Dr. Meltzer: *Ela parece estar dizendo: se você quer começar um relacionamento comigo você tem que ver comigo como eu faço com papai, você tem que me obedecer.*

Paciente: Você chega toda atrasada, meu pai um pouco.

Analista: Talvez você sinta que neste fim de semana você teve que esperar muito tempo para que eu lhe diga o que você tem que fazer, e o que comer.

Paciente: Tenho meus motivos, já são dez para às dez e eu tenho que ir.

Terceira sessão da semana

Analista: Chega quinze minutos atrasada. Me dá a mão na entrada, desta vez o faz com o polegar um pouco mais aberto.

Dr. Meltzer: *Você sempre dá a mão?*

Analista: Há toda uma história com a mão e com a saudação; quando tive as entrevistas e os vi pela primeira vez, primeiro a mãe entrou – a quem eu apertei a mão – então o pai – a quem também apertei a mão – e então todos os outros entraram – que também apertaram minha mão.

Dr. Meltzer: *Na primeira entrevista, você também deu a mão para ela?*

Analista: Sim. A partir daí, toda vez que ela vinha apertava minha mão.

Dr. Meltzer: *Mas não faz parte da sua técnica, mas a técnica dela.*

Analista: As coisas começaram assim. Há toda uma história com a saudação porque com esta paciente depois tive que procurar sua mão, quer dizer, dar a mão a ela e pegar a mão dela, porque ela toda vez se retira mais e neste último período, nestas últimas sessões, cruza os braços e não aperta minha mão.

Dr. Meltzer: *Mas faz parte de sua técnica apertar as mãos dos pacientes?*

Analista: Adolescentes, não.

Dr. Meltzer: *Eu acho que ela possivelmente vive isso como uma questão de obediência por parte do analista. Mas desta vez ela apertou a mão com o polegar um pouco mais aberto. Ela retira um dedo de cada vez...*

Analista: É assim que tenho feito, e agora diretamente removeu tudo.

Dr. Meltzer: *Ela está possivelmente no processo de retrair-se completamente; assim que ela estiver convencida que você está vazia e que você desmoronou em uma massa de feminilidade dessexualizada, ela vai deixar o tratamento, a deixará quando a tiver esvaziado.*

Isto tem algo a ver com a fantasia na contratransferência sobre a ponte, isto de dar a mão.

Analista: Silêncio. Interpreto a abertura do polegar? Sim? Não? Não sei.

Tenho a imagem de um citrino deprimido; a imagem é do momento em que o cítrico é espremido para extrair o suco (esclareço, estava pensando no limão).

Os minutos continuam a passar, G. continua imutável com os olhos colocados no chão. Como de costume, não olha para mim.

Penso que assim como os cítricos, vou ter que espremer minha cabeça para obter alguma interpretação, para dar-lhe e deixar levar um pouquinho.

Silêncio "por decreto".

Pergunto-me: estou disposta a fazer o esforço? Por aí acho que sim, por aí não. Talvez se eu encontrasse ainda que não seja mais uma pequena resposta...

Penso em uma saia que comprei e gostaria de devolvê-la, é branca; mas depois penso numa preta que também comprei. Quais das duas eu devolvo, a branca ou a preta? Eu me lembro de um chiste e penso: dividimos a diferença e compro uma cinza; mas é de meio luto, como se a coisa passasse por vida ou morte, e que ela possa sentir-se mais ou menos vital e me estimule para que eu me sinta também vital ou o contrário.

Dr. Meltzer: *Sua contratransferência parece estar muito acertada; é uma questão de vida ou morte para você, embora começou como uma questão de vida ou morte para a paciente, agora é uma questão de vida ou morte para a analista.*

Analista: Eu espero para oferecer-lhe minhas interpretações ou alimento analítico e me deixa com tudo de vital e fica sem aproveita-la e em cujo caso nos transformamos; eu em alguém que tem, mas de que serve? E ela, em alguém que pode, mas também não aceita nada, ou muito pouco.

Aí é quando posso interpretar.

Analista: Você vem à sessão e tem que optar entre aceitar ou não aceitar de mim, mas quando vens, algo ocorre dentro de você que não lhe permite pegar.

Só neste momento faz um gesto com os ombros como dizendo: "não sei o que é", e diz:

Paciente: Não sei por que é assim.

Penso: teremos que ir vendo isso. Logo disse:

Paciente: Que quer que eu faça? Eu não entendo.

Penso: hoje não me rejeita como outras vezes, não me diz como outras vezes: "que lhe importa? Não se meta".

Analista: Hoje você está mais aberta, como quando lhe recebi e estava com seu polegar, e me disse que não podia ser de outra maneira.

De agora em diante se fecha, franze os lábios, esconde seu rosto em seu cabelo e não se move.

Analista: Você estava mais aberta, mas pouco a pouco você foi fechando-se e então você ficou com o seu e eu com o meu.

Silêncio prolongado. Associo-me a uma mãe que está esperando seu filho e lhe oferece a única coisa que talvez ela possa lhe oferecer, que seu filho às vezes aceita: um chá, e ele recusa. Estou angustiada com esta associação, acho que me identifico com a mãe da recordação.

Analista: Eu entendo que você talvez precise me colocar muito longe, e que talvez necessite que eu não fale com você para não se sentir invadida.

Dr. Meltzer: *Uma questão de técnica: você observa sua contratransferência e está tentando usá-la para enquadrar ou produzir as interpretações, mas a mais significativa razão da contratransferência é que você está perplexa. Mas você não está usando essa parte de sua contratransferência para enquadrar a interpretação, porque eu acho que o que poderia estar dizendo é contar a ela suas observações, que incluem a observação que havia feito antes de que ela parece melhor, que ela ganhou peso, que ela parece mais feminina etc... e que o que parece estar acontecendo é que nada do que aconteceu na sessão parece ser a causa disso. Você se sente como uma mãe velha cuja filha vem visitá-la, oferece-lhe uma xícara de chá que ela não aceita, e isso a deixa tremendamente infeliz, e nem percebe que ela roubou toda a prataria... no dia seguinte a vê passando em um carro novo e se pergunta: de onde ela conseguiu o dinheiro para comprar aquele carro?*

Eu acho que quando você sofre na contratransferência é muito importante recuperar o senso de humor, e isso só pode ser feito quando você entende o que está acontecendo.

É muito importante quando se observa que o paciente está nos fazendo sofrer, sendo capaz de interpretar isso com um sorriso; e eu sempre digo a mim mesmo quando estou por interpretar algo assim: esperemos um momento, esperemos que primeiro saia o sol, vamos esperar até poder interpretar com um sorriso, esperemos até que possa tomar o controle de minha contratransferência o tempo suficiente para me permitir interpretar o que penso de uma maneira amigável.

Sessão de 31 de dezembro de 1990

Analista: Esta é a última sessão do ano, mas não antes das férias, então continuamos mais vinte dias.

Ela está quinze minutos atrasada. Chama de baixo pelo porteiro eletrônico.

Dr. Meltzer: *É assim que sempre faz?*

Analista: Sim. Quando pergunto quem é, ela me responde de forma clara e firme seu nome e sobrenome.

Dr. Meltzer: *É isso que sempre faz?*

Analista: Sim, é sempre assim. Entra, coloca-se em sua posição habitual firmando os pés no suporte da mesa, a cabeça reclinada e sem olhar para mim

Ela fica assim dez minutos enquanto eu penso: uma é G. de longe e outra aqui comigo.

Dr. Meltzer: *Ela está passando pela porta com um carro novo...*

Analista: Penso: essa aqui é silenciosa, autista, anoréxica; a de fora é mais vital.

Que diferença entre G. quando está longe e fala comigo chamando com voz firme e clara do porteiro, e esta que está perto!

Silêncio; move-se...

Analista: Lá de baixo fala, responde; essa aqui está presa voltada para dentro e silenciosa como se ela estivesse com muito medo de que poderíamos nos misturar.

Silêncio. Penso no último dia do ano, e lembro-me que passou um ano e um mês em tratamento, e fantasio que poderia me dar um presente de fim de ano falando. Seria pedir muito? Meu desejo aparece, e isso deve ser perigoso para ela.

Dr. Meltzer: *Ela vai lhe dar aquela saia* cinza...

Analista: Se você pensa que eu quero que você fale, deve surgir um personagem que a leva a fazer o oposto e deve lhe dizer: "Não diga nada a ela". Mas estando longe parece que você poderia se permitir falar comigo e não se opor.

Silêncio. Lembrei-me do início do tratamento, será um balanço de fim de ano? Lembro-me de sua anorexia, o pular corda, sua magreza, a última entrevista com o pai, a chegada da menstruação...

Dr. Meltzer: *Quando ela teve a menarca?*

Analista: Em novembro de 1990, um mês antes desta sessão.

Devo contar a ela sobre o saldo? Faz sentido para mim, dizer a ela se ela não pode dizer? Na verdade, diria a mim mesma.

De repente, me ocorre colocar-me de outra maneira para ver refletida a parte de trás de seu corpo em uma janela panorâmica para a qual G. vira as costas. Vejo um pedaço de papel no chão, pego e fantasio com jogá-lo, mas não agressivamente, como os pequenos aviões de papel... algo assim como começar um jogo com ela onde eu atiro e ela devolve.

Dr. Meltzer: *Você pode falar mais sobre esse pedaço de papel? Qual era o tamanho? Tinha algo escrito nele?*

Analista: Não, era um pedacinho de papel em branco muito pequeno.

Aviãozinho? Equivalente a palavras que vão e vêm entre as duas. Bem, ela já estaria saudável se isso acontecesse, ou pelo menos mais sã.

Analista: Quantas coisas vão passar pela sua cabeça nesse silêncio e quantas pela minha.

Paciente: Não (contundente).

Analista: Você diz não, como se dissesse "não mexa com meus pensamentos nem eu mexerei com os seus, assim não vão se misturar", como antes separava as comidas para que não se misturassem.

Silêncio. Não me lembro se lhe dei o cartão com o valor dos honorários. Eu lhe pergunto, e ela coloca a mão no bolso e me atira o cheque (foi no final da sessão).

Isso de guardar o cheque até o final da sessão o faz em várias ocasiões, ou seja, guarda-o consigo até o final da sessão e, por exemplo, há dois dias na porta, quando já estava saindo, ela me deu.

Dr. Meltzer: *Devemos considerar que nesta sessão a analista está esperando para ser paga, e na sessão a analista pega um pedaço de papel e tem uma fantasia de fazer um pequeno avião, atirá-lo e que ela o atire de volta. O que acontece na sessão é que ela lhe atira o cheque.*

Consideremos a relação entre isso e a fantasia sobre as saias preta e branca, se juntarmos as duas fantasias seria como completá-las: é como se você tivesse lhe dado uma saia branca e ela lhe tivesse dado uma saia preta.

Considere o que aconteceria a um analista que não faz o que você fez, que é ser muito cuidadosa em monitorar sua contratransferência. Iríamos encontrar o quadro típico do perigo ao trabalhar psicanaliticamente com pacientes psicóticos. Os pacientes psicóticos têm a capacidade de roubar objetos internos e substituí-los pelos seus próprios que são objetos dilapidados, e é muito importante quando se trata e esta paciente se apresentou com a parte psicótica da personalidade embora possa ter outros aspectos, saber que é uma chance ruim para a saúde. E eu acho que é absolutamente essencial, na minha opinião, fazer o que o analista fez: monitorar a contratransferência.

Mas o que a analista não fez foi incluir os fenômenos que observa sobre sua melhoria manifesta, como começou a fazer nesta última sessão, que começou a pensar como é que está muito mais linda, saudável e contente, e blá, blá, blá e como fala pelo porteiro eletrônico e, no entanto, quando está aqui se comporta desta maneira e mais. E é provavelmente certo que o que esteve ocorrendo até agora é que ela esteve roubando a prataria da família.

É sem dúvida que a melhoria manifesta que aparece por meio desta manobra psicótica não pode ter êxito em produzir o desenvolvimento da paciente, e a razão é porque enquanto ela pensa que é tão viva e tão inteligente que lhe rouba a feminilidade e se enriquece, o que ocorre a nível mental é que ela está incorporando uma mãe envelhecida, dessexualizada, uma mãe que está morrendo e que em última instancia vai acabar adoecendo em forma de uma depressão e uma hipocondria.

Tomando como exemplo o último comentário na contratransferência sobre o aviãozinho e se tem ou não o significado de palavras, e o comentário a respeito de se ela pudesse usar palavras dessa maneira estaria curada, é provável que a paciente seja capaz de convencer a analista de que chegou a esta posição, agradecer-lhe e ir-se; ou seja que pode enganar a analista e fazê-la crer que está tão melhorada que já pode ir-se e você pode acreditar e aceitar como um triunfo terapêutico.

A analista não está em perigo, não vai estar buscando a prataria e averiguando como é que desapareceu, a analista se protegeu; mas é a paciente aquela que está em perigo de colocar-se em uma situação de terminar o tratamento de forma maníaca, um tratamento só parcialmente exitoso, que teve um bom começo, em certo sentido. De maneira, que é muito importante se percebemos que há esta possibilidade, trazer esta questão, de resumir toda esta situação, de discutir as mudanças que ocorreram, e o que é que está ocorrendo e como está relacionado com as mudanças da família, a relação com o pai e os demais. Mas há uma possibilidade de ser demasiado tarde para fazer isso e se fazemos ela pode ter uma explosão de raiva e abandonar a análise; isso depende em grande parte da intensidade da convivência que existe entre ela e o pai.

Participante: Com uma menina de catorze anos e uma mãe que não é declarada insana, mas aparentemente bastante doente e deve participar de entrevistas relacionadas à análise, a pergunta seria: o que se pode esperar do estabelecimento da relação do analista com uma mãe que não quer cooperar? Como a paciente estabelece a relação com a analista se a mãe não quer cooperar?

Dr. Meltzer: *Em primeiro lugar, se a mãe quer impedir que venha, a paciente pode fazê-lo legalmente aos quatorze anos. O fato de que ela não fez nada ativamente para impedir que a paciente viesse* *é como se ela tivesse dado seu acordo tacitamente, um acordo tácito para analista e paciente.*

Mas as dinâmicas familiares são muito complicadas e são independentes de problemas legais desse tipo; tem havido uma grande mudança na organização desta família que muito provavelmente está diretamente ligado ao que ocorreu no tratamento analítico.

Suspeito que as relações entre o pai e a mãe foram virtualmente transformadas talvez como uma espécie de separação legal.

Analista: Sim, é.

Dr. Meltzer: *Talvez Graciela tenha invadido essa relação, que talvez não tenha sido tão boa desde o início, na forma em que poderia a secretária do pai fazê-lo. Falando emocionalmente funciona como amante do pai.*

Ouvindo o material não há nenhuma dúvida, e isto surge de pacientes anoréxicos em geral, que tem um carácter muito duro. Eles podem impor sua vontade a outras pessoas sem escrúpulos. Se a analista for capaz de manter a psicanálise da maneira que expliquei antes, pela da descrição da situação, a ajuda a terminar a fase mais maníaca de sua melhora – que é esta – e a transforma em um paciente que coopera de uma forma mais analítica com o tratamento, é muito provável que a famílias e reestruture novamente.

Geralmente pensamos que na puberdade ocorre por mudanças fisiológicas e hormonais, mas temos exemplos na anorexia, como o sistema hormonal é fortemente ligado ao estado mental, e pode atrasar a puberdade fisiológica: crianças em latência por anos e não menstruando e não desenvolvendo seios e pelos pubianos e tal. Também se pode encontrar uma puberdade precoce quando foram objeto de um estímulo ou abuso sexual, algo que despertou a sexualidade muito precocemente e perturbou a latência, e então elas menstruam aos nove ou dez anos, há um desenvolvimento precoce das mamas etc. e são mulheres jovens quando têm doze anos.

Não sabemos o que iniciou o processo com esta paciente, mas certamente não foi um problema fisiológico, mas sim aconteceu algo que não sabemos e bloqueou o desenvolvimento fisiológico. Eu tenho observado atentamente as informações que estão aqui e não encontrei nada que indique o que iniciou este processo. Você tem alguma ideia sobre o que pode ter desencadeado a anorexia e a retardado puberdade?

Participante: Discutimos isso em um workshop e pensou-se que a doença surgiu coincidindo com o aparecimento das características sexuais secundárias; deixou de ser a garotinha mimada, algo que ela queria que continuasse.

Dr. Meltzer: *Então a puberdade fisiológica começou?*

Analista: Tenho outra hipótese. Sua irmã mais velha inicia as mudanças, a partir daí é que ela começa a ver na irmã os perigos da gordura.

Dr. Meltzer: Sim, isso é mais provável.

Referências teóricas

A contratransferência com pacientes psicóticos

Esta supervisão não está ligada a uma única questão, mas exibe os critérios analíticos de Meltzer quando o paciente tem aspectos psicóticos

Trata-se de uma paciente de quatorze anos com anorexia que permanece em obstinado silêncio. A partir de seu comportamento e poucas associações, Meltzer sugere que o que a paciente faz é roubar os conteúdos valiosos da analista, especialmente sua feminilidade e devolver lhe objetos destruídos.

O monitoramento cuidadoso da contratransferência permite que o analista se proteja.

O risco para o paciente é a interrupção maníaca do tratamento, que pode ser evitado incluindo os indicadores de melhoria e tentando de descrever as situações que vão ocorrendo durante a sessão.

Descritores: Anorexia. Aspectos psicóticos. Caso clínico. Contratransferência. Supervisão.

5. Juan

Analista: Juan tem três anos exatamente. São realizadas três horas lúdicas com aproximadamente uma semana de intervalo entre elas. Um mês depois, os pais informaram que Juan, que quase não falava, havia começado a falar com entusiasmo.

Motivo da Consulta: Juan é filho adotivo. Ele foi informado deste fato recentemente, faz dois meses, junto com sua irmã mais velha, com cinco anos de idade – também adotiva. Os pais desejam saber que repercussão psicológica teve nele esta informação: igualmente desejam saber se no menino incidem as contínuas desavenças e brigas do casal parental.

Alguns antecedentes: Foi adotado logo que nasceu, os pais adotivos, não têm nenhum dado sobre sua origem ou sobre o parto. Começou a caminhar aos quatorze meses, disse as primeiras palavras aos dois anos. Ainda não controla esfíncteres, toca muito em seus genitais, inclusive diante das pessoas. Dorme apenas na cama dos pais, estes logo que ele adormece o levam para sua caminha. Não registra enfermidades somáticas salvo adenoidite crônica. Não sofreu acidentes nem operações cirúrgicas. Vai a uma creche, se separou com muita facilidade de sua mãe, ali brinca, mas bate muito nas outras crianças. Não é sedutor, nem simpático. Quando se diz não a algo que ele quer, ele tem um acesso de raiva, é caprichoso e chora se não o deixam fazer o que deseja. O que ele mais gosta é de brincar com carrinhos.

Primeira hora lúdica

Não me pareceu ser um menino lindo. Impressionou-me de forma estranha, com um olhar estranho, um menino feinho. Não obstante, a analista que o atendeu depois, me perguntou o que tinha me acontecido porque lhe pareceu que o menino era muito lindo.

Eu usei as três horas de ludo diagnóstico e logo o encaminhei à analista que, um tempo depois, creio que dois meses mais tarde, o tratou.

Tem um dado que talvez interesse este, é que sua motricidade ou sua aptidão era inferior à sua idade cronológica. Observei que se comportava mais como bebê do que o correspondente para sua idade cronológica.

Dr. Meltzer: *É uma boa observação.*

Analista: *Primeira hora lúdica*: Vem acompanhado por seu pai, se separa com muita facilidade, entra sugando o polegar sem aparente angústia. É visível a obstrução das vias aéreas superiores, som nasal, respiração bucal superficial, boca aberta, lábio superior curto e retraído, ruídos nasais típicos da obstrução por aumento da adenoide.

Dr. Meltzer: *Uma descrição muito adequada, muito detalhada, muito convincente.*

Analista: Me chamo X.

Paciente: Por quê?

Analista: Este fato será muito recorrente durante as três horas de observação lúdica, o menino dizia "por que?". Eu percebo que não há uma real intenção de perguntar. E depois "porque sim", sem real intenção de responder. Me parece um padrão de obstrução ao progresso e à evolução, uma espécie de barreira ao conhecimento.

Analista: Temos uma caixa de brinquedos para serem usados aqui, também tem lápis, papéis e o quadro. Pode fazer o que tiver vontade com eles. (Precisa que a porta do consultório fique aberta). Vai até a caixa de brinquedo pega um avião, pega um revólver, pega outro avião e me diz "outro mais". (Olha um carro, pega outro carro) e diz "um carro mais" (Pega o avião grande e um carro, pega uma lancha), diz com alegria "uma lancha" (vê um revólver) e diz "mais outra pistola, outra pistola mais, casinhas" (ao querer pegar a bolsa de casinhas caem todas, então me dá a bolsa vazia) e diz "pegue-a". (Aciona com a mão esquerda uma pistola e com a direita continua retirando brinquedos) me diz "retira?" (Retirar é como uma condensação, é retirar o fio enrolado nas rodas deste carro). Diz "uma zebra" (na realidade é uma girafinha).

Dr. Meltzer: *Se vê muito contente, desfrutando muito do que está fazendo.*

Paciente: Levo à minha casa (os carrinhos).

Analista: Já te contei que os carrinhos se usam aqui e que não são para levar para casa.

Paciente: Por quê?

Analista: Porque são daqui.

Paciente: Por quê?

Analista: Para que você trabalhe aqui com eles.

Paciente: Por quê?

Analista: (Não responde)

Paciente: Outra pistola, um cavalo (é um soldado montado em um cavalo) enganchado (não entendo bem o que diz) pistola (atira várias vezes para cima) não posso (apertar o gatilho da pistola grande) veja (sim pode apertar o gatilho do revólver pequeno). "Au! Não posso tirar" (o gatilho de sua posição. Espera que eu o faça, não o faço, ele o faz. Golpeia muito forte uma pistola com a outra. Está a ponto de quebrá-las, o ruído o diverte, me olha e ri, quando faz esforços aparece a saliência da língua) "não posso" (por um soldadinho tão grande como o carro, dentro do carro. Não pode colocar este soldadinho e faz muita força como se eventualmente o pudesse colocar).

Dr. Meltzer: *Está lutando com a evidência.*

Analista: É evidente que não pode fazê-lo.

Analista: Juan, parece que está me dizendo que não pode.

Paciente: Por quê?

Analista: Porque você repete o tempo todo se você já sabe. (Juan sorri).

Paciente: Olha (faz o avião voar, mas de cabeça para baixo, o deixa cair, põe a língua para fora, se põe em pé e faz uns passinhos graciosos como de palhacinho e se agacha outra vez sobre os brinquedos). "Ah! Falta roda aqui" (em um carro da caixa de brinquedos falta uma roda). Uns papéis (é um forte para soldados muito simples feito com quatro cartolinas). Carrinho (dá risada e aí alinha). (Vou reproduzi-lo porque me parece que é importante: começa o primeiro alinhamento de uma casa, o carro vermelho, o amarelo e o branco). Quero procurar outros atrativos, outro carro... este (não procura nada, desfaz o alinhamento e em seguida alinha os carrinhos transversais sobre a borda da caixa, guarda todas as coisas exceto quatro carros que abraça e os coloca sobre o divã, estão todos na mesma direção).

Analista: Pergunto as personificações respectivas que resultam como segue. Este que é um carro de auxílio é a mamãe; este é o papai (carro de corrida); este é sua irmã que na realidade tem cinco anos, é maior que ele; e este é ele.

Pega outro carro azul da caixa e o chama carro vermelho, não sabe que papel familiar tem e o coloca também sobre o divã, mas está separado do alinhamento.

Pergunto-lhe várias vezes sobre a nominação deste e não o pode nomear, aos demais os nomeou com facilidade instantânea como mamãe, papai etc. (Quando o carro vermelho entra na cena da brincadeira, caem do divã, o carro mamãe e o carro papai).

Paciente: Caiu um (o carro mamãe) e caiu outro (o carro papai). (Parece-me que tem uma crise de ansiedade e sai correndo do consultório abraçando os quatro carros nomeados, quer dizer mamãe, papai, a irmã e ele. Abandona o quinto carro vermelho, não nomeado, que na realidade é azul e diz que quer mostrá-lo ao papai, quer dizer, ele pega estes quatro e sai com eles).

Dr. Meltzer: *O que te faz pensar que teve um ataque de ansiedade, uma crise de ansiedade?*

Analista: O aumento dos movimentos, a cara de susto, a interrupção da brincadeira, se via assustado.

Dr. Meltzer: *Ele olhava para você?*

Analista: Não, não olhou para mim.

Dr. Meltzer: *Pegou os quatro carrinhos e saiu do consultório.*

Analista: Minha hipótese neste momento é que o carro sem nome, o carro vermelho que na realidade é azul, representa alguém excluído, por exemplo, a mãe genética.

Analista: (Volta sozinho ao consultório, e o carro filho sobe em cima do carro misterioso, que agora vai chamá-lo também de carro azul – antes o chamou vermelho – depois trata de subir todos os demais carros, mas não cabem e caem ou ele os faz cair, caem todos).

Parece que é um carro que não pode sustentar as pessoas, sobretudo aos pequeninhos.

Paciente: Por quê?

Analista: Porque você está me mostrando.

(Faz com que todos os carros se choquem entre si, forte, muito forte, enquanto me olha e sorri. Eu sinto uma risada vazia).

Paciente: Minha mamãe bateu em um taxi. (O noto muito agressivo e o carro irmã bate e desloca todos os demais carros de modo forte, agressivo, que contrasta com seus movimentos delicados anteriores). "Ah! Um bombeiro, saltou o carro" (o carro misterioso sai do campo da brincadeira, não sei se pelos golpes ou não) "pipi" (e sai correndo para o banheiro para fazer xixi).

Num instante volta, observo que sobre o plano da brincadeira ficaram somente os carros mamãe, papai, filhinho e irmã.

Analista: Parece que só ficaram os quatro da família.

Paciente: Por quê?

Analista: Porque você fez assim.

(Faz que o carrinho Juan, o jipe azul grande, salte. Vai buscar outro jipe, outro carro na caixa. Os movimentos são muito bruscos, com pouco controle muscular).

Paciente: Saltou o carro papai (faz saltar os carros). (Não entendo o que disse em seguida, o falar se tornou particularmente confuso, agora é definitivamente uma meia língua com grandes e múltiplos deslocamentos). Está em cima este filho (põe o filho em cima dos carros). "Vai cair, cai, bateu num taxi, mamãe bateu". (Nota: averiguei posteriormente que nem a mamãe, nem o papai registram batida alguma com um taxi).

Fim da primeira hora.

Dr. Meltzer: *Uma ampla variedade de fenômenos se vê aqui. Em primeiro lugar sua capacidade para nomear as coisas, dar-lhes nomes, dos quais está bastante orgulhoso. Seu primeiro interesse pelos brinquedos é nomeá-los. Seu segundo interesse é descobrir se os dá para que ele brinque nesse lugar ou se ele pode levá-los para casa.*

O terceiro fenômeno é esta compulsão de repetir "por quê?". Parece que o significado deste "por quê?" é simplesmente mera oposição, muito típico dos meninos desta idade. E a resposta típica a esta pergunta é "porque mamãe lhe disse" ou "porque papai lhe disse". Este "por que?" está muito relacionado com ele dar nome as coisas e é puramente convencional.

Na evolução da linguagem das crianças há dois períodos muito importantes; o primeiro é por meio de processos identificatórios, adquirir a música e a gramática do discurso. Aparece a meia língua que é como uma linguagem interna tratando de reproduzir seus interesses internos, diferentes partes do self. Isto acontece ao final do primeiro ano de vida, quando o interior da boca da criança ganha muita importância. A vida de fantasia das crianças parece que acontece, em grande parte, dentro de sua boca, porque sua capacidade para manipular com as mãos é muito inferior a inteligência desta língua que têm em sua boca.

Parece que aos dois anos esta área de fantasia que é a boca se divide e vai em duas direções: em direção ao exterior se transforma em uma nova capacidade de manipular os brinquedos externamente. Volta-se do mesmo modo para o interior, para atrás, e se transforma em uma fantasia interna e em sonhos. Só depois desta divisão aparece a linguagem convencional que se adapta a essa música gramatical que já havia adquirido antes.

Há duas partes do falar, uma que podemos chamar a gramática profunda e outra que é a parte superficial da fala. Tem sentidos muito diferentes. A música se adquire por processos identificatórios e as palavras se adquirem por imitação de elementos convencionais. Portanto as palavras têm muito pouco sentido em si mesmas, são ruídos convencionais e estão sujeitas a muitas modificações e sutis diferenciações que a criança não percebe, palavras que soam igual e parecem homônimas e que significam coisas totalmente diferentes.

Toda a esfera do arbitrário e convencional está muito como que atada na mente das crianças às palavras. A tendência a oposição, portanto, está ligada às palavras como se cada palavra fosse uma ordem arbitrária. Este "por que?" insistente é uma expressão de sua oposição a qualquer tipo de autoridade.

Tomando isto em termos gerais, em primeiro lugar está orgulhoso de poder usar estes nomes convencionais para nomear as coisas, e ao mesmo tempo está oposto à sua forma convencional de nomear as coisas, como uma espécie de restrição. Aqui é onde aparece a colisão, em primeiro lugar se pode levar ou não, para casa, aí começa o choque com você, depois está o choque com o fato de você estar pedindo que faça coisas que você não faz. Logo o conflito com você se evidencia de forma a dar uma representação diferente, realmente usa os brinquedos; no uso que lhes dá agora há uma simbolização. É esse uso dos brinquedos que ele faz pondo-os em fila e demonstrando seu extraordinário poder ou capacidade para equilibrá-los sobre a borda. Então você começa a notar a diferença, a oposição que há entre esta habilidade que ele demonstra e atividades suas que são muito desajeitadas.

Quando põe estes quatro carrinhos sobre o divã e você lhe pergunta ou lhe pede que dê nomes, ele imediatamente responde a isso, mamãe, papai, irmãzinha, eu, e aí começa o drama, este drama consiste em cair, bater etc. Aqui parece que neste processo a mãe é a que leva a pior parte, primeiro cai a mamãe, e o papai presumivelmente cai em cima dela. Depois, a mamãe bate contra um taxi e no meio temos ele com o desejo de fugir com seu pai e mostrar-lhe os brinquedos. Mostrar-lhe todos os brinquedos pode ter o significado de que ele espera que o papai lhe diga "claro, pode levá-los para casa" e o pai se supõe que vai cair em cima dela, da analista. Provavelmente ele não contou ao papai "ela disse que não posso levá-los". Tão pouco papai disse "sim, pode levar ou vou cair em cima dela". Este parece ser o significado da brincadeira, e depois vem a mamãe que se choca contra um taxi etc.

No meio disso está o carro misterioso que primeiro é vermelho e depois volta a ser azul e esse carro fica abaixo do jogo quando todos caem um por cima do outro.

Temos que esperar a segunda hora do jogo para compreender o significado desta parte.[1]

Segunda hora lúdica

Analista: Houve uma semana de diferença entre uma hora e outra de Jogo lúdico. Vem acompanhado por seu pai, entra sem nenhuma dificuldade e se dirige diretamente a um turbo ventilador que está no chão, preso, mas muito protegido — é verão em Buenos Aires, faz muitíssimo calor.

---

1 Ver Referências teóricas, pág. 109, "Da causalidade à significação".

Dr. Meltzer: *Está fora de seu alcance?*

Analista: Não, os controles estão ao seu alcance. Entra sem nenhuma dificuldade e se dirige ao turbo ventilador, aciona o botão e o desliga.

Analista: Por que acha que você fez isso?

Dr. Meltzer: *Agora é você que está dizendo por quê?*

Analista: Por que acha que você fez isso?

Paciente: Porque sim.

Analista: Pode ser que te dê medo esse aparelho.

Paciente: Sim.

Analista: Por quê?

Paciente: Porque sim.

Analista: Porque sim não é uma resposta, não serve para responder, tratemos de pensar o que aconteceu. (A isto segue uma série de palavras que não entendo, ao falar se mostra muito regressivo, repete o, porque sim, disse que porque faz muito calor desliga o ventilador, me disse que não quer porque não etc. A confusão é grande, noto que se confunde muito).

Dr. Meltzer: *O que o confunde é que o conceito de explicação não está provavelmente muito bem formado nele, porque esse "por quê?" é muito ambíguo, ainda para as pessoas adultas, porque pode significar por que? Qual é a razão? Qual é o motivo? Qual é a origem? Esse "por que?" pode ser muito amplo, é uma má escolha de palavra porque implica uma casualidade.*

Se tivesse ficado brincando com dois carrinhos e um bate no outro e esse outro cai da mesa e neste momento pergunta a ele por que isso? Poderia ter respondido porque tem uma razão e uma resposta à razão, um motivo. A casualidade é operativa aí, se pode ver atuando, em ação. Mas a pergunta "por que?", sobre processos mentais é muito elaborada e sofisticada como pergunta e por isso responde "porque sim". Possivelmente tem razão. A pergunta analítica seria como é que acontece assim em sua mente? Mas então nós estamos tão acostumados a usar a linguagem da casualidade que não nos damos conta que não é adequado para processos mentais, apesar de que a psicanálise levou trinta anos para se livrar disto.

Sei que ele está assustado ao desconectar ou desligar esta máquina e o que a analista quer saber é por quê sentiu tanto medo ao fazer isto? Tudo o que ele pode responder é porque sim, o aparelho e o medo estão vinculados de alguma maneira em minha mente, mas isso ele não sabe explicar.[2]

Analista: Ele diz porque faz muito calor. Na realidade com este ventilador, eu tenho a experiência que às crianças muito pequenas às vezes dá medo porque faz ruído e dá vento.

Dr. Meltzer: *Isto é uma especulação sua?*

Analista: Isto vai se repetir posteriormente. É uma resposta paradoxal na qual aparece algo completamente diferente e tudo ao contrário do esperado. Não me recordo em que momento, mas vai voltar a repetir esta conduta.

Dr. Meltzer: *Aparentemente quando tem um pedido que pense por que está fazendo isso, ele realmente tenta pensar o porquê, mas neste momento se confunde. Se confunde sobre o porquê o prendeu. E uma resposta seria porque faz muito calor. Em troca a insistente pergunta é por quê tem medo? E ele não pode associar essa pergunta, não pode dirigir-se a essa pergunta. Ele pode entender ou dirigir-se à pergunta sobre prender ou desligar o aparelho porque tem uma referência causal, mas não pode responder por que tem medo? Porque*

---

2 Ver Referências teóricas, pág. 109, "Da causalidade à significação".

*não tem uma referência causal, é um processo mental. Está pedindo
algo a ele que é muito difícil para ele. Vejamos o que ele faz, então.*[3]

Analista: Mostra-me um carrinho que trouxe de sua casa, que
cabe na palma da mão e pega da caixa dois carros, dois aviões e uma
cerca e diz: "Este é o carro papai" (o que ele trouxe), "este é o carro
filhinho" (o avião), "este é o carro mamãe" (que continua sendo o
mesmo) e "este é o carro menina" (o carro azul). Coloca uma cerca
entre ambos, depois põe outro carro aqui sem nome e o avião grande.
Ele disse que este era o carro filhinho e que este era o carro papai.

Analista: Vejo que o carro papai está separado por uma cerca
do carro filhinho.

Paciente: Sim.

Analista: Por que será?

Paciente: Porque sim.

Analista: Juan, já falamos que "porque sim" não serve para
responder, assim trate de pensar por que acontece o que aí vemos
(também não responde).

Dr. Meltzer: *É uma questão de simbolismo, não de explicação.
Está te mostrando como existem as coisas em sua família – de fato,
na realidade – uma destas coisas é o que se poderia chamar "vínculos,
relações" entre uma pessoa e outra, entre o filho e a irmã, presumo que
entre a mamãe e entre ele e o papai tem algo como uma cerca, tem
barreiras. Podemos concluir ou pensar que estas barreiras os protegem
de se matar um ao outro, mantendo assim a paz na família. Fora da
família estão este outro carro e este outro avião que aparentemente
estão apontados em direção a cerca. Parece ser como o fantasma do
avião e o fantasma do carro que foram expelidos da família, expulsos,
e que ameaçam destruir e romper essa cerca, não é uma questão de*

---

3 Ver Referências teóricas, pág. 109, "Da causalidade à significação".

por quê? e sim de como? Como são as coisas com esta família? A paz na família está mantida pela mamãe estando entre o filho e a filha e a cerca entre o filho e o papai. São as barreiras à agressão, mas barreiras ameaçadas de serem destruídas por estas forças externas, seja como for e sabemos de fato que os pais discutem e brigam bastante.

Também sabemos que os pais estão muito preocupados pelo impacto da informação da adoção que se fez e pela influência que podem ter estas brigas sobre os filhos. Não seria muito estranho conceber a estes dois elementos que não tem nome como se estivessem representando o que é a adoção nessa família. O menino está dizendo muitas coisas e, você não tem direito de reclamar porque não te ele dá informação.[4]

Analista: Juan não responde, passa bastante tempo tocando suavemente os carrinhos, mas não os move.

Analista: Eu diria que o carro filhinho está muito só por que será?

Paciente: Porque sim. (Pega a cerca que o separava da família). Olha o que eu fiz.

Dr. Meltzer: *Agora é como ele te dissesse "fica tranquila, olha bem o que faço que você vai ter a resposta a todas as perguntas que me fez".*

Analista: Faz outra cerca maior, dobra-a e desdobra-a várias vezes, olha-a com muita atenção, de supetão a move para um lado e faz outro ordenamento que fica como segue: a mamãe, a menina, o filhinho e o papai.

Dr. Meltzer: *Agora há dois casais e agora não faz falta a cerca. Não tem razão para a hostilidade, cada um está em seu dormitório com seu par.*

Analista: Isto acontece no chão, coloca a cerca no divã, o avião passa voando por cima da cerca.

---

4 Ver Referências teóricas, pág. 109, "Da causalidade à significação".

Dr. Meltzer: *Vai dar um passeio, o avião sobre o divã onde estão as cercas.*

Analista: Onde estão as cercas que estavam relativamente longe. O avião voa e em outra volta aterrissar sobre as cercas que estão no divã.

Analista: O que faz o avião?

Paciente: O quê?

Analista: Perguntei pelo avião.

Paciente: Voou.

Analista: E então.

Paciente: Foi parar aí.

Dr. Meltzer: *Agora ele pergunta o quê? E não por quê? E então ele pode responder.*

Analista: Por quê?

Paciente: Porque sim. (Pega o avião e sai para mostrá-lo ao pai. Se passaram quinze minutos da hora lúdica. Quando volta deixa a porta aberta).

Dr. Meltzer: *Vamos comparar isto com a última vez que saiu para mostrar os carros para o pai. É a segunda vez que sai para mostrar algo para seu papai.*

Analista: Também tem uma vez que sai para fazer xixi.

Dr. Meltzer: *Vejamos o que tem em comum. A primeira pode ser que papai caiu e mamãe caiu em cima; a segunda é que caiu a cerca e o avião caiu por cima, não em cima da irmãzinha, somente em cima da cerca. Há uma dissimulação, aqui se sente traído. Algo desonesto e dissimulado porque o avião não caiu em cima da irmãzinha e sim da cerca. Parece que este menininho tem dificuldades com as fezes, neste momento, todavia está treinando.*

Analista: Efetivamente, contudo estava fazendo o treinamento bastante exitoso, mas tem alguns probleminhas.

Dr. Meltzer: *Aqui parece estar a questão do que acontece no dormitório da mamãe e papai e no dormitório da irmã mais velha e o irmãozinho? Cai o irmãozinho em acima da irmãzinha com seu pênis? Não, simplesmente cai em cima de suas fezes, que estão em cima da fralda. A fralda está representada pela cerca como uma barreira; vamos descobrir qual é o significado sexual disto.*

Analista: Quando volta deixa a porta aberta, nesta sessão tínhamos conseguido fechar a porta e na primeira sessão não.

Dr. Meltzer: *Não quer que o pai acredite ou pense que ele também está caindo em cima da analista.*

Analista: Juan, pode fechar a porta, por favor?

Paciente: Não.

Analista: Por quê?

Paciente: (Silêncio).

Analista: (Pega um tigre da caixa de brinquedo e volta a sair para mostrá-lo para o papai, quando volta lhe digo "Parece que você tem medo de fechar a porta" (então pega o urso e o tigre e trata de prendê-los em uma cerca, não pode, parece ser porque faltam elementos da cerca ou porque não tenha tirado elementos suficientes da caixa.)

Dr. Meltzer: *Aqui sua mente parece que vai muito rápida. Você lhe pede muito amavelmente que feche a porta e ele responde bruscamente não, mas quando você lhe pergunta por que ele começa a mostrar as razões da negativa. Pega o tigre e vai mostrar ao pai; é uma continuação de quando ele havia pego o avião e o havia feito aterrissar sobre as cercas. Em primeiro lugar é uma resposta ao porquê deixa a porta aberta. Por um lado, está mostrando ao papai que nada* *sexual está acontecendo dentro do consultório, mas por outro lado a deixa aberta porque realmente agora tem medo. Está assustado com a analista e com o ventilador porque a analista continua fazendo barulho que o assusta. Aqui começa a representar algo sobre a relação entre a terapeuta e ele no consultório, um tigre e um urso e as cercas.*

Paciente: Está quebrada (a cerca).

Analista: Sim?

Dr. Meltzer: *Diz que a cerca está quebrada, ou seja, a porta está aberta.*

Paciente: Está quebrada.

Analista: Você chama de quebrada porque você não pode procurar mais cercas na caixa?

Paciente: Pega você.

Analista: Por quê?

Paciente: Eu não posso pegar porque sou grande.

Analista: Aqui está o segundo paradoxo contraditório.

Dr. Meltzer: *Não estou tão seguro. É a primeira vez que você recebeu uma resposta ao "por que?" O que disse em realidade é "porque é arbitrário que sendo eu grande estou em uma posição para decidir sobre estas coisas e, portanto, em uma posição para te dar ordens, você tem que procurar". Já ele, havia tratado de te dar ordens às quais você não tinha respondido. "Desenrosca o cordão" e você não o havia feito, ele fez sozinho. Provavelmente, está te dando ordens porque é grande.*

Não respondeu a esse "por quê?" Em um sentido causal, de casualidade, e sim no sentido de um pai dizendo "porque eu digo" que é diferente de "porque sim". Tem que ver com esse aspecto de linguagem que eu mencionava antes de ser arbitrário e convencional. Se ele quer nomear a um carro azul como vermelho o pode fazer porque é maior que o carro, maior que você, ainda que não o seja. Neste sentido, o tigre é maior que o urso, portanto, "faça você".

Analista: Como não respondo vai até a caixa, encontra mais cercas e as pega, prende então o urso e o tigre. Retira um macaco, olha-o, dá risada e o coloca dentro da cerca. Ao estar em pé, ao lado da caixa pisa nos brinquedos e desarruma toda a construção, isto se repete com cada brinquedo que procura, desarruma e volta a arrumar, desarruma e volta a arrumar.

Dr. Meltzer: *Sempre pisando nele, em um sentido torpe ou de propósito?*

Analista: Não, não é torpe, há algo deliberado, intencional. Põe na cerca muito mais animais.

Dr. Meltzer: *Aqui dá uma impressão de que há dois meninos brincando, um diz "você faz" e o outro sem querer, sem vontade o faz, e no processo de fazê-lo destrói o que o outro está construindo, uma cena muito comum entre os meninos que tratam de brincar juntos. Parece que agora você está no papel da irmã porque entre os dois ele pode dizer "porque sou grande".*

Analista: Põe dentro da cerca muito mais animais, a cerca está repleta, não cabe. Faz força para que caiba o canguru, não lhe ocorre aumentar a cerca quando finalmente e depois de muitas tentativas fica evidente que não cabem, faz outra cerca ao lado e coloca ali os animais.

Dr. Meltzer: *Junto ou separado?*

Analista: Não me lembro.

Dr. Meltzer: *Vamos voltar à paz na família. Quer voltar às imagens onde estão os quatro membros da família alinhados em dois casais e o outro casal com o avião e o carro fantasma.*

A família de animais cresce e cresce até que a casa se torna muito pequena para eles, estes dois foram deixados de lado (os aviões). Parece que agora temos alguma referência a esta questão da adoção, se se podem adotar dois, se podem adotar duzentos, de onde vem, quando virá o próximo, o que acontecerá então? Muita ansiedade sobre a família, não a ansiedade original a respeito do papai e do filho se matando um ao outro, ou o irmão e a irmã se mantando, uma ansiedade nova devido a novas possíveis chegadas de irmãozinhos que fazem da família uma multidão, que ocupam muito espaço. Problemas de imigração, fechar as barreiras a essas novas entradas.

Analista: Confirmando o que o doutor disse, põe o auto mamãe como barreira na segunda cerca.

Dr. Meltzer: *Acabaram as cercas?*

Analista: Havia mais cercas.

Paciente: Tem todos aqui. (Fecha a cerca com o auto mamãe. Desfaz a segunda cerca).

Analista: Sai mais uma vez do consultório para mostrar ao papai o carro mamãe.

Dr. Meltzer: *A terceira vez que sai.*

Analista: Vai mostrar o carro mamãe, a girafa e um cavalinho, volta sem os brinquedinhos, os deixou com o pai, volta sorrindo. Indico-lhe que volte à sala de espera e traga de lá os brinquedos da caixa, desfaz o sorriso, os traz de volta, os atira com força sobre o divã, a segunda cerca está totalmente desarmada.

Dr. Meltzer: *Maravilhoso. O assunto parece tratar-se dessa maneira territorial de lidar com todos estes imigrantes que agora não tomam a forma de dormitórios nem de seus pais, nem dele com sua irmãzinha, e sim a de sua família versus todos estes imigrantes, meninos adotados que tratam de entrar ou que aparentemente chegam.*

Mas também significa sua família versus o consultório, lhe ocorre pensar que se outros meninos podem ser adotados dentro de sua família então pode haver outros meninos que venham aqui brincar com estes brinquedos também, a única solução possível para isso é ele levar os brinquedos para casa, que também é um elemento presente no fato de que a primeira vez que ele levou os brinquedos para o pai tudo estava conectado com a pergunta de se os podia levar também para sua casa, não só para o papai que estava lá fora.

O que parece estar acontecendo aqui é que conecta sua família com o que acontece dentro do consultório, sua vida de fantasia se desenrolou no fato de sua brincadeira com os brinquedos e de você perguntar-lhe constantemente por que ou que acontece, que defina ou explique o que está acontecendo.

Parece uma continuação dessa questão do porquê estava assustado no momento em que desligou o ventilador, está conectado com isso. Não parece explicar a relação entre esse ventilador e este fluxo de animais entrando na cerca, a menos que tenha a ver com o assunto de abrir portas ou fechá-las, abrir janelas ou fechá-las, abrir as cercas ou fechá-las.

Analista: Pega seu carro, o que trouxe de sua casa, que era o carro papai da primeira sequência, pega da caixa a tartaruguinha de plástico, me mostra e sorri, coloca-a em cima do carro azul (o que chamou de vermelho no início).

Paciente: É o carro filhinho e leva a tartaruguinha (passa com um voo rasante e com a asa de um avião tira a tartaruguinha). "Fica aí. Desceu". (E depois passa outra vez) (Referindo-se à tartaruguinha empurrada pela asa do avião que caiu, sobe-a e repete muitas vezes esta operação, isto o diverte).

Dr. Meltzer: *Trata de romper a relação com você levando os carros, incluindo o que ele trouxe e vai com o papai como para cortar a relação com você, terminá-la. Seu pai o manda de volta e você o manda buscar* *os brinquedos e ele volta. Se submete a toda esta disciplina arbitrária do pai e da analista.*

Começa uma nova sequência então, que é a que vai te mostrar porque ele faz cocô nas fraldas. Não é culpa dele, é culpa do avião com o qual ele representou, mediante essa figura misteriosa, a um pai biológico que parece que o faz fazer algo que ele não controla, é o fantasma da mamãe e papai que vivem fora da casa e que vem à noite, e lhe fazem fazer cocô nas fraldas repetidas vezes, uma e outra vez.

O que tem a ver isto com sua docilidade? É o preço que os adultos, a analista e os pais dele, têm que pagar. Se querem que seus filhos sejam obedientes, o preço que pagam é que as nádegas não são obedientes à noite, em vez de ter birras, faz cocô nas calças à noite. Está muito contente com esta solução, porque importa sua inocência, não é culpa dele, ele é muito bom menino, mas esse é um avião muito mau.

Analista: Por que caiu?

Paciente: Não sei.

Analista: É uma tartaruguinha não sei? (Então começa a fazer com que o avião atropele o carrinho e o faz várias vezes).

Paciente: Cai porque é um carro pequeninho, cai porque é um taxi, vai um menino em um taxi longe, longe.

Analista: Por quê?

Paciente: Porque sim, vai procurar um menino rápido. Não está agora porque se foi, procura rápido um bebê, vai para casa, o leva para casa, ia sem cobrir o bebê. Eu fui descoberto.

Analista: Não entendo Juan, é descoberto ou sem cobrir?

Paciente: Eu vi um menino rápido correr porque pisava em um carro, rua, ia em um taxi, um menino um menino rápido vai para casa, rápido, correndo, deixando o bebê no carro (pega o carro). Caiu.

Analista: Ele começa a cantarolar uma melodia sem palavras. O carro empurra a tartaruga. Pisa em um carro, agora coloca os carros e tudo cai do carro azul, o carro mamãe cai, o carro papai cai.

Dr. Meltzer: *Agora voltemos a ideia de empilhar e que caia tudo.*

Analista: O que acontece aí?

Paciente: (Sem resposta).

Dr. Meltzer: *Isto parece importante, paremos. Em primeiro lugar, aqui está simbolizado na tartaruga sua aparente docilidade e sua rebeldia com relação ao que lhe é dito para fazer. Aparece a fantasia típica dos menininhos que, todavia, não controlam que são os bebês-fezes dos meninos encopréticos. Há uma situação confusa porque está a ideia destes pais distantes, os pais biológicos. Nasceu na Argentina?*

Analista: Não sei, mas quase certeza que sim.

Dr. Meltzer: *Argentina oferece muitos meninos para adoção?*

Analista: Sim.

Dr. Meltzer: *E trazê-los de outros países como da Colômbia?*

Analista: Não é um bom negócio, não dá muito dinheiro.

Dr. Meltzer: *O que parece ocorrer e que joga luzes sobre isto, e do que já tivemos indícios anteriormente, na primeira sessão, quando tudo se colocava sobre o misterioso carro que era vermelho-azul, e parecia que todos caiam; agora é o processo de trepar, empilhar e cair e ele canta sem palavras uma melodia. Creio que isto representa a mamãe e papai que o desafiam, mas é como se caísse água em saco rasgado, o desafiam porque se molha, mas ele não se importa, porque ele também traz bebês, está um pouco confuso por ter recebido a informação da adoção. A quantidade de material que contém nesta sessão é fantástica.*

Aqui temos uma clara indicação de seu conhecimento da relação sexual de seus pais, mas por que tem que importar bebês de outra pessoa quando eles mesmos podem fazê-los? Isso é um mistério para ele, é mamãe a que se comporta mal? Por que deu uma surra no papai quando puseram juntas suas partes inferiores?

Analista: Se engancham os carros pelas rodas, não os pode desenganchar porque faz demasiada força em um sentido errado e me diz "Não posso", finalmente os desengancha, me pede que os enganche outra vez e me faz enganchar juntos repetidas vezes o carro papai com o auto mamãe, depois me pede que os amarre com um fiozinho e sai para mostrá-lo ao papai.

Dr. Meltzer: *A quarta vez que sai.*

Analista: Quando volta faz andar os dois carros juntos, o carro — papai vai adiante e conduz o carro — mamãe atado, e despois faz girar e girar o carro-mamãe que fica pendurado pelo fio.

Paciente: "Quer sair". (Se refere al carro-mamãe, faz força para romper o fio). Tira-o. (Imperioso, quer tudo imediatamente, então o carro papai e o carro mamãe se chocam e brigam). "Brigam muito".

Analista: Por quê?

Paciente: Porque sim.

Analista: Não serve.

Paciente: Porque pisou em um carro, um menino.

Analista: Aparentemente o pai ganha a briga. Aqui termina a segunda hora.

Dr. Meltzer: *A resposta que dá à pergunta "por que os pais brigam?" É porque um carro pisou em um menino, isto vale a pena recordá-lo. É a mamãe a que quer ir, mas o papai a segue segurando, pendurada pelo fio.*

Analista: Esta é a situação real, a mãe quer se divorciar e o pai não quer.

Dr. Meltzer: *Bem o que sabem estes meninos. Vamos parar um pouquinho porque isto está muito carregado de informação e assim as pessoas podem fazer perguntas.*

Tudo começou com seu medo do ventilador, a sessão anterior terminou com a mãe que batia com um taxi. Alguma pergunta ou continuamos?

Do meu ponto de vista o material central é o da tartaruga e o carro. O fato de fazer nas calças é como um desafio, uma atitude desafiante a sua aparente docilidade, que ele coopera muito, que é bom, que é um menino dócil na superfície, mas está reagindo primeiro contra a turbulência na família – as brigas – obviamente tem um conflito entre ele e seu pai e entre ele e sua irmã. A mãe aparece como vítima da sexualidade do pai e quer escapar, mas o mais importante é que ele faz nas calças, seus filhinhos. Vejamos se há mais sobre seus filhinhos agora.

Terceira hora lúdica

Analista: A mãe o traz, chegam cerca de 15 minutos depois da hora estipulada, esta hora é mais breve.

Entra com um carrinho diferente da vez passada, e me diz "Olha".

Dr. Meltzer: *Tem feito um enorme progresso no contato com a analista. As crianças fazem intensos vínculos transferenciais. Ao permitir que uma criança faça este tipo de laços com o analista nas horas diagnósticas é possível que tenda a fazer-lhe sentir como repulsa ou rechaço o ser enviado a outro analista. Nunca levo mais de meia hora com uma criança em horas diagnósticas porque a mesma intensidade do interesse é muito atrativa para as crianças, somente recebo a criança para ter uma simples impressão e poder falar com os pais tendo essa impressão em minha mente. Igualmente com adultos, mas com uma intensidade menor. Também nos adultos há uma espécie de sentimento de rechaço ao pensar na possibilidade de ser encaminhado* *a outro analista, mas isto se vê muito mais comas crianças, é muito difícil para eles. Se eu tivesse sido seu supervisor teria dito que era demasiado tarde para mandá-lo a outro analista, pois já é seu paciente.*[5]

Analista: Estas horas de lúdicas são para cobrir minha ignorância.

Dr. Meltzer: *Não, é muito. Deixando que o menino brinque tanto nas três horas da entrevista é praticamente um paciente, já há transferência estabelecida.*

Analista: Entra com um carrinho diferente da vez passada e me diz "Olha". Tira as cercas e as olha, sorri, põe dois carros semitrancados, a cerca está ao contrário com os pezinhos para cima. Revira a caixa e pega um aviãozinho, o coloca dentro da cerca (o avião pequenino), logo põe o maior, quer colocá-lo também, não pode, a cerca se vira, finalmente reduz a cerca ao mínimo, a quatro elementos, tem mais na caixa, mas não os retira. Faz vários testes para colocar objetos que evidentemente não cabem dentro, parece tratar-se de uma inadequação entre continente e conteúdo, finalmente termina o que chama o carro filhinho dentro da cerca muito apertada, um carro qualquer que diz que é o carro filhinho, muito apertado e o carro papai fora e um leão e um tigre que se tocam pela barriga e se dão beijinhos diante da construção. Diz que estão se dando beijinhos.

Volta à caixa e pega um cavalo de plástico que te um fio um pouco enrolado ao redor, sem tentar desenrolá-lo me olha e me diz "não posso", (não me peça que o desenrole sozinho) informa que não pode; não o ajudo em sua tarefa e o desenrola sozinho. Põe o cavalinho no chão, tem que acomodá-lo com habilidade e certo cuidado para que não se vire, porque o chão do meu consultório tem uma borracha com canaletas.

Paciente: Não quer ficar em pé este (cavalinho).

---

5 Ver Referências teóricas, pág. 110. "Indicações acerca de entrevistas diagnósticas".

Analista: Por que acha que é?

Paciente: Porque não.

Analista: Ele puxa o cavalinho dentro da caixa. Pega o revólver, o engatilha várias vezes, aponta para o tigre e para o leão, os faz cair de costas como se os matasse. Pega a cerca de quatro elementos e o leva sobre o divã, leva o carro papai e o carro filhinho ali e os quer trancar novamente os dois juntos, em um lugar onde não cabem. Noto que nesse momento Juan tem as vias aéreas superiores particularmente obstruídas. Novamente o carro pequeninho fica dentro da cerca e o auto papai fora, logo inverte a situação, mas não fecha a cerca com o carro grande. Fazem falta mais elementos da cerca. Me olha e diz:

Paciente: Não tem mais.

Analista: Deve ser alguma outra coisa que não tem mais, porque cercas sim tem, mas tem que buscá-las.

Analista: O menininho pega um enorme revólver da caixa, pega-o com uma mão e com a outra pega o revólver menor e com ambos os atira nos carrinhos. O carro filhinho sobe em cima do carro papai, então abre a cerca agregando mais peças e as coloca uma atrás da outra. A cerca continua ao contrário. Atira neles, abre o bauzinho miniatura do carro de coleção que trouxe de sua casa e quer colocar aí dentro o revólver grande que tem na mão. A desproporção é grande, chama muito a atenção esta tentativa tão estranha, feito com tanto desprezo pelo que os sentidos informam, que é impossível coisa semelhante.

Dr. Meltzer: *O fato de ter vindo com sua mãe, eu diria a segurança deste entorno maternal, parece que lhe permite revelar suas ansiedades sobre os pais, pais homens, pais ausentes ou presentes. Parece ou uma submissão homossexual ou uma briga com os mortos, briga com a morte. Esta submissão ou submissão homossexual se vê claramente em sua tentativa de disparar tiros no carrinho com o revólver grande,* *de meter o revólver dentro do carrinho. Tem o mesmo significado de quando ele mencionou matar os bebês na primeira sessão. Está te demonstrando o que estava presente no princípio da sessão, na primeira com seu medo do ventilador, que se transformou no avião fantasma, também no pai, nos revólveres etc., está relacionado com o medo que desperta nele de fazer nas calças e se sujar com suas fezes; com que o pai venha a matar seus bebês, seu desejo assassino.*

Analista: Seu desejo assassino de sujar fraldas tem a ver com o fato de que o pai venha a matar seus bebês?

Dr. Meltzer: *Isto está construído sobre a superestrutura da relação sexual entre seus pais; o ataque sádico do pai sobre os bebês da mãe que exigiu ter que importar bebês para a mamãe porque o papai destrói todos seus bebês internos. Não é surpreendente que a mamãe queira o divórcio. É um menino que pensa muito sobre as coisas.*

Demonstra aqui quão cedo são os caminhos para a perversão, as raízes da perversão. O sadomasoquismo tem suas raízes primariamente neste treinamento de controle de esfíncteres; todo o assunto do aborto nas mulheres também tem a ver com isto, abortos espontâneos e abortos induzidos, e os dois, com o matar bebês.

Analista: O carro filhinho sobe em acima do auto papai, abre em seguida a cerca, agrega mais peças.

Paciente: Você procura mais.

Analista: Não Juan, eu não vou procurar.

Analista: Ele procura aparentemente sem ficar zangado, pega uma boneca e diz "um bebê", pega dois macacos, me mostra e diz "por que?" Entendo que a pergunta seria "por que tem dois iguais?" Encontra mais três cercas, fecha a cerca sempre ao contrário ao redor do papai e do filhinho. Parece que os objetos perigosos ficaram fora, revólveres e macacos.

Dr. Meltzer: *Não diria que os macacos são perigosos.*

Analista: Encontra na caixa uma estrela de xerife.

Paciente: Quero mostrá-la para minha mãe.

Dr. Meltzer: *Quinta vez que sai do consultório.*

Analista: E sai do consultório para a sala de espera com a estrela de xerife e o carro papai na outra mão, quando volta deixa a porta aberta, que estava previamente fechada.

Analista: Por favor, pode fechar a porta?

Paciente: Não.

Analista: Por quê?

Paciente: Porque não.

Analista: Porque não é igualzinho a porque sim e duvido que nenhum dos dois sirva como resposta.

Paciente: Agora não quero fechar.

Analista: Será que algo te assustou?

Paciente: (Não responde).

Dr. Meltzer: *Agora é diferente. Aqui não é porque está assustado e sim porque não quer que sua mamãe fique com ciúmes.*

Analista: Juan não responde, mas faz com que o carro papai quebre a cerca e bata nos macacos, lhe chama a atenção que pela porta aberta entra um pouco de corrente de ar.

Paciente: Faz mais calor (na realidade fica mais fresco).

Dr. Meltzer: *Uma questão filosófica é esta.*

Analista: Entendo que quer dizer vento, que faz mais vendo.

Analista: Se fecha a porta não vai fazer tanto vento. (Então a fecha, fica assombrado e contente quando interrompe a corrente de ar e joga a cerca no chão). Parece que entendeu algo e isso é como virar uma cerca.

Analista: Juan não manifesta registro consciente desta interpretação de prova.

Dr. Meltzer: *Tem experimentado a ideia de que é possível ter uma privacidade com a analista e a analista lhe deu a ideia de que é possível uma privacidade sem sua mãe, sem seus ciúmes. Os problemas de ciúmes estão presentes em todo o material, de sua irmã, entre si, de seu papai intervindo também etc., e agora o medo de que a mamãe esteja enciumada de seu vínculo com a terapeuta.*

Analista: Faz com que os macacos ataquem aos carros, agora sem cerca, como se dissesse 'se eu puxar a cerca eles vão atacar', os revólveres também disparam, um macaco quer se meter dentro do carro, faz muita força, se repete a inadequação entre o tamanho do macaco e o da porta do carro.

Dr. Meltzer: *Agora os macacos se tornaram fezes como as tartarugas. Se ele pode sentir que sua mamãe e a terapeuta estão unidas, e se sente contido por elas, então ele vai usar suas fezes não como bebês para competir e desafiar à mamãe, e sim como armas para atacar seu pai.*

Analista: Parece que o macaco quer quebrar tudo.

Paciente: Sim, esmagados, tem dedos assim que fez este macaco, os macacos são os senhores que chocam.

Dr. Meltzer: *Os macacos representam os homens que brigam entre si. Quanto material de pensamento, processos mentais e fantasias em somente três sessões! Mas com certeza, Juan tem três anos, e quase sempre com crianças pequenas não psicóticos, a facilidade com que manifestam e despejam seus pensamentos é muito surpreendente. A* *evidência é a observação, o pensamento, a fluidez da formação de símbolos e a paixão de sua emoção, é ao que estamos acostumados os analistas de crianças. Estes foram os primeiros materiais de Klein, dois anos e meio, três anos, fantástico. Tens um paciente charmoso, muito inteligente.*

Analista: Por isso o termo que ele usa para a terapeuta seja "doutora de brinquedo".

Dr. Meltzer: *Já tive a experiência que esta 'doutora de brinquedo' é uma pessoa extraordinária, totalmente diferente. As crianças não psicóticas geralmente tomam os seus terapeutas como uma pessoa extraordinária que demonstra muito interesse neles. Um material muito interessante.*

Referências teóricas

Da causalidade à significação

Desde o capítulo "A psicanálise como atividade humana" em *O Processo Psicanalítico* e ao longo de toda sua obra, Meltzer inclui importantes reflexões sobre o status científico, da metodologia e da construção de hipóteses em psicanálise. É chamativo que o considere como uma combinação de atividades artísticas e atléticas: como o artista necessita de uma contínua afinação de seu instrumento – a mente analisada do analista – e como o atleta, um trabalho estável exercido com um esforço permanente, uma tensão próxima ao limite da que pode surgir a criatividade ao calor dos sucessos da sessão. A afinação do instrumento reside na capacidade de registro da contratransferência, como condição que se opõe à atuação do analista no sentido de produzir rupturas ou transgressões do método.

No capítulo I de *Estados Sexuais da Mente* faz uma tentativa de comparar a psicanálise com a investigação em outras disciplinas, que ele mesmo praticou antes de ser psicanalista.

Considera que tem um material, métodos próprios e dados* que devem avaliar-se em sua capacidade de gerar hipóteses genéticas a respeito da história do desenvolvimento de cada paciente. Mas quando sua reflexão o leva a ter em conta que o método de coletar os dados, se aproxima da capacidade de *rêverie* de Bion, se faz evidente a dificuldade de registro e transmissão dos achados.

Considera os descobrimentos freudianos como uma espiral de dados e hipóteses, que levam a novos achados e por sua vez a novas hipóteses, em que as teorias são ferramentas para o manejo de observações (função de notação) e para formular novas investigações (função hipotética). Os modelos que Freud havia tomado da física, biologia, antropologia etc., deram passagem em Klein a modelos do desenvolvimento mais embasados nas relações objetais e nas distintas modalidades de identificações. Mas a fundamental mudança de modelos, foi introduzida por Bion ao separar na vida mental os espaços e processos simbólicos dos não simbólicos, de modo que o modelo de desenvolvimento se ligou às aquisições de capacidades simbólicas e a concessão de significações às experiências emocionais. Este ponto de vista deixa em outro plano a evolução em termos de etapas ou organizações libidinais e a teoria das posições, salvo em sua oscilação PS $\leftrightarrow$ D.

Nesta linha de pensamento, o problema da causalidade (porque A$\rightarrow$B) se exclui do campo conceitual e, por conseguinte da construção de interpretações, que não são explicativas e sim aproximadamente descritivas; isso é tudo o que é possível frente à tarefa de despejar em uma linguagem os fenômenos da mente.

A isto se agrega, na comunicação escrita entre colegas, o problema de que o uso de palavras corresponde à gramática superficial que é convencional, ainda que a gramática profunda, que se refere aos elementos musicais da fala que se adquirem por identificação (1) não é transmissível. (Meltzer usa os termos gramática profunda e superficial não no sentido de Chomsky, e sim de E. Cassirer, que estudou as formas simbólicas pré-verbais). Meltzer também se baseou nas investigações de Wittgenstein que tentou definir os limites entre o que pode ser dito e o que somente cabe ser "mostrado".

Durante a supervisão sua insistência em evitar o uso de explicações causais se repete nas intervenções (1), (2), (3) e (4).

Somente pego este aspecto porque a riqueza do material e o seguimento da fantasia pelo supervisor é eloquente e não necessita referências a nenhuma obra particular de Meltzer. A compreensão psicanalítica da criança está em toda sua obra.

Indicações sobre entrevistas diagnósticas

Ainda que o único livro de teoria da técnica seja O *Processo Psicanalítico*, as indicações e sugestões técnicas estão intercaladas na grande parte de seus escritos.

Em posteriores reflexões sobre o *Processo* (Meltzer, 1994) suscita que seus pontos de vista sobre a natureza do processo psicanalítico não tenham mudado. Com a perspectiva que oferece revisá-los vinte anos depois, agrega algumas reflexões sobre a interpretação e algumas indicações do começo do tratamento, número de sessões, honorários etc.

Faz especial referência ao diagnóstico e indicações de psicanálise. Excetuando aos pacientes psicóticos que não contam com apoio em seu meio (familiar ou institucional) aos que não aceita, considera que a avaliação inicial fornece poucas evidências para prever o provável benefício que obteriam de seu tratamento. É por isso que prefere ser muito breve nesta avaliação e fixar o começo da análise para evitar que as entrevistas diagnósticas vão se transformando em sessões psicanalíticas. Durante a primeira sessão das indicações do enquadramento (divã, bases principais do método, a regra fundamental) e levanta um período de prova para avaliar se analista e paciente podem pôr a análise em andamento.

Trata assim de eliminar a ideia de seleção inicial mútua na qual estão latentes os riscos da idealização recíproca que pode alterar o começo da análise. Sobre a base destas indicações, considera que três entrevistas diagnósticas são excessivas, porque se estabeleceu uma clara coleta de transferências que tornam aconselhável a continuidade do processo com a mesmo analista, Meltzer (5).

*A descrição nesta ordem: material, métodos e avaliação de resultados é o padrão da apresentação de trabalhos de pesquisa de Ciências Biológicas.

Descritores: Adoção. Caso clínico. Entrevista. Psicanálise de crianças. Supervisão.

6. Laura

Analista: Laura tem 17 anos. Cursou o quarto ano numa escola tradicional e de prestígio da comunidade judaica. Eu tive o primeiro contato com ela por intermédio da mãe, que me chamou por iniciativa de sua terapeuta, e com a qual, tenho a primeira entrevista a sós, por seu expresso pedido. Nesta entrevista, a mãe, uma mulher de uns 50 anos, muito ansiosa e desorganizada em sua locução, de características fundamentalmente deprimidas, expressa a preocupação de observar que sua filha está muito parada, sai pouco, está mais calada que de costume e permanece a maior parte do dia no quarto, às vezes chorando.

Começou a notar tudo isso quando a chamaram da escola para informar-lhe – na metade do ano – que o professor tutor havia tido uma conversa com L. em razão de que a notava um pouco parada no colégio, não só no estudo, mas também em sua atividade social. Nessa conversa L. teve um acesso de choro intenso, que gerou uma grande preocupação neste professor, motivo pelo qual decidiu convocar os seus pais.

Nessa oportunidade, a mãe se inteirou de que sua filha – segundo o relato do professor – estava muito mal pela briga que seu pai havia tido com o primo – é um primo do pai, "tio da filha" – sócios da mesma empresa e pela qual terminaram por se separar, mas isso havia ocorrido já há vários anos, aproximadamente quatro – sem poder precisar a data – e essa situação, a ela, era inexplicável. Laura o chama tio por diferença geracional, por ele ser mais velho.

Na primeira entrevista que tive com L. – foi em meados de agosto – encontrei-me com uma linda menina, muito calada, com uma atitude expectante, cujo gesto predominante era uma atitude de interrogação sem palavras. Sabia que vinha por causa dessa conversa que sua mãe havia tido na escola. Ela havia dito sempre que esse problema não a afeta, mas o fato que sua prima desde o ano passado frequentava a mesma escola causava muito incomodo, já que não se cumprimentavam ainda que tivessem sido muito amigas desde meninas. Esta prima é filha do senhor ao qual ela chama de tio.

Relata que com esse tio e a família haviam sido muito companheiros, não só fizeram várias viagens de férias juntos, mas que por muito tempo compartilharam uma casa nos fins de semana. Tudo isso terminou com a briga por causa da empresa.

Este ano uma colega lhe perguntou se era certo estar brigada com sua prima, e foi esta a primeira oportunidade em que falou com alguém desse problema. A seus pais, nunca lhes contou nada, porque haviam ficado bastante afetados desde essa época, em especial seu pai que, durante um certo tempo, não havia feito outra coisa senão falar desse assunto.

Laura tem uma irmã mais velha de dezenove anos que sempre foi meio problemática. Fazia análise até um ano atrás, quando decidiu interromper o tratamento; este ano deixou de ir ao colégio e atualmente trabalha com o pai. Além dessa, tem uma irmã de oito anos de quem fala com muito afeto.

Seu pai, comerciante de aproximadamente cinquenta e cinco anos de idade, é um homem robusto com quem tive uma entrevista junto com a mãe, depois das primeiras entrevistas com L. É um homem extremamente excitado, onipotente, autoritário; muito depreciativo para tudo que se refere a sua mulher, a quem culpa de todos os problemas de Laura. Segundo ele, a filha está caída por ver que a mãe está todo o dia na cama, não faz nada, passa fumando e tomando café em uma poltrona. A mãe diz que sem dúvida este ano esteve melhor, já que sua depressão dura muito tempo. A relação entre eles é muito conflitiva, assim como tudo o que tem a ver com o outro, motivo este que criou certa dificuldade para o tratamento de L., já que este parecia vir de um interesse da mãe.

Em uma segunda entrevista com os pais, foi possível conversar sobre tudo o que ignoravam de sua filha, porque ela fazia permanentes esforços para não lhes criar problemas, e desta maneira eles terminavam inteirando-se quando as coisas transbordavam, como quando foram chamados pela escola.

O pai também está em tratamento. Em algum momento fizeram entrevistas de casal e de família; era muito relutante a todo tratamento, mas terminou aceitando as dificuldades de sua filha e a necessidade de uma terapia.

Dr. Meltzer: *Até agora a única boa relação que vimos que ela tem, é com a irmã menor.*

Analista: Parte deste mal-estar esteve determinado por duas situações: na segunda ou terceira entrevista que tive com L., me contou que no ano anterior já havia se sentido mal, que um dia havia tido um impulso para escrever e que, ao reler o que havia escrito, se deu conta de como estava mal. Nessa oportunidade trouxe os poemas aos quais se referia e os mesmos evidenciavam um estado de grande solidão e angústia. Imediatamente depois disto, escreveu uma carta a sua mãe na qual falava sobre a preocupação por seu estado de tristeza, e lhe pedia que ficasse bem. À esta carta, a mãe respondeu com uma crise de choro. Era a primeira vez que havia alguma comunicação deste tipo entre as duas.

Em outra entrevista, enquanto desenhava em uma folha, escreveu Rijte e eu perguntei o que era, ela se pôs a chorar desconsoladamente e me disse que sua avó havia morrido no ano passado, e que ela não pode ir ao velório nem ao enterro. Nunca havia falado sobre isto em sua casa. Nesses dias era o aniversário de sua morte, e os pais se surpreenderam quando ela evidenciou com incomum firmeza seu interesse em ir ao cemitério, coisa à qual o pai vinha se opondo.

De sua história infantil fala muito pouco; praticamente é como se sua vida não existisse até o momento da briga entre seu pai e seu tio. Quando eventualmente se recorda de algo, fica surpresa e angustiada, como se pudesse acreditar que está recordando algo por ela vivido.

Está permanentemente absorvida por este assunto, e sobretudo pelo que possa afetá-los negativamente.

Este ano, esteve muito preocupada pelo abandono escolar de sua irmã. A vida familiar é muito intensa, entretanto não se juntam as famílias materna e paterna e as reuniões com esta última estão marcadas pelas brigas com o tio, o qual não participa de nenhuma das reuniões em que eles participem. Em uma festa importante com muita gente, a qual tiveram que comparecer juntos, não se falaram e praticamente não se cumprimentaram, à exceção da filha menor do tio – de oito anos – que manteve uma relação cordial com L. e seus pais.

Ao finalizar o processo de entrevistas que se estendeu por um período de dois meses e meio, durante o qual L. vinha uma ou duas vezes por semana, no mês de novembro do ano passado, começamos com uma frequência de duas sessões semanais.

Dr. Meltzer: *Parece uma menina que tem tentado concentrar dentro de si toda a depressão existente na família. Como uma forma de reparar as relações dos demais membros, e de restaurar o que em um tempo sentiu que era uma situação idílica. Se nos focarmos na carta que ela escreve à mãe, veremos que é uma tentativa onipotente de curar a mãe ao encarregar-se de sua depressão; e esta carta está em contraste com os poemas que ela escreveu para si mesma que sugerem mais que nada como ela era má. Quem sabe havia vivido, até o momento em que surgiu o conflito entre o pai e o primo, com uma visão de si mesma de ser boazinha. É um estado mental que se pode ver na observação de bebês, em que os bebês parecem ter uma atitude de que o sol irradia deles, iluminando toda a família com felicidade. De maneira que sofria uma desilusão da prévia auto idealização e idealização da família, e teve que mudar a visão de irradiar o raio de sol de felicidade, a uma atitude de absorver a depressão da família para tratar de curá-la. Tenho a impressão de que esta menina é muito imatura, tem uma atitude beatifica, tranquila, quase religiosa, que não tem nada a ver com a religião judaica, mas que é uma espécie de uma atitude de beatificação cristã. Seria um pouco a mudança do bebê Jesus com essa cara beatífica no manto de Maria bendizendo a todos, a uma imagem de Jesus na cruz carregando os pecados da humanidade. É essencialmente um deslocamento maníaco depressivo no sentido que o descreve Abraham.*[1]

Analista: Sessão de dezembro. Laura se senta, olha-me com expressão de interrogação, olha ao redor, olha uma folha e lhe pergunto se quer desenhar. Diz que há muito não o faz. Pergunto se prefere desenhar assim ou com cores. Pega a folha e diz "não".

Começa a desenhar, parece perdida nas linhas que faz muito lentamente. Depois de um tempo pergunto-lhe o que fez; me diz mostrando-me: "um lábio".

---

1 Ver Referências teóricas, pág. 126, "Estudos ciclotímicos".

Fica olhando a folha, o lápis parado, parece que adormeceu. A mim me desperta uma grande inquietude por não saber o que está acontecendo; depois de um tempo, digo-lhe que parece cansada, muito cansada. Ela responde que sim, que ultimamente quase não dorme; que no sábado teve quatro horas e meia de exame de literatura, mas não alcançou o resultado. Agora vai ter que decidir o que faz, se leva até março; amanhã se decide.

Conta que solicitaram uma análise estrutural de um conto de Borges: *"Funes el memorioso"*. Leu-o e não entendeu, depois o leu de novo, mas não pode terminar. Enquanto faz esse relato escreveu a palavra *"Stadtler"*. Escreve mal o nome, falta a letra "e", é *Staedtler*. Seguimos falando do exame, faz um silêncio no qual lhe pergunto sobre o que escreveu e ela diz que é a marca do lápis. Logo comenta que não tem tempo de nada, que além de estudar tem que ir ao dentista, tem que por aparelhos para corrigir sua dentição, foi a uma consulta de rotina e se deparou que tudo estava mal e terminou por usar aparelhos. Enquanto isso, desenha uma boca com aparelhos. Disse que teve aparelhos móveis quando era menor, mas agora vai usar fixos, vai levar bastante tempo. Termina o desenho.

Digo-lhe que ela queria que se arrumasse tão rápido como fazer o desenho, e ela diz "assim vou ficar"; os aparelhos móveis arrumaram uma parte e desarrumaram outras.

Faz-se um silêncio, fica retraída rabiscando o papel. Pergunto-lhe: "O que mais você faz?"

Diz: "Os dentes não doem mais, só estudo, espero terminar logo, sorte que falta pouco".

Dr. Meltzer: *Parece que agora o material está um pouco mais animado, e o que se pode ver é que não há só uma depressão, mas também um empobrecimento da imaginação. Esta menina está desenhando* *objetos muito realísticos. Objetos de percepção imediata, objetos de todos os dias, que estão ao redor dela.*

Neste estado, é pedido a ela que escreva uma análise sobre uma obra de Borges, e isto deve ilustrar o que ela sente sobre o processo analítico no qual se encontra. Se a análise requer que ela produza informação, ela vai produzir informação, mas se a análise requer que ela use a imaginação, isto vai ser muito mais difícil ou impossível. A explicação disto pode encontrar-se na boca. Ela disse algo assim: "se alguém corrige ou arruma uma parte, se desarruma a outra"; de maneira que é uma missão impossível, e o último comentário significa que só está esperando morrer.

Pedir a uma adolescente de 17 anos que desenhe é parte de sua técnica ou é uma variação de sua técnica acomodada para facilitar a comunicação desta paciente?

Analista: O específico é que com ela sempre deixei um papel e um lápis sobre a mesa, e nessa oportunidade ela viu e eu lhe perguntei se queria desenhar.

Dr. Meltzer: *Ofereceu-lhe o divã? Há um divã ali para que ela o use?*

Analista: Há um divã ... e eu não o ofereci.

Começa um diálogo:

Analista: Teve que estudar muito?

Paciente: Sim, tudo ...

Analista: Agora o conteúdo de todo o ano?

Paciente: Sim.

Analista: Aconteceu algo durante o ano?

Paciente: Não estudei nada.

Analista: Estava em outra?

Paciente: Sim (começa a desenhar círculos como um cacho de uvas). Só espero que o ano que vem seja diferente.

Analista: Já há algo diferente porque você esteve estudando o que não estudou durante o ano.

Paciente: Sim ... muito.

Analista: Algo aconteceu para que você não pudesse estudar antes, que você estava em outra; em outra parte, em outra coisa que te mantinha à margem do estudo e espera que este ano seja diferente, que você possa estar mais atenta, mais conectada com suas coisas.

O que desenhou? (Ela não diz nada, e eu sigo falando). Parece um personagem, parece que as palavras saíram de sua boca. (Neste momento, ela já havia terminado o desenho, já havia feito o rosto, o pescoço ... esta é uma interpretação que eu faço sobre o desenho final).

Parece que as palavras lhe saíram da boca, quer dizer algo, não é claro o que, algo que não queria que ficasse dentro, algo que deve ser necessário sair, comunicar. Deve ser necessário dizer para que as coisas não fiquem fechadas dentro de nós, para que não seja como este ano em que você quis fazer um grande esforço para que em sua casa não se inteirassem dos problemas que você tinha. Este esforço deixou você desconectada e isolada do que se passa com suas coisas, como o estudo e suas amizades e você não quer que no ano que vem aconteça o mesmo.

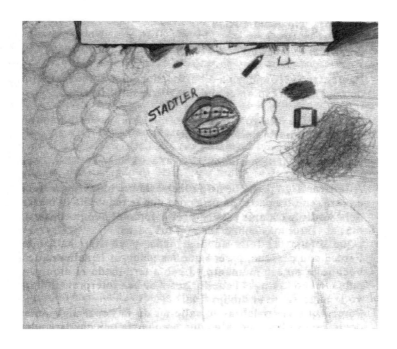

Dr. Meltzer: *O que você interpretou é que no ano passado, o problema era que ela não comunicava o que sentia, o que ocorria dentro dela, e isto era parte do esforço que fazia para evitar que a família se inteirasse de como se sentia e isto a deixou fragmentada e incapaz de fazer alguma coisa.*

Meu enfoque é algo diferente porque eu não uso este tipo de técnica. Em geral, ofereço o divã a uma adolescente de dezessete anos e somente lhes ofereço papel e lápis se me pedem especificamente. Eu teria interpretado, nesse momento – em relação a desenhar, a escrever o nome do lápis no qual omitiu a letra "e", em relação a desenhar a boca com os dentes e o aparelho, e no meio fazer estes círculos que creio que o analista pensava que se pareciam um pouco a palavras que emergiam de uma boca – o quanto difícil era para ela estar comigo ali, porque sua imaginação está paralisada por pensar sobre algo representado pelo lápis, o nome do lápis e esses movimentos com a mão com que faz os círculos tem algo a ver com o fato de que eu seja um homem, que tem um pênis na sala, que excita sua mão para atividades masturbatórias etc. E, se a paciente não sair correndo e deixar o tratamento depois dessa interpretação, eu pensaria que estamos em andamento. Se ela tolerar este tipo de interpretação, me sentiria em posição para falar então do desenho da boca como algo que representa seu estado mental. A fantasia da paciente é que foi criada de tal maneira para que sua mente seja bonita e atraente. Fixando as coisas em uma ordem muito rígida, assim como o aparelho dental fixa os dentes em uma certa posição. Interpretando ou colocando em palavras a experiência de seu período de latência, que é uma boa menina, que é uma menina feliz, que trabalha na escola e que satisfaz todo mundo, e que esta teoria foi fragmentada pela desordem que ocorreu na família. Ela tem feito um grande esforço para sustentar sua mente como seus dentes, em ordem, e tem temor de que a análise libere sua imaginação e que tudo em sua mente exploda.

Trabalho com a suposição de que se trata de uma menina que tem estado lutando para preservar seu período de latência e integração da família, por meio de uma terrível defesa contra o surgimento da sexualidade e da masturbação.

Analista: Sessão do mês de janeiro (três semanas depois). Nesta sessão L. comenta que no ano novo havia escrito uma carta aos seus avós paternos e que ao lê-la, eles começaram a chorar. Ela ficou muito surpresa com esta situação, sobretudo que lhe disseram que não esperavam essa carta dela.

Dr. Meltzer: *Houve uma interrupção da análise durante o Natal?*

Analista: Não. Isto foi um mês antes da interrupção por causa das férias.

Nesta sessão, Laura conta sobre o problema que seu avô materno vivia com o seu filho – o irmão três anos mais novo que sua mãe – já que havia se desentendido na empresa em que eram sócios, e o avô não sabia como solucionar este problema.

A L. se surpreende por ter se inteirado recentemente disso – faz uns quinze dias – por uma conversa que escutou entre o avô materno e seu pai, sendo que este problema ocorreu em julho. Sem dúvida ela havia se dado conta que seus avós, a quem vê muito, estavam um pouco mais abatidos. Agora seu pai está aconselhando ao seu avô materno, a maneira de resolver a situação, da qual sua mãe opina que seu tio, irmão da mãe, é infantil.

Dr. Meltzer: *A carta que ela escreveu aos avós paternos os fez chorar por alguma razão.*

Analista: Não, ela contou assim... Foi um lapso, a avó paterna morreu o ano passado e o avô paterno morreu antes, ela não o conheceu.

Dr. Meltzer: *Novamente ouvimos falar de cartas que ela escreve e de conflitos e brigas familiares. A impressão é que novamente fala da tentativa onipotente de fazer a paz por meio das cartas.*

Analista: Na sessão seguinte, senta-se, me olha, faz uma expressão de interrogação e uns segundos depois, de repente, tira um papel do bolso e diz: "a carta que escrevi aos meus avós", e me dá. A carta diz assim:

> *"Queridos Bobe e Seide:*
> *Antes de tudo e por meio deste ramo de flores queria desejar-lhes um muito feliz ano novo cheio de paz, amor com um sem fim de alegrias e milhões de soluções. Além disso, como desejo fundamental, que para o ano que entra, nos caracterize a união e poder formar uma grande*

família, onde haja compreensão e possamos compartilhar as tristezas igual fazemos com as alegrias.

Dr. Meltzer: *É um pouco como Jesus dizendo aos apóstolos: "Amai-vos uns aos outros".*

Analista: (Continua a leitura da carta)

... Sei que não estão passando um bom final de ano, mas quero que tenham a esperança e a confiança de que a solução chegará com esmero e com muita dedicação. De minha parte, quero oferecer minha ajuda para o que possa servir, e meu apoio e assistência, onde possam precisar. Mesmo que nosso brinde não seja compartilhado, gostaria que quando às doze (meia noite) levantem seus copos, o façam com a mão firme, a cabeça levantada, pedindo por um ano melhor, sem perder as esperanças. Os melhores desejos de sua neta que, os quis, os quer e os quererá sempre. Feliz ano novo, ano novo vida nova, mas sem esquecer as experiências passadas".

Dr. Meltzer: *A letra parece de uma menina de nove ou dez anos. Como tinha uma cópia da carta para trazer-lhe? Ou era a carta original?*

Analista: Não, ela faz tudo com cópia, também a carta que deu a mãe, porque ela tem seu caderno onde escreve suas coisas.

Dr. Meltzer: *Copia com carbono ou o leva a uma copiadora?*

Analista: Não, a escreve de novo.

Dr. Meltzer: *Como uma boa aluna, como lhe ensinaram na escola: uma cópia borrada, uma cópia limpa e depois faz todas as cópias que fazem falta de acordo com o que seja requerido.*

Analista: Eu lhe pergunto que lhe parece, e ela repete um gesto de interrogação. Um esclarecimento: é excepcional que ela comece a sessão falando.

Fica em silêncio, olho para ela, ela me olha ... eu olho a carta, ela olha a carta - que fica sobre a mesa. Depois de uns minutos, pergunto-lhe se sempre os chama assim como começou a carta (Bobe e Seide), e dá-se o seguinte diálogo:

Paciente: Sim, é a maneira de dizer avô e avó.

Analista: Claro, e aos seus outros avós, os chamava assim também?

Paciente: Bem, dizia Bobe Fanny, Bobe Rijte

Dr. Meltzer: *Como os diferenciava?*

Analista: Ela responde desta maneira. Então eu lhe pergunto: E aos avôs?

Paciente: Também.

Analista: A paciente faz um silencio, suficiente para deixar em suspenso o diálogo, sem que o mesmo implique uma interrupção de tal forma que se perca o fio da conversa; olha para mim com expectativa.

Às vezes tenho deixado que os silêncios se prolonguem muito tempo, quando não são situações de total isolamento da paciente – eu poderia ficar toda a hora em silêncio. No meu entender isto implicava a busca de um tempo de diálogo.

Dr. Meltzer: *Ela traz os deveres e espera que o analista os corrija e diga: "bem", "muito bem", "boa letra", "boa pontuação", "boa ortografia" ... "boa menina".*

Analista: Você lhes dizia que queria que compartilhassem mais.

Paciente: Sim.

Analista: Como poderiam compartilhar mais?

Paciente: Bom, eu me inteirei somente agora que eles estavam mal desde julho.

Dr. Meltzer: *O que significa que eles deveriam compartilhar o problema que tinham, com ela, e ela os vai aconselhar desde sua sabedoria infinita. Chega um momento em que a gente não pode continuar esse diálogo de forma interminável; tem-se que interpretar à paciente sua grandiosidade e como é uma menina de 9 anos trazendo os deveres; sentindo-se como o raio de sol da família e sua generosidade e todos os problemas serão resolvidos.*

A implicação na transferência é obviamente que você tem grandes dificuldades para analisá-la, e ela gostaria de ajudá-lo. Ela pode dizer-lhe exatamente como melhorar a situação. Primeiro, deve chamá-lo pelo nome próprio. Segundo, você deve contar-lhe todos os seus problemas, ela vai lhe aconselhar e por sua vez, vai contar os seus próprios. Vocês estabelecerão esta relação mútua de amor e ajuda infinita e não vai haver mais problemas.

Se eu tivesse interpretado o que sugeria no princípio, estaria em condições de interpretar que ela possivelmente sabe qual é meu problema, que como todos os homens eu estou preocupado com o meu pênis e penso que todas as meninas pensam sobre meu pênis, e compito com todos os outros homens acerca de quem tem o melhor pênis. Ela me explicaria que os pênis não são importantes, que o amor é o importante.

Paciente: Bom, sabia que algo se passava, mas não tanto.

Analista: Tanto?

Paciente: Sim, que as coisas iam tão mal para o meu avô.

Analista: Como tão mal?

Paciente: Bem, que queria separar a sociedade.

Analista: Você não se inteirou de nada, não escutou nada do teu avô?

Paciente: Não, somente ontem em casa, estava conversando com mamãe e papai.

Analista: Você estava quando eles falavam?

Paciente: Sim.

Analista: E suas irmãs?

Paciente: A pequena não sei por onde andava, a outra veio um pouco e se foi.

Analista: A que mais esteve foi você?

Paciente: Sim.

Analista: E que diziam?

Paciente: Meu pai o aconselhava a se separar.

Analista: E o seu avô?

Paciente: Isso lhe parecia bem, mas ele se preocupava que o tio não lhe pudesse pagar se encerrassem a produção e que ficasse sem dinheiro.

Analista: Seu avô está preocupado com seu tio?

Paciente: Sim, nunca soube fazer as coisas bem, quando abriram os negócios, deixou as coisas pela metade e se pôs a viajar para exportar.

Analista: E seu avô está mais preocupado com seu tio que com ele?

Paciente: É possível.

Analista: E sua avó o que dizia?

Paciente: Nada, estava calada.

Analista: E tua mãe?

Paciente: Que tinha que fechar.

Analista: Pensa igual ao seu pai.

Paciente: Sim.

Analista: E alguma vez disse algo de seu tio?

Paciente: Que era um garotinho, embora tivesse trinta anos. Teria que ser de outra maneira.

Analista: De outra maneira?

Paciente: Sim, nunca se ocupou muito do trabalho.

Analista: E a você o que parecia?

Paciente: Nunca vinha às festas familiares, sempre tinha ou inventava alguma desculpa.

Analista: Desculpa?

Paciente: Sim, faz anos que não o vejo.

Analista: E seus avós iam a sua casa?

Paciente: Sim, antes vinham todas as sextas-feiras.

Analista: Faz muito tempo isso?

Paciente: Não sei, não me recordo.

Analista: Antes de deixarem de ir à granja?

Paciente: Não sei, não me recordo.

Analista: Seus outros avós também iam?

Paciente: Não, só às festas.

Analista: Mas sua avó Rijte sim.

Paciente: Bem, ela viveu um tempo em casa, mas eu não me recordo, não sei porque.

Analista: Mas então estava às sextas quando vinham seus avós?

Paciente: Não sei, não me recordo.

Analista: E às sextas vinham porque celebravam o *Shabat*?

Paciente: Não, não creio.

Analista: Só se reuniam para jantar?

Paciente: Bem, minha mãe acendia as velas, às vezes ela acende as velas.

Analista: E seu pai não diz nada?

Paciente: Não, quem faz a oração das velas é minha mãe.

Dr. Meltzer: *Obviamente os homens são os que fazem a bagunça, não tem religião.*

Paciente: O homem faz a oração do vinho, mas meu pai, não o faz, minha mãe faz a oração das velas.

Analista: E seu avô?

Paciente: Ele não diz nada, não é religioso... Não, quem era muito religioso era seu pai, ele nem acendia as luzes no *Shabat*.

Analista: Seu avô não?

Paciente: Não.

Analista: E pelo lado do seu pai?

Paciente: Não, tampouco, a única coisa é que meu avô não come carne. Bem, só carne especial, purificada.

Analista: Comida *Kosher*, é a única que come.

Paciente: Bem, não, também outra comida, em casa só não comemos carne de porco.... bem, presunto comemos, o que não comemos é costela de porco. Às vezes meu pai compra comida *kosher*, o outro dia que veio meu avô, comemos frango; foi frango *kosher* porque ele só come *kosher*.

Analista: Estou meio surpreso, por não ser judeu e não conhecer muito a cultura, pergunto-lhe se o *kosher* não tem mais a ver com carnes vermelhas. Diz-me: "Ah, por isso deve ser que comeu frango".

Dr. Meltzer: *Ela tampouco sabe muito a respeito do kosher... Estamos tratando de descobrir uma forma de analisar esta paciente e não é fácil. Tenho uma certa simpatia pelo pobre analista. É um pouco difícil encontrar uma forma de falar com esta paciente porque a situação é a de uma menina que está - como dizia anteriormente – lutando por manter sua própria idealização e a idealização da família; a imagem dela como cheia de bondade e amor e da família como algo unido, compartilhado, feliz. Tem sofrido uma grande desilusão que está tratando de superar, sem nenhum êxito, porque a família está desmoronando e possivelmente sempre esteve assim. Tem uma só teoria para entender o problema, e é que os homens não se portam como as mulheres querem que eles se portem, sobretudo se brigam entre eles. De acordo com minha teoria – a da paciente – brigam por essas coisas raras que tem entre as pernas, que lhes faz sentir que é muito mais importante que coisas como comer carne kosher.*

Analista: Ou seja, de alguma maneira, ele segue a tradição de seu pai, embora não seja como ele era, como sua mãe que também acende as velas, embora seu pai não tenha esses costumes, parece que conserva alguma influência da tradição familiar, já que de vez em quando compra comida *kosher*.

Paciente: Bem, eu disso não sei.

Analista: Mas de algumas coisas da história familiar, dos costumes, parece que sim.

Paciente: Sim, mas são recentes porque estamos falando, não sei se as pensei antes.

Analista: Bem, alguma vez falou sobre elas ou escutou em sua casa.

Dr. Meltzer: *Possivelmente o que ela diz seja certo, que não pensa sobre nada e o que o analista faz é fazê-la pensar. A maior parte das vezes as respostas são "não sei, não me recordo"; o que mais faz, é mostrar-lhe as coisas que ela observa e o principal é que as mulheres são boas e os homens maus. De maneira que a analista está trabalhando muito intensamente para estimular sua imaginação, e colocá-la em contato com o que observa e com o que sente.*

Analista: Algo você lembra, algo você escutou, quem sabe quisesse saber mais, e pudesse compartilhar mais como você disse na carta, as tristezas e as alegrias da família.

Paciente: Bem, meu pai me contou que a avó nasceu na Polônia e que veio com seus filhos pequenos, somente meu pai nasceu na Argentina.

Analista: Você sabe mais coisas do que poderia parecer. Deve ser uma surpresa que isso fique evidente, como foi para seus avós essa carta. Embora você já viesse se dando conta das coisas, como da tristeza deles, não parece muito fácil, compartilhá-la.

Paciente: Sim.

Fica em silêncio, um pouco angustiada, poderia chegar a chorar como outras vezes o tinha feito, em silêncio, inexpressiva, deixando cair as lágrimas pelas bochechas.

Dr. Meltzer: *Obviamente o analista tocou em algo e há uma perda (escorre).*

Analista: Por isso deve ser muito importante esta carta, porque parece que há muitas coisas que você queria compartilhar com sua família – como as tristezas, as alegrias, a história e as tradições – que devem ser muito importantes, como você disse na carta, sem esquecer as experiências passadas porque parece que às vezes é muito grande o esforço que você tem que fazer para esquecer ou evitar lembrar coisas desagradáveis ou tristes. Como ver seus avós mal e os seus pais, quando aconteceu a briga com seu tio. Depois surge tudo muito subitamente, muito de surpresa, como o choro dos seus avós e o de sua mãe quando você escreveu aquela carta; ou como quando depois de tantos esforços para não pensar em todas essas coisas, você ficou mal antes de começarmos a nos ver.

Dr. Meltzer: *Os avós dessa menina provavelmente sejam refugiados da perseguição nazista e sejam estas o tipo de coisas que nunca mencionem às crianças e tendo alcançado uma certa prosperidade na Argentina, não se referem ao país de origem, sua vida ali e a perseguição; mas esta menina sente que são pessoas que carregam um fundo de tristeza.*

Ela tem uma irmã de dezenove anos e uma irmãzinha de oito anos. A irmã mais velha não se interessa muito pelas brigas, entra e sai. Tem que tratar de distinguir entre a patologia social da família e sua estrutura, e a psicopatologia individual da menina à qual a estrutura familiar tem dado forma. Parte da cultura familiar seria muito típica do que se passa com a primeira geração de imigrantes, não só aqui, mas também nos Estados Unidos e na Inglaterra, que sobrevivem porque conseguem manter uma certa coesão familiar e isto lhes permite ter êxito comercialmente. Uma vez que este êxito esteja consolidado, brigam entre si; isso é algo mais ou menos o padrão que acontece em famílias de imigrantes. Acontece nas famílias hindus quando imigram, não tanto em famílias de cor, porque não tem êxito comercialmente.

Também à medida que as gerações progridem, se afastam da religião. Isto é parte da cultura familiar.

Os anos que esta família passou lutando, mantendo-se unida, criando alianças para prosperar comercialmente, são os anos que se referem ao período de latência desta menina; de maneira que durante esses anos, ela esteve sob a influência destes laços tão estreitos com a família.

A irmã menor nasce quando a paciente tem nove anos, quando ela já tinha o lugar da "menina bonita" da casa, e provavelmente nesse momento começa a funcionar como uma mãe substituta em relação a sua irmã menor e afasta desse modo qualquer questão relacionada a ciúmes. Pode-se ver pela carta que traz à analista que ela está determinada como "a menina boa" da classe, e que a forma de aprender dessa época – a da escola primária – é por imitação, por repetição para ter boa letra, e sobretudo porque na escola primária não se exige muito o uso da imaginação. De maneira que este período de latência tão rígido tem forçosamente que desintegrar-se com a entrada da puberdade, ou incrementar sua rigidez para resistir à entrada na adolescência.

Estes problemas familiares parecem ter começado pelo que sabemos há dois ou três anos, e ela parece haver usado as dificuldades familiares para reforçar o controle onipotente de si mesma e tratar de exercer um impacto onipotente curativo sobre o resto de sua família, algo bastante grandioso para uma menina de quinze-dezesseis anos. Isto tem feito que ela deixe de relacionar-se com meninos de sua idade e fracasse na escola por não poder fazer seu trabalho por um lado, pela preocupação e, por outro lado, pela falta de imaginação.[2]

Vem à análise por obrigação. Sua técnica consiste em manter os ouvidos e os olhos abertos, somente recolhendo informações, porque na família ninguém fala dessas coisas; e em escrever cartas que são como

---

2 Ver Referências teóricas, pág. 126, "Estudos ciclotímicos".

epístolas aos crentes, ordenando-lhes que se amem uns aos outros, que surgem de uma espécie de bondade que ela irradia.

Nesse momento em que estamos discutindo, faz três meses que ela tem vindo ao analista, e até agora não descobriu o que é que o terapeuta quer dela. E o terapeuta não encontrou uma forma de fazer contato com ela; de maneira que é natural que essa forma é a única que conhece e que é colocar-se como um membro da família do terapeuta, fora da família, mas disposta a derramar dentro de sua vida – a do terapeuta – o raio de sol de sua boa vontade, se ele lhe permite que ela o faça. Está disposta a oferecer seus conselhos e influência para melhorar as coisas do analista, porque ela está convencida – como demonstra o material da boca e do aparelho da boca – que se se trata de modificar algo nela, as coisas somente podem piorar. De maneira que seria muito melhor para todos os que estão envolvidos, que sigam seu método, que consiste em que todos compartilhem suas dificuldades com ela e ela lhes aconselhará a amarem-se uns aos outros, serem pacientes, que se recordem do passado, mas não das coisas más, só das boas e esperar o futuro com alegria etc. ... Daria a eles um sermão.

Do ponto de vista da estrutura da personalidade, tanto se ela é o centro da família, o sol da família ou se ela é a que absorve todos os problemas da família e dá um sermão, o fundamental é o mesmo, é a grandiosidade; esta grandiosidade está construída sobre a convicção de que está cheia de bondade e pode irradiá-la, e tem tanta bondade que pode absorver a maldade sem ser afetada por isso. Mas esta teoria tem um pequeno defeito que descobriu quando escreveu estes poemas, e se deu conta de como é má. Parece-me que esta é uma situação que se pode encarar de várias maneiras e a forma que usa o analista é cuidadosa, muito suave e delicada; tratando de provocar que a paciente obtenha informação real e capacidade de observação; estimulando-a a pensar acerca disso, como uma forma de superar, sem desafiar sua grandiosidade, o sentimento que ela tem de possuir todas as respostas sem necessidade de saber quais são os problemas. O deslocamento de ser o sol da família para ser a que absorve os problemas familiares, é um deslocamento maníaco depressivo. Pode-se encontrar uma grandiosidade muito parecida em crianças muito esquizoides, nas quais a história que relatam e como se sentiram em sua infância, sugerem que nunca se sentiram integradas e em harmonia com a família, e rapidamente se dariam conta que estão na presença de uma personalidade extremamente frágil.

Os pacientes maníacos depressivos não são pacientes frágeis, ao contrário; a grandiosidade que surge ao estar em estado de identificação projetiva os faz muito resistentes, no sentido de endurecidos. Quando se desafia a grandiosidade de uma criança e também de um adulto esquizoide, encontramos que se desvanece no sistema alucinatório e nas ideias paranoicas, vai embora da análise. Se se desafia a grandiosidade de um paciente maníaco depressivo, este vai lutar bastante obstinadamente para mantê-la.

Eu encararia uma menina assim, de forma muito mais direta e interpretativa. As interpretações não teriam nada a ver com a família, mas sobre como ela encara a análise, suas expectativas e sua maneira de comportar-se comigo. Eu não questionaria a grandiosidade nas cartas aos avós; nem sequer o motivo que está por trás do que disse aos avós; interpretaria o fato de que traz as cartas como uma evidência de que isto é uma instrução para você, de como deve dirigir-se a ela. As instruções dão a entender que se você quer ter contato com ela tem que permitir-lhe que se transforme em um membro bem informado de sua família, e permitir-lhe que ela o ajude da mesma forma que você a ajuda, que deve ser sobre essa base de mutualidade, reciprocidade e igualdade. Parece-me que isto está especialmente dirigido à mãe, ou seja, que é uma transferência materna, que como um objeto materno, se una ela como outra mulher da família para compartilhar todos os problemas de manejo desses homens difíceis que não tem uma religião, e é nesse contexto que eu sinto que poderia explorar com ela essa maldade que lhe foi revelada nos poemas; isto é, que ela na realidade não entende nada sobre a relação entre homens e mulheres, e em especial suas relações sexuais. O que passa com os pacientes que apresentam uma latência tão rígida – seja numa menina de nove ou dez anos ou em um adulto de trinta e cinco anos – é que é muito difícil estabelecer a relação analítica com este tipo de estrutura por duas razões: primeiro pela tendência a negar a realidade psíquica, e, portanto, negar o significado das relações emocionais, e segundo pela utilização dos mecanismos obsessivos. Quando falo de mecanismos obsessivos em especial me refiro ao controle onipotente sobre os objetos cujo objetivo é manter os objetos separados, de maneira que o problema das relações sexuais entre os objetos não surja.

Encontrar esse problema em uma jovem de dezessete anos que já não está tão controlada pelos pais e possa interromper de um dia para o outro, faz esse trabalho muito mais difícil; que o analista seja um homem também torna o trabalho mais difícil. Penso que este sistema lento e um pouco tedioso que o analista segue – tratando de ajudar a paciente a pensar, a observar as coisas que diz – não creio que possa levar a um êxito terapêutico. O motivo pelo qual não pode ter êxito esta técnica é porque a paciente vai seguir confiando no analista, vai prover informação, vai pensar na sessão, e depois vai secar, vai terminar, e vai esperar que o analista faça uma coisa recíproca, ou seja, que faça o mesmo que ela, que dê informação sobre si mesmo, de sua família, de seus problemas e demais.

Eu estaria inclinado a usar esse pouquinho de informação que tenho sobre os dentes, para tratar de demonstrar-lhe que está convencida de que não tem nenhum problema que necessite da ajuda de alguém; que não há nenhum problema com os dentes, ela pode mastigar perfeitamente bem; e que o interesse da família e do dentista é arrumar os dentes para que fique mais bonita. A ela isso não interessa. Da mesma maneira, ela assume que vem à análise para que o analista a transforme na menina feliz que foi alguns anos antes dos problemas familiares, mas que isso é impossível porque ela não pode ser feliz enquanto a família não estivesse feliz. Ela oferece, então, duas possibilidades de contato seu com ela: um, que o analista se transforme numa espécie de conselheiro para sua atividade messiânica relacionada com a família, ou que você lhe permita tornar-se um membro de sua família contando-lhe de forma recíproca seus problemas familiares, e ela lhe daria conselhos. Assim podem ter uma relação feliz e íntima. Mas em realidade ela não está tão contente com sua mente quanto está com seus dentes, porque descobriu que não há só bondade e raios de sol nela, também há uma espécie de maldade que não entende e que não sabe como manejar. O seu trabalho, é ajudá-la a manejar esta maldade – uma parte que não pode reconhecer de nenhuma maneira – que é a grandiosidade em sua bondade.

Se mudarmos um pouco o foco e em lugar de falar desse sonho de felicidade familiar, descermos para as ocorrências comuns da puberdade e a adolescência, muitos pacientes adolescentes trariam uma história muito similar, de que tudo andava muito bem até que ocorreu um certo evento; um bom estudante pode fracassar pela primeira vez; uma menina pode encontrar-se com um exibicionista; ou podem ter visto um filme que tem algo sadomasoquista. Qualquer tipo de evento pode ser nomeado como o que fez algo em pedacinhos e os desiludiu do mundo e deles mesmos. Em linhas gerais, é uma apresentação adolescente bastante comum, e significa que estão frente a um começo descrito como uma desilusão, que os leva a dar atenção ao problema das ilusões que tinham e que se fizeram em pedacinhos. Quase sempre se trata de uma desilusão acerca dos pais. Mas porque uma menina de dezessete anos teria ilusão a respeito dos pais! ... algo importante não andava bem. Quer dizer que tem utilizado métodos de projeção, excisão e idealização muito severos, do self e dos objetos, e com isso tem rechaçado todas as experiências de decepção que humanizam o objeto externo e permite à criança construir dentro de si objetos internos distintos dos objetos externos.

Analista: Para mim foi muito importante o que disse sobre como reagem os pacientes esquizoides, como desaparecendo, porque essa paciente frente às intervenções muito diretas, desaparece.

Dr. Meltzer: *Mas isso é porque você possivelmente interpreta coisas de fora em lugar do que ocorre dentro da transferência. Tem-se que trabalhar no que passa na sala porque se se interpreta o que se passa fora, ela vai tender a desaparecer.*

Analista: O mesmo com os desenhos?

Dr. Meltzer: *Sim, porque não é frágil. Ela é dura e muito caprichosa.*

Referências teóricas

Estados ciclotímicos

"Uma contribuição a metapsicologia dos estados ciclotímicos" (1963), nos mostra Meltzer trabalhando por meio da reconstrução minuciosa da história da paciente, os períodos do processo analítico e a reprodução das sessões das duas semanas de análise depois das férias de verão.

Seguindo Freud, Abraham e Klein, relaciona as patologias ciclotímicas e as obsessivas, e aborda as diferenças estruturais entre ambas. Desenvolve os trabalhos kleinianos sobre os estados maníaco-depressivos; descreve as configurações dos objetos internos e a forma nas quais se vinculam com a parte do self que predomina. A descrição estrutural se vale de um drama da fantasia inconsciente que constrói a partir do material clínico.

Convém esclarecer que quando se refere a objetos parciais, estabelece um uso metafórico das partes corporais, a partir de sua ancoragem sensorial para descrever as funções, atributos e capacidades destes objetos parciais.

Neste trabalho assinala, como a voracidade invejosa ataca e denigre o peito da mãe interna, que a despoja de uma estrutura que é considerada na fantasia como uma continuação do mamilo, uma estrutura similar ao pênis que se considera a fonte de força, compreensão e criatividade do peito. O peito fica assim reduzido a uma estrutura colapsada, sem força, facilmente atacada, um continente passivo, vulnerável frente a agressões posteriores. A estrutura pênis-mamilo se confunde com o pênis do pai que é idealizado e transformado em um objeto que desperta voracidade oral, a que se estende logo a outras zonas erógenas. Esta é a constelação do mundo interno na hipomania.

As manifestações caracterológicas da hipomania manifestam esta voracidade polimorfa e uma confusão da identidade sexual, acompanhada de um exagero de seus traços, de modo que o masculino é forte, ativo e o feminino é débil e passivo. O humor oscila entre o triunfo e o pessimismo, mas estão perdidos, em ambos os casos, os valores da vida e da riqueza de suas alegrias.

A alternância da identificação com o peito denegrido ou com o pênis idealizado traz associada a oscilação entre a depreciação e a idealização do self nos períodos melancólicos e nos maníacos. A organização hipomaníaca constitui uma regressão à organização obsessiva que mantém os objetos internos ilesos, mas controlados e separados para evitar toda relação libidinal entre eles.

Na supervisão, nas intervenções (1) e (2), Meltzer mostra uma adolescente que se encontra em uma prolongada latência, com mecanismos obsessivos de controle e separação dos objetos no mundo interno. Em situações de ruptura, se coloca em evidência

a fenomenologia clínica que é manifestação da estrutura maníaco-
-depressiva: a alternância da idealização e a grandiosidade com as
quedas no desinteresse e a desvalorização, que implicam um mal
contato com a realidade psíquica, um empobrecimento imaginativo
e a impossibilidade de estabelecer transferências infantis quando
predominam as partes do self identificado projetivamente nos objetos.

Quando em sua última intervenção Meltzer aborda a transferência materna, nos remete ao descrito no *O Processo Psicanalítico*.
Esta transferência de mutualidade, a busca de despertar admiração
e ser o "sol" do analista, ser ela quem o ajude em seus problemas,
seria equivalente a uma "transferência pré-formada" na qual tenta
incluir o analista em seu sistema e sua visão dos vínculos, como
suporte de sua grandiosidade.

Poderíamos considerá-la como um esboço de dependência
projetiva (peito-toalete) se consideramos que está projetando no
analista o self infantil que sofre a dor de não poder salvar a sua família.

Descritores: Adolescência. Caso clínico. Latência. Supervisão.

7. Lucas

Analista: Lucas tem onze anos e um mês e no momento da consulta cursa o sexto ano. Seu irmão – Mario – de oito anos e três meses cursa o quarto ano no mesmo colégio. O irmão nasceu quando Lucas tinha dois anos e oito meses. O pai tem quarenta e um anos e é comerciante, a mãe trinta e cinco anos e é dona de casa.

Motivo da consulta e primeiras entrevistas com os pais

Os pais buscam a consulta em função da enurese noturna de Lucas; somente em esporádicas ocasiões, o paciente, conseguiu controlar esfíncteres durante noite. Queixam-se também de frequentes brigas com o irmão e com eles. Dizem ter medo de Lucas, não sabem como tratá-lo. A mãe comenta a respeito do controle de esfíncteres que de dia, o menino, aprendeu muito rápido; disse: "em dez dias aprendeu a pedir xixi", e acrescenta que estando descomposto – descomposto significa com diarreia – aguentava e não fazia nas calças.

Descrevem que Lucas sempre foi o rei da casa, se acostumou a ter tudo o que queria e quando não o conseguia tomava.

Quando Lucas tinha cinco anos o pai foi acometido por um quadro depressivo severo do qual não conseguiu se recuperar; nesta oportunidade esteve por um ano na cama. Atualmente, está medicado e se encontra em tratamento psicanalítico.

Lucas não tolera ver o pai doente, e se queixa constantemente das limitações que este tem. O pai tem uma conduta marcadamente ambivalente com o filho, não suporta vê-lo agressivo, o associa com seu próprio irmão com quem tem uma relação extremamente conflitiva; ainda na atualidade o irmão costuma humilhá-lo perante a família.

Lucas costuma perguntar ao pai: "para você eu sou o pior, não sou?" A mãe relata que em uma oportunidade, Lucas, ganhou uma medalha em um torneio de futebol e quando o pai a viu disse-lhe: "não teriam se equivocado e era para outro menino?"

Os pais referem que o paciente é muito ciumento do irmão, medindo constantemente as diferenças do que é dado a cada um. Trata o irmão de "maricas" e "bicha".

Lucas é obeso, tem sobrepeso de oito quilos, e o pai também o é.

Os pais relatam que a partir dos cinco anos, o menino, se submeteu a vários tratamentos –aproximadamente cinco – que foram interrompidos por diferentes motivos.

Dr. Meltzer: *Tratamentos para a obesidade?*

Analista: Não, tratamentos psicoterapêuticos.

Os tratamentos foram interrompidos por diferentes motivos, mas fundamentalmente porque "lhe dava preguiça continuar indo".

Lucas tem dor de garganta e gripes constantes. Foi operado das amídalas aos nove anos.

A respeito do rendimento escolar os pais comentam que é um menino que aprende rápido, mas que não tira suas próprias conclusões. Quando ele não se sai bem se paralisa e não quer seguir.

Tem muitos amigos e é querido por eles.

Aos nove anos Lucas desenvolveu jogos masturbatórios com o irmão, em um destes jogos causa, no irmão, o rompimento do freio provocando neste, hemorragia. O relato que os pais me fazem consiste em que: "Lucas golpeou com o joelho o pênis de seu irmão".

O pai teme que no futuro o filho seja um guerrilheiro.

Dr. Meltzer: *Não se ouve falar muito da mãe, se ouve falar bastante do pai, do filho e do irmão mais novo; a relação deste menino com o irmão parece ser uma repetição da relação do pai com seu irmão e seguramente também com seu pai.*

É interessante a questão de como é que se produz este tipo de relação entre pai e filho, que é claramente uma folie a deux, equivalente ao que ocorre entre mães e filhas com mais frequência. E o que acontece entre mães e filhas é que frequentemente a mãe projeta a sexualidade na filha, decorre também com os varões como neste caso que o pai projeta sua sexualidade e sua agressividade no filho, diminuindo sua vitalidade no processo como uma consequência dessa projeção.

É provável que esta mãe ausente se preste voluntariamente a ser um troféu na competição entre os homens da casa, muito satisfeita de que briguem entre eles por ela, e ser deste modo o objeto da possessividade. Temos a impressão que este é um problema essencialmente pré-genital que começou muito antes do nascimento do irmão, que quase não foi afetado pelo nascimento do irmão e sim que simplesmente continuou o que vinha desde muito cedo.

De maneira que o sintoma da enurese parece ser antes de mais nada uma manifestação de seu capricho. Ele não vai permitir que seu pênis pré-genital seja controlado por ninguém. Esta manifestação do capricho, na qual um menino trata de impor sua vontade, é diferente do sintoma de onipotência e grandiosidade. A onipotência tem um conteúdo mental significante. O capricho é mais primitivo e tem menos significado; tem menos conteúdo emocional ou em termos de fantasias inconscientes; se expressa de uma forma muito mais muscular por meio do corpo, como uma espécie de capricho em usar a musculatura.

Este capricho em usar a musculatura pode ter uma relação com ansiedades claustrofóbicas, como um aspecto contrafóbico, como se vê contra fobias em vários quadros fóbicos que levam a contínuas confrontações com o perigo. Este tipo de ser caprichoso tem muitas vezes uma qualidade contra claustrofóbica e neste sentido está conectado à hiperatividade; se encontra em meninos que tem uma capacidade de formação simbólica pobre e tem uma atividade muscular sem muito sentido, um pouco frenética.

De maneira que um dos problemas esperados, é que haja uma batalha com este menino sobre todo tipo de limites.[1]

Analista: Fiz um resumo dos dados mais significativos de sua história evolutiva. Foi muito difícil levantá-la, os pais estavam muito ansiosos e lhes custava muito remeter-se ao passado.

Dados mais significativos da história evolutiva

Quando os pais completaram um ano e meio de casados a mãe fica grávida, foi uma gravidez desejada o; no parto houve sofrimento fetal, a mãe pensou que o bebê iria morrer. Nasceu por meio de cesariana e com certo grau de cianose.

---

1 Ver Referências teóricas, pág. 144, "Sintomatologia versus caracterologia. Processo psicanalítico".

Mamou no peito até os dois meses e meio, em seguida alimentação mista. Foi desmamado com um ano e usou chupeta até um ano e oito meses.

Dr. Meltzer: *Não parece ser um bom começo para pais novatos. São forçados a uma situação de ansiedade excessiva acerca de manter vivo este filho, tendo no fundo medos de que tenha algum problema de dano cerebral ou algo assim. Isto leva geralmente a ser demasiado indulgente e com um manejo débil do bebê e de suas demandas.*

É uma atitude muito comum que tem os pais de certa idade – de trinta e cinco a quarenta anos – como aqueles que foram estéreis durante muito tempo e concebem um bebê depois de um tratamento por esterilidade, no qual o bebê que nasce tem um status na mente dos pais de uma criatura muito débil e frágil.

Analista: O controle de esfíncteres começou aos dois anos aproximadamente; usou fraldas até os quatro anos porque não controlava à noite. A mãe comenta que o controle diurno ele aprendeu em dez dias.

A respeito da enurese Lucas disse que faz xixi porque dorme muito profundo; devido a este sintoma tem limitações para compartilhar atividades com seus companheiros.

Dr. Meltzer: *Durante o dia, também se molha?*

Analista: Não, à noite... limitações como ir à acampamentos ou dormir na casa de um amigo.

Atualmente está muito preocupado porque teme não poder ir na viagem de formatura.

Dorme com a luz acesa, se não, não pode conciliar o sono. Divide o quarto com o irmão.

Andou aos nove meses; descrevem-no como muito inquieto, não era de se colocar em situações de risco nem era frequente que se batesse muito quando bebê. Em relação a enfermidades, a partir dos dois meses teve bronquite espasmódica de repetição até um ano e meio; os pais pensam que foi por baixas defesas.

Dr. Meltzer: *Ele se cuida muito – também os pais cuidam muito dele – e mais ou menos faz o que lhe apetece.*

Provavelmente o compartilhar o quarto com o irmão seja um fator importante da enurese; a regressão na época do nascimento do irmão possivelmente continuou mediante uma relação noturna muito estreita entre ambos; mas pensaria realmente que a enurese não é um grande problema em si, e sim que é um problema de caráter. Um dos problemas pode ser que esteja no que ele chama dormir muito profundamente, que pode significar algo assim como estar em identificação projetiva com um objeto, ou seja que está dormindo dentro de um objeto interno.

Embora pareça que a enurese o impede de realizar atividades com os amigos, ir viajar, dormir em casa de amigos etc..., é provável que haja outras ansiedades sobre essas atividades que estão mascaradas pela enurese. O tipo de coisas que se encontra em meninos que não podem ir ao colégio e os rotula de fobias escolares, são na realidade temores que estes meninos tem de deixar um irmão mais novo no comando da casa.

Queria saber um pouco sobre o tipo de caráter do irmão, e como maneja a agressividade de Lucas.[2]

Analista: O irmão é um menino com características fóbicas extremamente importantes, não quer se separar da mãe, e esta contribui com tal situação já que não contrata alguma pessoa que trabalhe na casa e cuide deste segundo filho. O habitual é que – por exemplo – a mãe traz Lucas à sessão junto com o irmão. Ela fica de motorista de ambos os filhos, levando-os a todos os lugares.

---

2 Ver Referências teóricas, pág. 144, "Sintomatologia versus caracterologia. Processo psicanalítico".

Dr. Meltzer: *De maneira que o irmão parece estar muito identificado com o estado colapsado do pai, e por isso dá a ideia de que se submete à agressividade de Lucas.*

Sabe por que o chamaram de Lucas, pelo avô ou por alguém da família?

Analista: Não sei, não conheço a razão, mas creio que não tem nada a ver com nenhum familiar.

Começo do tratamento

Lucas começa seu tratamento no mês de março de 1990 com três sessões semanais.

Quero descrever algumas características que observo nele quando chega à sessão: é comum que chegue agitado como se houvesse subido correndo pelas escadas; ao entrar habitualmente me avisa que vai passar no banheiro; ali se demora durante bastante tempo em algumas sessões durante dez minutos – e eu escuto do consultório ruídos de torneiras abertas, diria lavabo e bidê.

O paciente vem à sessão do colégio, geralmente a roupa está manchada, desfiada ou rasgada. A sensação que tenho é como se estivesse puxado ou lutado com algum companheiro. Às vezes chega comendo *alfajores* ou guloseima, e parece que mais do que comer, engole. Não come na sessão, chega à sessão terminando de comer alguma guloseima.

Nas sessões dos primeiros meses se mostra colaborador, demonstra interesse em saber sobre seus problemas, e tem uma conduta afetuosa e terna.

A violência que os pais lhe atribuem não tem aparecido nas sessões, porém aparecem momentos depressivos em que é habitual que se atire sobre uma almofada e fique dormindo profundamente. Quero acrescentar que várias veze ao terminar a sessão não conseguia acordá-lo.

Dr. Meltzer: *Ao despertar estava confuso?*

Analista: Sim...

Dr. Meltzer: *Portanto há três fenômenos principais até agora, um a forma pela qual entra na sessão, correndo, engolindo, como se tivesse tido uma briga, indo ao banheiro; o segundo seria a forma mais cooperativa que ele apresenta, que é parecer terno e interessado no que acontece; e o terceiro é a retirada quando vai dormir, que é um momento no qual ele está inacessível, difícil de despertar.*

Analista: O paciente tem demonstrado certo fracasso para desdobrar determinados brinquedos, torres que vem abaixo, papeis que se furam de tanto apagar, desenhos que — segundo ele — saem mal e que, portanto, faz uma bola e os atira no cesto de lixo. Não é habitual que apague, quando ele pensa que está ruim não apaga e sim faz uma bola imediatamente e zangado lança o papel; às vezes não apaga nada, e quando apaga o faz com tanta força que termina destruindo o papel. Nesses momentos diz "sou um fracassado", ou "um babaca, faço tudo mal", e se joga no chão.

Dr. Meltzer: *Você põe isto ao final da descrição, mas não corresponde mais ao princípio da descrição, ao momento no qual se retira, dorme e se faz inacessível?*

Analista: Sim, seguramente...

Dr. Meltzer: *Suponhamos que você pegue toda esta descrição e pensa sua entrada na analise como um modo de representar ou repetir imediatamente a forma pela qual ele entrou na vida pós-natal. Estava bastante espancado pelo trabalho de parto e de repente o tiram pela cesárea; imediatamente começa a evacuar sua ansiedade* *de nascimento por estas formas de incontinência: urinar, defecar ou gritar, mas depois encontra o peito; quando encontra o peito o suga de forma muito cooperativa, muito carinhosa até que de repente evacua suas fezes, se deprime e dorme profundamente; é um desempenho que se pode ver no primeiro ou segundo dia de vida.*

A forma na qual as crianças começam a sessão, que em geral é repetitiva, é sempre muito importante; é importante porque sempre tem uma referência a algo muito primitivo e estes elementos não se prestam à interpretação, mas gradualmente a evidencia aparece na transferência e depois sim se prestam a ser compreendidos e interpretados.

Analista: Transcrevi a primeira hora de jogo lúdico, que aqui habitualmente fazemos na etapa diagnóstica, e tenho as sessões... A alternativa é; ou vemos a hora diagnóstica ou passamos às sessões.

Dr. Meltzer: *Que tempo transcorreu entre a primeira hora de jogo lúdico diagnóstico e o início do tratamento?*

Analista: Três meses, porque a família me contatou em dezembro e depois vieram as férias, por isso o menino iniciou o tratamento em março...

Dr. Meltzer: *Estamos tratando de seguir a cronologia, e como a primeira hora diagnóstica ocorreu três meses antes da primeira sessão, vamos a escutar sobre esta entrevista e em seguida escutamos a sessão.*

Analista: Bem, leio a hora de jogo diagnóstico.

Entra no consultório atrás da mãe, vem agitado, tossindo muito. É muito loiro e de pele corada. A mãe me explica que subiram pela escada porque o elevador estava travado em outro andar. A mãe se vai, eu me apresento a Lucas e estabeleço as regras. Olha os objetos.

Dr. Meltzer: *Em que andar está seu consultório?*

Analista: Oitavo.

Dr. Meltzer: *Mas ele habitualmente pega o elevador?*

Analista: Sim, mas esse dia não puderam fazê-lo porque o elevador estava travado em outro andar.

Dr. Meltzer: *Tem certeza que sempre pegam o elevador?*

Analista: Sim, porque eu tenho duas entradas diferentes: uma pelo elevador e outra pela escada, ou seja, disso tenho certeza... senão, teria duvidado.

Dr. Meltzer: *Quando veio com a mãe apareceu pela entrada que dá nas escadas.*

Analista: Sim, seria a entrada de serviço.

Lucas me disse: "vou desenhar", fica pensando... "não sei, sempre tenho uma dúvida quando vou desenhar". (Ver desenho página 143)

Toca em um boneco e numa girafa, deixa-os: pega um carro amarelo: "deixa eu ver este carro...", o coloca na frente dele, vai olhando-o e desenhando. A primeira coisa que faz é a frente do carro, se detém muito em fazer os faróis, e me diz: "queria fazer outra coisa e me saiu um vidro", referindo-se ao para-brisas do carro.

"Você é de qual time? Eu sou do Boca"; desenha o para-brisa e começa a pintar de verde o carro. Olha o carro comparando-o com o qual desenhou e diz: "nada a ver com este carro, além disso o vidro...", referindo-se ao para-brisas. Eu lhe pergunto: o que acontece com o vidro; "nada" diz, e guarda as canetas. Falta um, o encontra e o guarda na caixa. "Está pronto".

Olha a hora, pega alguns brinquedos e diz: "às vezes a gente pensa e tem muitas coisas para desenhar, e outras pensa e não sai nada. Este que eu fiz parece um carro velho, de todas as cores. Um *"Bugatti"*. Toma dois soldados, os coloca frente a frente e começam a dar tiros. Deixa-os. Pega uma madeira e ... coloca em cima um boneco, que cai porque estava instável. Faz ruídos com a boca como que lançando jatos; pega um "Homem Aranha" e um cabo de eletricidade que havia na caixa.

"A este o amarrou com o cabo porque havia sido muito mal, havia matado o defensor". Enrola com o cabo todo o boneco, pega um fio e o amarra ao redor do pescoço, o enrola na cabeça e na mão do boneco; diz: "o fizeram múmia". Deixa-o de lado e pega dois carros. Pergunta-me: "este é da mesma coleção que esse? referindo-se a dois carros de corrida" e digo-lhe que sim. Volta a pegar o boneco que fez múmia e uma folha, me pergunta: "posso colar aqui?" e começa a derramar cola na folha colando o boneco em cima. Diz: "mas lhe faziam algo pior, o colavam", e aí ele tira o cabo e o fio do boneco; volta a colar, "faziam-lhe uma tortura pior, faziam lhe uma cama de cola".

Espalha a cola por toda a folha, sua expressão é uma mistura de prazer e sadismo. Faz exclamações, sobretudo quando sai o jato de cola com força; diz: "quando seca, é o melhor".

Apesar de o boneco estar coberto com cola, ele continua apertando o bastão até que não fica nada; todo o tempo assopra como se estivesse submetido a um grande esforço que está realizando. Diz: "vou pôr outro soldado", agrega ao emaranhado outro boneco.

"A este o colaram porque tinha uma metralhadora e queria matar. O colaram por essa única razão. Agora quando se cola vai ser o melhor de tudo. A este o enterraram – assinalando o soldado – já morreu. Não tem de outra cor a cola?" Até agora havia usado a branca, agora encontra a vermelha; diz: "digo, porque se não vai ficar feio, de *River*... Bah! Era o sangue da gente."

Ato continuo Lucas esvazia sobre os bonecos o frasco de cola vermelha, no momento é notável o desenvolvimento de uma atividade muito prazerosa; diz: "de tanto sangue que saia do soldado... não tem outra cor? Ah! Um azul. O primeiro estava vivo – referindo-se ao primeiro boneco que colou, o Homem Aranha – mas o que estava vivo não podia sair, a tortura era essa, e esta", aproxima o crocodilo do emaranhado e diz: "mas o crocodilo tocou isto – o emaranhado – e se afasta".

Aí comunico-lhe que vamos continuar na próxima vez – uma segunda hora diagnóstica foi agendada – e ele me pede que guarde seu material em um lugar muito seguro, porque quer voltar a ver como ficou tudo quando secar a cola.[3]

Dr. Meltzer: *O conteúdo deste tipo de atividade não é muito excepcional para um menino desta idade, o que chama a atenção é que é muito ativo e que não tem nenhuma noção da presença da analista como um ser humano que está observando e pensando. Você é simplesmente uma guardiã desta brinquedoteca e ele está brincando completamente indiferente em relação ao que você pensa ou sente do conteúdo de sua brincadeira.*

Temos a impressão geral de que é uma transferência bastante precoce em relação aos pais que observam como o menino brinca e que estão permanentemente aprovando o que o menino faz, dizendo-lhe: "muito bem, muito lindo, muito simpático", e se ele está torturando o irmão mais novo ou matando os pais, eles continuam dizendo: "muito bonito, muito linda a brincadeira, muito simpático, bom menino".

Fica evidente que este menino é muito egocêntrico, que não se dá conta ou que não lhe interessa o que é que a outra pessoa pensa ou sente, e que funciona num nível pré-mental, num nível eminentemente prático e realístico, em um mundo de coisas que podem ser possuídas, controladas, manipuladas, exploradas etc.; em um mundo de coisas e não um mundo de gente.

---

3 Ver desenho, pág. 142.

Se pensamos em termos de reconstrução das sessões – como havíamos falado antes – de como começa a sessão, como brinca, como sente que fracassa, como dorme etc., fazendo um paralelo com a experiência do bebê recém-nascido poderíamos dizer que a ênfase está no que chamo um jogo cooperativo, na superfície é um jogo cooperativo. E é somente o conteúdo do jogo o que é assustador.

Imaginem vocês, se pode, um bebê que se alimenta do peito da mãe com uma fantasia de que está extraindo todo o bom dela e deixando os seus bebês internos morrendo de fome, colados com a cola ou nas fezes ou no que seja, enquanto a mãe só vê uma mamada tranquila e deliciosa. Assim podem imaginar a mãe que diz "toma tudo, toma tudo o que tem", e o que o bebê ouve é "não deixe nada para os demais bastardos dentro de mim, que são da outra equipe, são do River".

Depois de uma mamada que representa tal assalto à mamãe, é fácil imaginar que a defecação para o menino vai conter uma mãe destruída e esvaziada.

Este é um desenho bastante bom para um menino de onze anos, não tem muita imaginação, mas tecnicamente está muito bem feito, e, no entanto, ele se sente sinceramente desiludido; ao mesmo tempo está encantado com o outro que fez. Está desiludido com o produto de um trabalho construtivo, ainda que tecnicamente é muito bom, e está excitado e orgulhoso por sua imaginação destrutiva.

Obviamente maneja muito bem os materiais do jogo.

Analista: Queria mostrar um desenho que creio que é significativo, foi um desenho livre... e queria fazer algum comentário do que a mim me ocorreu com este desenho. É da etapa diagnóstica... ele disse que ia desenhar um metrô... começa a fazer as linhas. Depois que começa a desenhar disse que não, que não ia fazer um metrô, "vou fazer outra coisa", e põe novamente muita ênfase no vidro — como aconteceu com o carro — e em seguida agrega um cartaz de

"Ônibus". A tudo isso diz que é a frente do ônibus, contudo não havia feito essas cabeças nem o escapamento. O olha, e diz: "ficou ruim, tem rodas quadradas, são muito altas -— se queixa — não ficou bom". Agrega uma roda de cada lado e diz: "falta algo", e acrescenta um cano de escapamento fumegante. Eu aí me senti confusa, porque comecei a pensar que havia desenhado a parte traseira, ele havia dito antes que era a parte dianteira. Então acrescenta esses semicírculos e diz que é o cabelo dos meninos que estão dentro, e que bom, que é a parte de trás do ônibus.

Trago sobretudo por esta vivência de confusão que tive.[4]

Dr. Meltzer: *É um bom exercício de caligrafia, é prolixo, está feito muito precisamente não? Ele apagou as rodas e o consertou...*

Analista: Sim, sim... ele o consertou.

Dr. Meltzer: *Há uma pequena assimetria aqui que tem que procurar para vê-la, mas está muito bem feito como o carro.*

Analista: Me impactou a mudança de metrô para ônibus, e também da parte dianteira para a traseira; por um momento me senti confusa.

Dr. Meltzer: *Este saltar de uma casa para outra, de mudar de uma posição para outra também parece manifestar-se no início da sessão; antes que ele se instale em uma posição mais sádica se move bastante, possivelmente seja evidência de um resíduo de hiperatividade mais precoce. É um menino inquieto, essa inquietude não parece neste momento uma falta de formação simbólica, parece mais do que nada uma insatisfação com o que produz. Quando trata de fazer algo construtivo está sempre desiludido, mas quando faz algo sádico se põe muito contente.*

---

4 Ver desenho pág. 143.

Então até agora temos evidência de como se relaciona ou não, com a analista, a instabilidade de suas funções mentais, suas fortes tendências sádicas — como dizia antes —, e também o sadomasoquismo expresso por esta boneca que cai e é esquecida no jogo do início.

Vamos a sessão.

Analista: Apenas entra me avisa que vai passar no banheiro, mas na realidade entra no consultório. Uma vez ali diz: "olha minha pistola" e tira do bolso um revólver de papel dobrado similar ao desenho: "o que acha da minha pistola? Olhe-a bem enquanto eu vou ao banheiro"

Dr. Meltzer: *Algo para mantê-la ocupada... enquanto eu vou urinar você fica aqui e pensa em meu pênis.*

Analista: Entrega-a para mim. Vindo do banheiro se ouve ruídos de água que corre. Volta.

Paciente: Viu que pistola! Eu a fiz no colégio, o que acha?

Analista: Penso que quer que te diga como está teu pênis, você teme que não esteja bem, que não esteja bem feito por causa do xixi que te escapa.

Paciente: Copiei esta pistola de um amigo e saiu assim. Eu não teria pensado em fazê-la.

Dr. Meltzer: *Isso parece ser certo, se está se queixando, em certo sentido, de sua falta de imaginação com isto de copiar a pistola de um amigo. Quando está orgulhoso de seu pênis é porque está orgulhoso de ter-se identificado exitosamente com outro menino. Isto parece indicar que há uma predisposição a um desejo de ser parte de um grupo, de admirar o membro mais agressivo de um grupo, transformar-se no braço direito do líder. A ênfase não é tanto na agressão, e sim na imaginação, que é a imaginação do líder, a capacidade de ter fantasias, o que faz o líder.*

Analista: Eu creio que você se sente diferente dos outros meninos que não se fazem xixi, e quer que eu te ajude a ter uma pistola como você supõe que é a dos outros meninos, que retém o xixi.

Paciente: Não! (Protestando). Isto é um engano (referindo-se a pistola que trouxe), me custou muito fazê-la. Mas é melhor fazer outra, posso levá-la para mostrar na minha casa?

Dr. Meltzer: *Ou seja, ele recusa a interpretação porque está interessado no engano que consiste em fazer uma pistola como a que trouxe, a que fez o amigo, ou seja, que vai usar a sessão para repetir este engano e fazer outra pistola que depois pode levar para casa. Não disse à analista que se cale, nem a ataca, simplesmente reage ao fato de que a analista não admirou a pistola que lhe deu, mas isto não importa, porque ele vai fazer outra, vai levar para casa, vai mostrar a mamãe e a mamãe vai admirar e dizer: "muito bonita, quem você matou com esta pistola?"*

De maneira que o mais importante, quem sabe, para interpretar é que ele não pode pensar como fazer coisas que produzam a admiração, e que a única coisa que pode fazer é imitar o que fazem os outros meninos.

O caso de um menino de onze anos que entrega a alguém uma pistola e logo vai urinar, corresponde a um menino que não se sente capaz de ter fantasias e desejos eróticos por si mesmo, que somente pode se excitar olhando figuras pornográficas. Eu possivelmente teria interpretado algo assim, que neste momento não está tão preocupado em relação a molhar a cama, senão mais do que nada, em ter ereções.

Analista: Eu sei que você tem muita vontade de demonstrar para os seus pais que pode fazer coisas boas, mas você sabe que as coisas que faz aqui vão ficar em sua caixa.

Ele começa a dobrar uma folha para fazer outra pistola. Trabalha com muita dedicação, a dobradura da folha lhe consome bastante tempo. Enquanto está dobrando me pergunta:

Paciente: Você é cristã? Por que assim eu vejo se posso falar de Jesus. Não te parece que Jesus era visto como um demônio quando caminhou sobre a água?

Analista: Como não me conhece, quer saber como eu sou, para ver se pode falar dos medos que tem, por exemplo, o medo de ser uma espécie de demônio por causa da água-xixi que se molha a noite.

Paciente: Meu tio tem uma *Magnum*...

Dr. Meltzer: *Isto é um pouco inesperado, porque depois de perguntar se você é cristã fala de uma visão um pouco herege de Jesus caminhando sobre a água. Parece-me que é demasiado interessante para interpretar imediatamente, eu exploraria muito mais antes e pesquisaria mais o que tem a ver com a produção desta pistola na qual está trabalhando. Eu estou na mesma longitude de onda da sua interpretação, só penso que não somente ele está urinando, mas também está pensando na ereção, e que Jesus caminhando sobre a água e não caindo dentro, é mais a representação de uma ereção que a caída na água.*

Paciente: Meu tio tem uma *Magnum*, meu primo uma vez me mostrou. Sabe que meu pai tem dois revólveres? Eu sei que estão escondidos, eu sei onde estão, mas não há problema... (como tranquilizando-me)... estão descarregados.

Dr. Meltzer: *O que ele quer dizer? Que você não se preocupe se ele vai encontrar, pois não vai matar o irmão, que ainda se encontrar os revólveres, não vai poder usá-los contra ninguém porque estão descarregados.*

Analista: Mesmo assim, eu me preocupei...

Dr. Meltzer: *Assim que o material vai se movendo em uma direção, primeiro as ereções e agora o sêmen – as munições – quando diz a analista que não se preocupe, que não tem sêmen, quer dizer que não há nenhum perigo de que alguém engravide.*

Participante: Isso "não há problema" quando fala dos dois revólveres do pai, pode ter relação com a depressão do pai?

Dr. Meltzer: *A preocupação é de que o menino se sinta suicida?*

Participante: Não, a preocupação do menino acerca do pai.

Dr. Meltzer: *É uma possibilidade... não se adequa muito bem no material, mas não é difícil imaginar que isso seja certo.*

Não está muito seguro neste momento se a masturbação ajuda no desenvolvimento do pênis ou se interfere com o desenvolvimento do crescimento do pênis, porque parece que ele está se masturbando como que ensinando, instruindo o pênis para que se mantenha ereto. E a única maneira que pode fazer é imitando os que fazem os outros meninos, possivelmente seja pedindo emprestado de outros meninos as fantasias ou as revistas pornográficas.

Analista: Queria fazer um pequeno comentário: numa sessão mais adiante Lucas me disse que o pai havia contado que não podia ter mais filhos porque estava tomando muita medicação.

Dr. Meltzer: *Para que lhe disse? Para tranquilizá-lo?*

Analista: E ... porque é um homem muito perturbado manifestamente e tem este tipo de atitude com o filho.

Dr. Meltzer: *É como se o pai lhe dissesse: "não se preocupe, os ruídos no dormitório que escuta a noite... não te trarão problemas, não é nada sério".*

Analista: Eu creio que está preocupado em saber como são outros pênis, também comparar como é teu pai e como são os outros homens da família. Você se preocupa em não ver o seu pai forte.

Dr. Meltzer: *Tem possivelmente algo a ver com a circuncisão e com a pergunta se você é cristã.*

Paciente: Este... (refere-se ao revólver que estava fazendo na sessão) ...lhe falta algo. Me ajuda? (Pensa, enquanto observa a pistola). Sabe o que falta? Falta um gatilho. Me ajuda a fazê-lo?

Lucas dobra o papel para fazer o gatilho e me pede que o ajude a colá-lo no lugar adequado. Ou seja, que entre os dois, terminamos...

Dr. Meltzer: *Você está obviamente determinada a analisar sua enurese?*[5]

Analista: Sim... logo eu me dei conta que estava muito pressionada pelo sintoma.

D. Meltzer: *Não se preocupe, não é você que tem que lavar os lençóis.*[6]

Analista: Parece que pensa que teu pênis está incompleto, que te falta algo como um gatilho, ou seja, algo que te faça controlar a saída do xixi.

Dr. Meltzer: *Creio que tem a ver com a circuncisão e todas as outras coisas. O mais importante indubitavelmente neste momento, é a forma com a qual se relaciona com a analista e a transferência materna focalizada em seu pênis. Há uma transferência materna muita intensa que está focalizada no desejo de Lucas de mostrar seu*

---

5 Ver Referências teóricas, pág. 144, "Sintomatologia versus caracterologia. Processo Psicanalítico".

6 Ver Referências teóricas, pág. 144, "Sintomatologia versus caracterologia. Processo Psicanalítico".

pênis, de que sua mãe o admire e que lhe dê permissão para mostra-lo e oferece-lo como um produto que os demais podem admirar.[7]

Participante: Estava pensando se não teria algo a ver com o freio que ele rompeu do irmão.

Dr. Meltzer: *Não vamos nos preocupar com o pênis deste menino, vamos nos preocupar com a transferência. O que nos deve interessar é a qualidade da relação com a analista como uma mãe, e o uso que quer fazer dela, e se isto que quer, favorece de alguma forma seu desenvolvimento. Eu lhe diria: "você quer que eu me interesse pelo seu pênis e pensa que o pênis é algo muito interessante, porém, a mim me interessa muito mais a sua mente, porque tua mente não pode trabalhar bem, porque não pode encontrar tua própria maneira de fazer uma pistola e teve que copiar a de um amigo". É algo parecido quando vem um paciente adulto que se queixa de impotência, que temos que lhe dizer que não nos preocupemos com a sua impotência, quando sua mente trabalhar bem sua impotência vai se curar, assim que não nos ocupemos do seu pênis neste momento. É um material muito interessante.*[8]

Analista: Quero fazer uma pergunta: este pedido de que eu lhe ajude a faze o gatilho pode ser que tem a ver na transferência com um pedido de que eu o ajude a construir um esfncter mental?

Dr. Meltzer: *Bom, quando um menino pede que lhe ajude a fazer algo para ele que está claramente no interesse de desenvolver ou representar uma fantasia particular, e o que lhe pede é algo que o menino não tem a capacidade física para fazer, eu vou ajudar. Isto ocorre muito raramente, somente com meninos muito pequenos. Neste caso eu não o ajudaria com o gatilho, eu lhe diria algo como: "tem*

---

7 Ver Referências teóricas, pág. 144, "Sintomatologia versus caracterologia. Processo Psicanalítico".

8 Ver Referências teóricas, pág. 144, "Sintomatologia versus caracterologia. Processo Psicanalítico".

que me deixar observar, pensar e lhe falar, não estou aqui para ser teu assistente na construção de gatilhos".

Antes de que exista um pouco de progresso analítico, tem que se estabelecer a situação analítica, e ele não está cooperando analiticamente com você. Até agora o que ocorreu é que este menino vem e brinca na presença da analista, usa de distintas maneiras para que o admire e o ajude: por isso obtém tanta cooperação aparente dele. Você não tem colocado limites, todavia, você não insistiu em sua maneira de fazer as coisas e somente interpretar. Por exemplo, quando você lhe diz que ele está preocupado porque não pode ver seu pai como um homem forte, a resposta dele é: "sim, aqui falta uma peça". Eu lhe diria: "espera um momento, parece que não escutou o que eu lhe disse". Então ele lhe diria: "sim, eu te escutei... aqui falta algo", mas teria que interrompê-lo e lhe dizer "não, não, parece que escuta, mas não me ouve". "Por que, o que disse?"

Analista: Segunda sessão da mesma semana:

Paciente: Sabe que se meu tio for para os Estados Unidos vai me trazer um avião muito grande? Mas há um problema que é o quanto custa, um montão... porque se não, na alfandega descobrem...

Dr. Meltzer: *Espera que o tio lhe traga de contrabando... é parte da cultura, mas não é parte da cultura analítica que sabemos, a menos que ele pense que se dè dinheiro ao analista para que ele não diga coisas que podem molestar o querido garotinho. Lembre-se que já o tiraram de vários tratamentos porque ele não queria ir, porque não gostava de ouvir o que lhe diziam, seguramente.*

Analista: Procura na caixa até que tira a pistola que fez na sessão anterior. Ele a olha, a observa, diz:

Paciente: Vou fazer outra. (Enquanto dobra o papel comenta). A que trouxe ontem é uma porcaria, é muito pequeninha.

Analista: Algo teu que acreditava que era bom em seguida passou a ser uma porcaria, acontece com todas as suas coisas, com teu corpo, com teu pênis. (Ele aqui estava se referindo a pistola que havia trazido do colégio).

Paciente: A que fiz aqui está muito boa. (Observa-a com admiração e entusiasmo).

Dr. Meltzer: *Aqui é a oportunidade de mostrar-lhe que fez uma cópia do que fez o outro menino.*

Analista: Será porque te ajudei a fazê-la, isto te faz sentir-se mais seguro.

Paciente: Outro dia dei a meu irmão um revólver e ele depois não me quis emprestar, então eu o quebrei, fiz merda com ele por ser pão duro, e ele chorou.

"Você fica o dia inteiro aqui? Sem sair, trancada?" (Começa a escrever, com um marcador vermelho "Fire" na pistola).

Analista: Quando se lembra da raiva que te pega e da vontade de fazer merda com seu irmão, quer sair correndo. Lucas, me parece que te dá muita bronca que teu irmão tenha coisas como você, que ele também tem a sua mamãe.

Dr. Meltzer: *O que você interpreta é perfeitamente correto, mas não leva em conta a pergunta que ele lhe fez, se você fica trancada o dia inteiro, porque isto implica que você atende outras crianças também. É um episódio útil para lhe perguntar "Por que deu o revólver a seu irmão? Foi um ato de generosidade ou foi um prelúdio para destruí-lo e fazê-lo chorar?" Os dois temas que surgem mais evidentemente são o materialismo e a falta de sinceridade, e você vai ser a oficial da aduaneira que vai descobrir o engano que consiste em ludibriar o irmão parecendo que é tão generoso, mas realmente quer fazê-lo chorar. O outro aspecto da falta de sinceridade está no que aparece* *como cooperação, porém o fato é que não escuta o que você lhe diz, ou seja, que trata de impor sobre você o papel que ele impõe a mãe desde o momento que nasceu.*

Sempre estou tratando de atrair a transferência, de entender o material nos termos de transferência para estabelecer a situação analítica.

Analista: Lucas começa a preencher de vermelho as letras que dizem "Fire" que havia desenhado no revólver. Quando termina de fazê-lo fica um cartaz muito visível, para e vai em direção a janela dizendo: "Vou ver se minha mãe está lá embaixo?" É quase impossível ver a rua da janela, mas ele tenta inclinar-se.

Dr. Meltzer: *Indubitavelmente está se colocando um pouco claustrofóbico aqui, e está relacionado com a pergunta de que se você fica trancada naquele espaço o dia inteiro, ele está reagindo a claustrofobia.*

O que transferiu a claustrofobia da analista, que fica trancada o dia inteiro, a ele sentir-se claustrofóbico, parece ter sido a interpretação acerca da relação do irmão com a mãe, imediatamente o colocou na situação de que estava dentro e o irmão estava fora com a mãe. Haveria sido mais útil interpretar a ansiedade de que a analista estivera com outras crianças e que a experiência de claustrofobia fora sentida em relação a analista, ao invés da relação com o irmão e mãe fora do consultório. Porque ao menos alguém coloca os limites e cria o setting da situação analítica, ele vai se sentir claustrofóbico e um dos limites da situação analítica é que ele deve escutar quando você fala, que não está sendo controlado por ele como o construtor de gatilhos, e que a função da analista é observar, pensar e comentar sobre o que vê. E cada uma dessas coisas quando vai se estabelecendo vai incrementar a claustrofobia.

Analista: Além disto, está atualmente incrementada a claustrofobia, ele está dizendo que quer atirar coisas pela janela porque se aborrece ou porque faz aviõezinhos de papel dobrados e quer atirá-los através da janela, porque diz que não lugar dentro do consultório.

Dr. Meltzer: *Pode-se ver como ele inclinar-se na janela está muito relacionado com fantasias de querer sair ele mesmo pela janela, mas um oitavo andar não é lugar para fazer isso...indubitavelmente a analista está colocando pressão sobre a transferência e ele não gosta muito.*

Analista: (Faz disparos, faz ruídos com a boca, mostra-se violento e entusiasmado). Me parece que se assusta muito quando sente o pênis quente como agora está comigo, no consultório.

Paciente: Não...

Dr. Meltzer: *Ah! Escutou...*

Analista: Acredito que seja por isso que quer sair e chamar a sua mãe.

Paciente: Não, nem um pouco.

(Deixa de fazer disparos e se senta na mesa.)

Dr. Meltzer: *Isto o parou, quando você começa a interpretar a transferência, aí ele fica parado.*

Analista: Às vezes, você também mistura o calor com a bronca, não os pode diferenciar.

Dr. Meltzer: *Bem, bem...*

Paciente: (pensativo) Como você faria, se você tivesse que se matar?

Dr. Meltzer: *É uma forma meio elaborada de dizer: "cala a tua boca", "se não se calar eu vou te matar" e vale a pena interpretar.*

Participante: Quando fala de cooperação, neste menino não é realmente a expressão de um falso *self,* onde lhe foi feito sentir desde muito cedo que devia aprender a caminhar rápido, controlar esfíncteres rápido; teve que responder como se fosse um adulto prematuramente. Então, não está respondendo a um meio que não pode conter e manejar suas pulsões e está "cooperando" em uma espécie de crescimento vicariante?

Dr. Meltzer: *Indubitavelmente há crianças que são assim, mas eu não pensaria que este é uma delas. A ele foi permitido estar no comando desde o princípio, e seu desenvolvimento esteve motivado pela sua própria competição, sua ambição, sua necessidade de possuir e controlar o objeto materno, contando com a cooperação inconsciente do pai. Não parece ser o tipo de menino que você está descrevendo.*

Porém, posso entender porque lhe ocorreu isto, já que muitos dos meninos que vivem com enurese estão apresentando o que seria um protesto algo débil às pressões de que cresçam, de que se preparem para a escola – por exemplo – respondem a uma pressão social ou familiar. Mas Lucas não é esse tipo de menino, é muito diferente.

Analista: Esta é uma primeira sessão da semana dois meses depois das anteriores.

Paciente: (Entra mancando): "Estou machucado, me pôs o pé e eu cai. Fez por graça, quis me foder... bah! Não importa. Sabe que preenchi o álbum do mundial?"

Procura no cesto e tira um emaranhado de fios que haviam se enredado num jipe militar com metralhadoras. Tenta romper os fios com as mãos e não consegue, ainda quando faz muita força; depois tenta com os dentes. Logo depois consegue cortar os fios e grita: "Até que enfim livre".

Dr. Meltzer: *Aqui está a claustrofobia, como se identifica imediatamente com este jipe que estava preso pelo fio como uma situação claustrofóbica.*

Analista: Quer se libertar de algo que te aprisiona?

Dr. Meltzer: *Ou seja, da analista...*

Analista: Claro, de mim...

Paciente: (Deixa o jipe de lado e me pergunta). Onde está a fita adesiva? (Como se tivesse procurado e não a tivesse encontrado, acredito que ele desejava que eu a procurasse).

Analista: Está na caixa.

Paciente: (Encontra a fita adesiva e pega também um carro amarelo; coloca o carro em frente dele e começa a falar) "Ah! Agora vai ver!" (Repete isto várias vezes: "Agora vai ver", ameaçando-o com a mão).

Analista: Neste momento me senti muito impactada porque tinha a sensação de que isto não era uma brincadeira, tinha a impressão que era uma espécie de alucinação, porque ele falava com uma força...

Dr. Meltzer: *Não, ele estava dizendo simplesmente "espera eu crescer e você será minha escrava". "Quando eu digo: onde está a fita adesiva?" Você vai saltar e dizer: "aqui está, senhor".*

Paciente: (Falando para o carro amarelo): "Porque você me burlou?"

Dr. Meltzer: *Está dizendo: e seu filhinho colocou o pé e me machucou também...*

Analista: Começa a enrolar com a fita adesiva o carro, logo a tira completamente e diz outra vez: "estou livre, livre!" Mas volta a pôr a fita adesiva debaixo do carro entre os dois eixos.

Dr. Meltzer: *É um material muito interessante, porém temos que deixar. A situação analítica está se fechando aos poucos...*

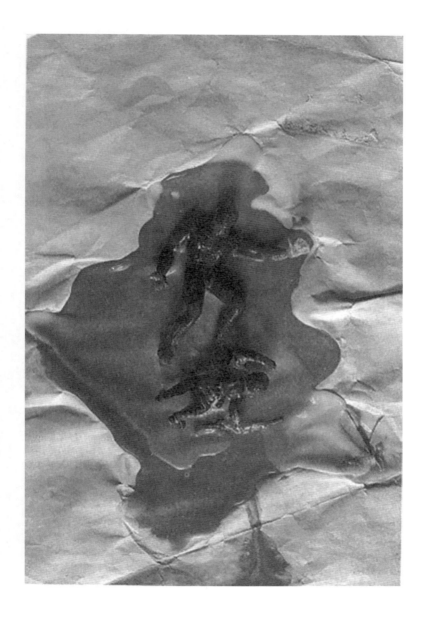

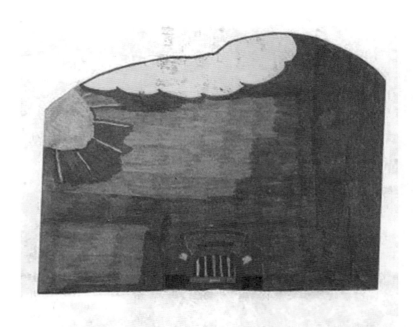

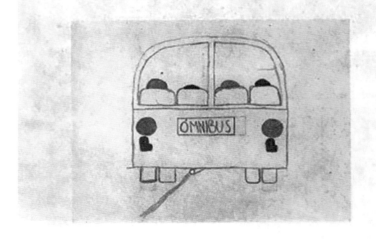

Referências teóricas

Sintomatologia *versus* caracterologia*. Processo psicanalítico

Em pacientes neuróticos e mais claramente em crianças, uma vez obtida a colheita de suficiente transferência infantil como para estabelecer a continuidade das sessões, aparecem as etapas das confusões geográficas que requerem a delimitação entre as funções, prerrogativas e expectativas do paciente e do analista. Quando na próxima etapa se resolvem as confusões de zonas e modos, a atuação na transferência vai dando lugar a comunicação e a cooperação; o caráter do paciente e do analista começam a interatuar. "O quadro que gradualmente emerge com pacientes adultos, apresenta uma enganosa homogeneidade da qual emana uma atmosfera particular com seu próprio aroma individual – um colorido idiossincrático, falando analogicamente". Este colorido surge da mescla de qualidades individuais e culturais, de aspectos infantis e adultos e é difícil sua descrição quando se capta como totalidade. De forma gradual, vão se expressando os personagens do drama da história do analisando, sua situação presente, suas expectativas. As dores e prazeres da vida se fazem experiências de análise.

Torna-se evidente que os sintomas são – de fato – parte do caráter e este aroma inicial começa a mostrar suas distintas facetas, as manifestações adultas e infantis começam a se discriminar. Vai-se reconhecendo a individualidade das distintas partes, especialmente nas atuações e nos sonhos nas quais as partes cindidas evidenciam suas características de sexo, idade, primazia de zonas erógenas, dependência de objetos bons ou estrutura narcisista, e a geografia do espaço vital no qual habitam.

Aparecem pegadas do mundo claustrofóbico nos momentos de atuação, porém as diferencia dos pacientes *borderline*, que apresentam características de transferências infantis. Pretensões de elitismo, atração sexual, inteligência superior, se mostram como traços de caráter e também aparecem referências ao caráter do analista, não sempre irreais e que estão ao serviço de diferenciar os objetos internos dos externos.

Há sintomas ocultos, geralmente perversos, que se expõem com sinceridade. Ao longo do processo os sintomas se superpõem com as atuações, porque são uma emanação das estruturas inconscientes, quer dizer da complexa mescla que constituem a caracterologia.

Meltzer não está interessado nos sintomas que o paciente ou a família definem como tais, senão nas atuações durante as sessões que são sintomas do processo psicanalítico. Se mantem assim a tradição freudiana ao considerar que a neurose de transferência conduz a neurose infantil.

O trabalho analítico destinado a modificar estas estruturas por meio da evolução da transferência, vai modificando as manifestações sintomáticas (ver intervenções (1), (2), (5), (7), (8). A piada de Meltzer (6) – "Não se preocupe, não é você que vai lavar os lençóis" – dá conta da pressão que sentimos tanto, os analistas de crianças como de adultos para conseguir a rápida remissão sintomática, já que o sintoma pende sobre nós como um parâmetro de avaliação, quando não como uma ameaça de interrupção.

*Capítulo 10 de *Claustrum*

Descritores: Caso clínico. Claustrofobia. Enurese. Supervisão.

8. Maria

Analista: Maria começou a sua análise há quatro anos. No momento da consulta disse se sentir sozinha, "com dificuldades para manter vínculos reais com os demais", por causa de não saber ou não poder expressar seus sentimentos, nem suas opiniões. Via-se muito fechada em si mesma, e bastante desconfiada em relação às demais pessoas. A relação com sua filha, que naquele momento estava com três anos, era difícil, se angustiava, não sabia como tratá-la, às vezes sentia que a rejeitava. Havia sofrido um aborto, no terceiro mês de gravidez, quando sua filha tinha um pouco mais de um ano. Depois de algumas entrevistas, combinamos começar um tratamento psicanalítico. M. comparece a sessão três vezes por semana, às segundas-feiras, quartas-feiras e sextas-feiras.

Ela é uma pessoa inteligente, reflexiva, de aspecto agradável. Tem trinta e cinco anos de idade e há oito anos é casada, possui dois filhos – R. uma menina com seis anos e C. um menino com dois 2 anos. É graduada em administração de empresas e seu marido é arquiteto.

Sua família de origem é de um nível socioeconômico alto, enquanto seu marido pertence a um nível social não tão confortável.

Esta situação gera conflito no casal – segundo a paciente – que se queixa que seu marido não é bem-sucedido em sua profissão. Pensa que ele não enfrenta com mais determinação a questão econômica por se respaldar em seu dinheiro.

Ela sente "que a rotina diária e as constantes demandas dos filhos, da casa e do trabalho desgastam o casal". Passa por períodos de absoluto desinteresse pelo seu marido, durante os quais não tem relações sexuais; às vezes durante o coito se sente violentada e experimenta medo e angústia.

Desde o nascimento de seu segundo filho, sente-se verdadeiramente mãe, tem uma boa relação com ele, e sua criança é, para ela, muito agradável.

Atualmente, e desde a morte de seu pai ocorrida faz pouco mais de três anos, se ocupa da administração dos bens da família, especialmente do campo.

Dr. Meltzer: *Quer dizer que o pai morreu durante a análise.*

Analista: Sim.

Dr. Meltzer: *Não somente veio a consulta, e sim começou a análise faz quatro anos.*

Analista: Sim.

Antes da morte do pai, colaborava com ele na mesma tarefa...

Dr. Meltzer: *Este campo é de plantação?*

Analista: De engorda e criação de gado.

Antes da morte de seu pai, colaborava com ele na mesma tarefa, agora ocupa o seu lugar.

Maria é a mais velha de três irmãs mulheres. Lembra, durante a sua infância, haver-se sentido sempre relegada, por não poder expressar o que sentia.

Possui uma severa miopia que foi detectada aos 6 anos de idade, quando começou o seu primeiro ano escolar.

Dr. Meltzer: *Usa óculos?*

Analista: Agora usa lentes de contato.

Maria pensa que suas irmãs, diferente dela e cada uma com um estilo diferente, sempre conseguiram o que queriam.

F., a segunda irmã, era a preferida do pai, alegre, bonita e sedutora (por meio de seu bom humor e trato carinhoso).

G., a menor, "insuportável", era a preferida de sua mãe, e conseguia seus propósitos com birras e caprichos.

Dr. Meltzer: *Então ela era uma boa menina. Frequentemente nas famílias com várias crianças, sobretudo se são do mesmo sexo, a criança mais velha é silenciosa, calada, perfeccionista e cheio de ciúmes escondidos.*

Analista: Os melhores momentos que se lembra são com seu pai, quem foi para ela muito carinhoso e protetor, embora muitas vezes se recorda dele rígido e ditatorial como um patriarca.

Dr. Meltzer: *Pode se ver que ela tratou de resolver esta situação de rivalidade com as irmãs transformando-se em um varãozinho da família, seguindo seu pai, de algum modo tratando de ter êxitos acadêmicos, dando continuidade a ele no trabalho e finalmente como sócia, tomando, inclusive, seu lugar. Isto não quer dizer que sua masculinidade seja particularmente forte, senão que é um mecanismo adaptativo que emprega a sua masculinidade. Se faz evidente também que sua feminilidade não pôde ir em frente ou ter um lugar com o nascimento de sua primeira filha mulher, mas sim, especialmente depois do aborto, pôde ter um vínculo melhor com seu filho varão. Uma suspeita então que este varãozinho é particularmente um filho do seu pai, e podemos suspeitar que o nascimento deste varãozinho, de* *algum modo, fez o marido perder seu lugar, que ganha pouco ou perde na comparação com o pai. Portanto, estamos claramente tratando de uma desordem de caráter, não somente uma desordem sintomática, alguém que permaneceu na latência e não emergiu, não conseguiu surgir em seus aspectos femininos, com exceção no que concerne a ser mãe deste pequeno varãozinho. O que provavelmente indica que grande parte de sua feminilidade e de sua relação e identificação com sua mãe se perdeu, provavelmente desde o nascimento da irmã menor, que a segue com dois anos de diferença.*

O fato de que não haja muita sintomatologia ou perturbações sintomatológicas, provavelmente indica que o ano e meio que teve com a mãe – antes de que a mãe ficasse gravida de sua segunda filha – foi seguramente um período bom para ela.[1]

Analista: A mãe possui uma estrutura maníaco depressiva e sua relação com ela passa por momentos de intensa rejeição, culpa e as vezes indiferença.

Recorda que sua mãe "durante os períodos de euforia não parava nem um momento, andava de cá para lá comprando uma quantidade de coisas, em sua maioria insólitas, e organizando importantes festas. Quando deprimida parecia que se apagava tudo, passava até quase um mês na cama com medicação; nesses momentos parecia outra, creio que me repugnava, até que de repente voltava a renascer e começar um ritmo de loucos".

Especialmente durante as depressões da mãe, o pai se ocupava das filhas apesar de estar também a cargo de babás, instituições e professoras particulares.

Dr. Meltzer: *Esta parece uma visão infantil da mãe, não um retrato exato da mãe, mas sim um bom retrato da mãe interna. Suspeito que*

---

1 Ver Referências teóricas, pág. 160, "Etapas do processo".

isto que chama de flutuações maníaco depressivas poderia vincular-se a flutuações bastante importantes na relação da mãe com o pai.[2]

Analista: M. recebeu uma educação religiosa muito severa, tanto em sua casa como nos colégios que estudou. Recorda que a sua mãe com uma professora particular de religião que tinha – além de receber educação religiosa no colégio – haviam feito um Sagrado Coração de veludo, onde a noite a paciente e suas irmãs, deviam cravar-lhe uma espécie de espinho por cada pecado que elas mesmas julgassem ter cometido, assim como tirar um espinho por cada boa ação. Disse a paciente: "era terrível, passava o dia espinhando a mim mesma, tirando e colocando esses malditos espinhos".

Dr. Meltzer: *É um procedimento interessante... É idiossincrático ou é uma prática habitual entre as pessoas religiosas?*

Analista: É uma prática exagerada...

Agora vou ler um resumo das sessões da semana anterior ao material que apresentarei.

Dr. Meltzer: *Esta história do Sagrado Coração de veludo parece também um relato da história interna dela com a mãe. É possível que os períodos de depressão a encheram de culpa e os períodos de euforia a contagiaram, mas também lhe produziram irritação. Dá uma ideia acerca de como esta mãe foi internalizada como uma mãe sagrada, e isto reforça minha impressão inicial que a relação desta menina com a mamãe, em seus primeiros tempos de vida, era muito próxima e satisfatória.*

Ser a única filha foi tremendamente satisfatório para ela, mas ser substituída por suas irmãzinhas foi tremendamente penoso. Parece que nos encontramos com uma paciente que tem um grande desejo de ser única e favorita, e isto poderia neste momento desenvolver-se pelo

---

2 Ver Referências teóricas, pág. 160, "Etapas do processo".

fato de haver substituído seu pai no campo e por outro lado também por ter seu filho como o filho do seu pai.

Tudo isto contém a possibilidade de um breakdown maníaco, com toda a incisão – digamos – do delírio maníaco e grandiosidade. Por isso penso que é melhor que esteja com uma analista mulher mais do que estivesse com um homem, porque penso que este tipo de potencialidade é melhor contido por uma analista mulher que por um homem.[3]

Analista: O tema das sessões nessa semana girava em torno de seu desejo de ter uma mãe perfeita – diferente da própria, sempre disponível – que ela armava em sua fantasia fazendo uma colagem com as diversas características que mais gostava das distintas pessoas da criadagem.

Dr. Meltzer: Isto é importante. É uma boa pintura do que é o egocentrismo infantil e a relação com esta mãe a nível de objeto parcial, parece referir-se à possibilidade de reunir – como dizia a analista – a nível quase de uma colagem, por meio da percepção e da alucinação, uma mãe que está a seu serviço como uma lua, um satélite que gira ao redor dela. E neste arranjo planetário também está o sol que representa o pai.

Analista: Isto foi interpretado na transferência como a necessidade de ter uma analista-mamãe-empregada que dependesse dela, negando assim a própria dependência.

Na segunda-feira da semana anterior às sessões que vou apresentar, a paciente relata o seguinte sonho...

Dr. Meltzer: *É um período atual da análise da paciente que está apresentando?*

Analista: Foi em meados do ano passado... maio de 1990.

Dr. Meltzer: *Então é quase de um ano atrás.*

---

3 Ver Referências teóricas, pág. 160, "Etapas do processo".

Analista: Sim, mais ou menos.

Sonho: estávamos num hotel onde havíamos passar o fim de semana, com D. – o marido da paciente – e as crianças. Havia um pátio grande com uma mesa imensa onde todos estavam sentados comendo um assado, havia muitas pessoas, nos faziam uma despedida e, enquanto isso ocorria, eu estava no quarto desesperada fazendo as malas. Tratava de colocar um monte de pertences na bagagem, que não era necessário para um fim de semana, e me desesperava porque não entrava tudo na mala; havia uns sapatos de mamãe prateados, com plataforma, do tempo da escopeta... e por haver esse problema com tudo o que queria guardar, eu estava perdendo o assado.

Dr. Meltzer: *Vou tomar somente o sonho em si mesmo, sem as associações e sem levar em conta o background analítico imediato. Podemos ver neste sonho este arranjo planetário de que falava antes, a grande mesa está representando o peito materno, toda esta gente ao redor como porquinhos mamando na porca, mas por outro lado isso representa uma grande festa para celebrar algo que tem a ver com a paciente. Isto por um lado, representa algo conseguido com a análise, que ela volta a ter esse arranjo planetário ao redor do peito como o objeto central, mas por outro lado toda essa gente ao redor da mesa não se reúne ali somente pela comida, senão por uma festa, uma celebração, uma despedida em homenagem a ela, que representa seu desmame. E o modo que ela tem de enfrentar esta situação de desmame, que transformou de alguma maneira o sonho em uma festa, é preparar as malas freneticamente, como se fosse ao deserto, levando inclusive coisas de sua mãe.*

Este é o tipo de material que se obtém no que é chamado o umbral da posição depressiva, quer dizer que uma vez que se tem chegado a este momento da análise, no qual a paciente resolveu, por meio de todo o trabalho analítico, o período de confusões anteriores, elaborou de algum modo, saiu de situações de confusão e de perseguição, o que sente como ameaça é o desmame, que produz uma terrível ansiedade e que parece que vai acontecer amanhã mesmo. Há então explosões de voracidade, explosões de ciúmes em relação aos irmãos etc.

Durante este período de três anos de análise, teve três sessões semanais todo o tempo?[4]

Analista: Sim, foram três sessões desde o começo.

A paciente associa com uma caixa-roupeiro de papelão grosso onde guarda as roupas fora da estação. Ao mudar-se para a sua atual casa, ela se estragou com a umidade; seu marido disse que jogasse fora, que já não serve, mas ela não quer.

Disse a paciente: "me custa desprender-me das coisas, mesmo daquelas que não me servem".

Foi interpretado que durante o fim de semana o temor da perda e da destruição, a privam de uma relação atual e vital que pode alimentá-la.

Dr. Meltzer: *Não é tão aparente como esta associação se vincula diretamente com o sonho porque parece ser de muitas maneiras o oposto ao sonho, quer dizer, estas associações parecem ser justamente o contrário do desmame, é como o bebê que se desmama a si mesmo porque o peito se arruinou, já que esta velha caixa representaria, de alguma maneira, o peito que serviu em algum momento como o receptáculo de identificações projetivas. Em vez disso, o peito no sonho é um peito cheio de coisas boas que atrai a todos, e é ela que se prepara para sair desesperada empacotando suas coisas.*

Quer dizer que estas associações não são associações ao sonho, senão que estão mostrando o quão difícil tem sido para ela durante estes três anos de analise desfazer-se dessa visão narcísica do peito, como o lugar de armazenamento de suas projeções.

---

4 Ver Referências teóricas, pág. 160, "Etapas do processo".

A analista, realmente, levou em conta esta contradição entre o sonho e as associações, e lhe interpretou de algum modo, o quão difícil é para ela estabelecer vínculos positivos e vitais, e desfazer-se do tipo de vínculo mais possessivo, narcisista, que ela tinha com o peito.

A interpretação poderíamos dizer que é correta. Talvez por ser tão breve, a paciente pode haver reagido a esta interpretação mais como referida a associação da caixa do que ao sonho mesmo.

Analista: Sessão da segunda-feira.

Paciente: Quando me deitei me lembrei imediatamente do sonho da caixa; é notável...

Dr. Meltzer: *Na realidade, o sonho não se referia a caixa, mas ela se lembrou da interpretação da analista acerca das associações.*

Paciente: É notável, aparentemente não pensei mais nele, e agora aqui me lembro como se não houvesse passado o tempo.

Analista: Possivelmente algo acontece com esse tempo que passou desde a sessão de sexta-feira até hoje.

Paciente: Sábado à noite tive um sonho... (Fez alguns segundos de silêncio e prosseguiu) ... é incrível! Sabe que não me lembro? Vinha para a sessão pensando nesse sonho e agora aqui, me lembro de outro. É de louco! Mas já vou me lembrar... (Fica quieta alguns segundos).

Analista: Parece como se realmente estivéssemos juntas desde sexta-feira...

Dr. Meltzer: *Este é um comentário interpretativo, e neste momento penso que o que a paciente perdeu é algo que vinha de sua vida onírica, e sobretudo ficou vinculado com o último momento da sessão da caixa. e talvez essa sessão de sexta-feira terminou para ela de modo pouco satisfatório.*

Na medida em que a analista interpretou as associações ao sonho no lugar do sonho, a paciente vai ter que sonhar novamente e trazer uma outra vez para ver se pode ser interpretado de um modo mais satisfatório.

Paciente: Já me lembrei, estávamos D. – o marido – e eu num salão, uma espécie de sala de aula grande; havia um suporte e sobre ele uma serie de cartões de papelão. Nós estávamos esperando que você chegasse, ia dar uma aula ou uma conferência... algo neste sentido. Enquanto esperávamos, típico de D., ele me disse: "e se olhássemos o que está escrito nos cartões?" Eu não me animava, mas finalmente nos colocamos a analisá-los. Os cartões da frente estavam claros, como recém impressos, mas à medida que vamos passando aos demais que estão atrás, as imagens vão se deteriorando, e não somente isso, mas também os cartões e os últimos eram praticamente pedaços. Enquanto estávamos olhando, você entra com um grupo de pessoas, como se fossem seus alunos. Eu me desesperava para ordenar rapidamente e que não se notasse que havíamos estado olhando e caísse tudo. D. disse: "vamos jogar estes pedaços"; e eu dizia: "mas se não é nosso, como vamos decidir?", embora esse material fosse sobre mim. Finalmente conseguimos acomodar os cartões, mas ficaram postos em forma horizontal. Eu pensava que você era alguém muito importante no que fazia. Ao começar esta espécie de aula se projetava na parede um jogo didático que você havia criado, uma das peças era a cabeça de um leão...

Analista: Queria comentar com o Dr. Meltzer que a paciente sabe que eu analiso crianças, algumas vezes ela cruzou com pacientes crianças que saiam do consultório.

Dr. Meltzer: *Este é um sonho que junta de um modo bastante criativo o sonho anterior acerca do peito e as associações sobre a caixa de papelão. A caixa de papelão está representada agora pelos* *cartões de papelão, e estes cartões estão agora velhos e arruinados; o que se passa agora com os cartões é muito comparável como que ela fazia no sonho anterior quando estava tratando de colocar as coisas na mala, incluindo os sapatos prateados da mãe. E agora as pessoas que estavam no sonho anterior ao redor da mesa, são as pessoas que vem escutar a conferência da analista; são rivais, mais que pessoas que vem celebrar a sua partida.*

O marido da paciente que não estava tão presente no sonho anterior, está mais presente aqui; nas associações anteriores ele sugeria que jogasse a caixa fora, no sonho de agora está presente sugerindo que jogue os cartões.

É possível que isto tenha algo a ver com o aborto que teve, e que foi uma causa determinante do começo de sua análise. Parece representar o marido como alguém que diz: "bom, não é tão importante, esqueça, não podemos fazer nada", é alguém que em todo o caso nega a realidade psíquica.

O que se vê neste sonho, e no anterior também, é que ela tem um ataque desesperado de voracidade e de ciúmes por ser uma a mais entre as crianças da analista, ao invés de ser "a bebê".

Não sabemos se esta negação da realidade psíquica corresponde a uma descrição real do marido ou não, mas certamente nos dá uma ideia acerca do porquê ela não pode relacionar-se internamente com ele. Quer dizer que esta negação da realidade psíquica, esta ideia de que não faz falta reparar um objeto que foi danificado, perdido ou destruído, e que aparece tanto nas associações do sonho anterior como neste sonho em si mesmo, parece estar vinculado na mente dela com a falta de ambição e êxito do marido.[5]

Analista: O que lhe ocorre do sonho?

---

5 Ver Referências teóricas, pág. 160, "Etapas do processo".

Paciente: Somente agora me ocorre sobre o papelão, me lembra a caixa de papelão arruinada onde guardava a roupa que não usava em cada estação. A sala me faz lembrar o Museu de Arte Decorativo... não esse que está aqui perto, não... o outro, o de Belas Artes. Era a mesma sensação, a do sonho, que eu tinha de criança, quando íamos com mamãe ao museu. Não me interessava muito a pintura, mas toda a saída era um programa, era realmente algo importante.

Dr. Meltzer: *Sair com a mãe era o importante?*

Analista: Sim.

Dr. Meltzer: *O que implica também que a mãe se interessava pelas pinturas, e que a mãe a levava procurando que se sentisse atraída e interessada por estas obras de arte; em que sentido isto seria importante? Não porque a mãe tentava interessá-la nos trabalhos de arte etc.; senão porque ela era levada pela mãe, e isto era uma gratificação para seus sentimentos de ciúmes.*

Analista: No sonho parece que você descobre que eu era importante.

Paciente: Quando acordei no sábado tinha um mau humor bárbaro; a tarde levei a R. para ver um espetáculo de marionetes, era uma espécie de *Muppets*, muito bem feitos e o tema era uma fábula com elementos da raça negra, animais nativos, com moral e tudo. Mas não estava muito satisfeita... me angustiei um pouco durante o espetáculo.

Dr. Meltzer: *Isto parece ser uma associação ao museu de arte, como se dissesse: "sim, era muito bom museu, tinha molduras douradas em todos os quadros".*

Analista: Qual era o tema da fábula?

Paciente: Bom, o tigre e o jaguar lutavam por uma laranjeira muito cobiçada que estava no bosque, ideal para tirar uma soneca em sua sombra, mas ao invés de lutar entre eles, em última análise, pelo poder, usavam uma capivara e um outro animal e tinham que fazer uma corrida...

Dr. Meltzer: *O quer dizer é que em lugar de brigar entre eles, por ciúmes faziam brigar as crianças entre si, formavam uma gangue narcisista para perseguir as crianças mais pequenas.*

Paciente: ... e cada um dos poderosos colocava um obstáculo ao adversário e criavam inimizades entre si; era como suas vítimas. Na realidade me pareceu um tema inapropriado para crianças...

Dr. Meltzer: *Mas é muito adequado para as crianças.*

Paciente: ... R. se angustiava em alguns momentos... (faz um silêncio). Estávamos no sonho e no meu mau-humor...

Dr. Meltzer: *Ela está irritada com você, porque você quer saber o tema da obra e é como se ela dissesse: "Bom, já te diverti bastante, agora voltemos ao sonho". Ela não quer se dar conta de que o argumento da fábula a deixou ansiosa e não quer saber nada acerca desta fábula.*

Veio como vinculada ao museu de arte... isto também implicaria que quando a mãe a levava ao museu, os quadros a deixavam nervosa, os quadros de Vênus, de Adão e Eva, todas essas coisas a deixavam nervosa e não podia olhar.

Este tipo de desconfiança que aparece agora é diferente da desconfiança que aparece no começo da análise, que tem mais a ver com o dinheiro, o fato de que a analista está fazendo negócios; e este outro tipo de desconfiança, que eu coloco mais em direção ao final da análise, tem a ver com a suspeita da paciente de que a analista está menos interessada em ver os sonhos e se inteirar como funciona a mente dela.

Esta diferença eu retomo na ambiguidade do termo "importante" ao que a paciente havia referido antes na sessão e a analista também. Quero dizer, a ambiguidade no termo tem a ver com a ideia de que importante quer dizer ter status, o importante quer dizer ter a riqueza interna que atrai as outras pessoas, quer dizer que se a analista vai usar a palavra importante, tem que qualificá-la para que fique claro a qual destas duas condições se refere.

Isto é um princípio geral da interpretação. Tecnicamente se deveria poder evitar a ambiguidade numa interpretação, mas as vezes não se tem clareza na própria mente como para poder discernir; nestes casos o bom seria melhor qualificar qual ramo da ambiguidade se refere, a ambos os ramos da ambiguidade, ainda quando, todavia, não está muito claro a qual dos dois se está referindo neste momento.[6]

Analista: Continua a paciente:

Paciente: De novo a desconfiança... e sim, não pode tirar-me isso da cabeça, muitas vezes nas sessões sinto algo diferente, mas o sentimento volta, eu lhe pago e você me atende pelo dinheiro ou por sua vocação, que não tem a ver comigo como pessoa...

Dr. Meltzer: *Isto é novamente a desconfiança anterior, quero dizer, da época que está vinculada a caixa de papelão de que ela não pode se desfazer, e que tem a ver com o uso que fazia da analista para seu próprio egocentrismo, e supõe que a analista também a use para seu próprio egocentrismo, quero dizer, a posição esquizoparanóide. Mas penso que a interpretação foi um pouco desafortunada porque está levando para trás em vez de levar para frente.*[7]

Paciente: ...que não tem a ver comigo como pessoa, com o afeto que você pode ter por mim.

Analista: E se sente sozinha, e voltamos a estar separadas, sem vida, como num museu, apesar de ser de belas artes ou de objetos decorativos.

---

6 Ver Referências teóricas, pág. 160, "Etapas do processo".
7 Ver Referências teóricas, pág. 160, "Etapas do processo".

Dr. Meltzer: *Penso que esta parte da interpretação vinculada com o museu está provavelmente equivocada, porque há uma diferença entre levar uma criança ao museu com intenção da mãe enriquecê-lo e levar a criança a esta pantomima de algum tipo, a que ela levou sua filha. Seria uma interpretação que leva para trás, em direção a posição esquizoparanóide, ao invés de levar em direção a frente, para a posição depressiva.*

Paciente: Também penso nessa minha necessidade de voltar ao passado que já não existe, e não aproveitar o presente apesar que o sinto muito melhor.

Dr. Meltzer: *Ela retoma este tema de um modo muito preciso, ir para trás ou ir para frente.*

Paciente: Mas o sábado seguia com o mau-humor, as crianças estavam resfriadas, choravam, eu não aguentava mais. Chamei a F. – a irmã que a segue – enrolando como sempre com a ida ao campo, "sim, não". Eu respondi errado, lhe disse: "de qualquer forma, você faz o que quer". Ficou chateada... e bem, apesar que eu desfruto muito de sua companhia me dói sentir que nunca posso contar com ela.

Dr. Meltzer: *Este pedaço do material em que ela fala da irmã, tratando de seduzi-la, me parece que corresponde com o que comentei antes sobre as famílias com três filhos, dois contra um; isto quer dizer "vamos brincar e deixemos fora a outra".*

Paciente: Para completar naquela noite, assistimos um filme terrível, me angustiei tanto que antes do final fui para a cama, era um casal de idosos que não se falavam, melhor dizendo, ele não dirigia a palavra a ela; a mulher, no entanto solicitava constantemente e ele nada. Sufocava-me a sensação de que nada ele transmitia, de não poder melhorar nada. Ela lhe dizia: "Por que não fala? Odeia-me porque envelheci?" Era muito triste... Ele tinha um gato que ele proporcionava todo o afeto que não podia dar a ela.

Dr. Meltzer: *Está se referindo a sua segunda irmã... a preferida do papai.*

Paciente: ... até que no final a mulher, de raiva, mata o gato, e ele já não dirige a palavra nem para o mais indispensável, somente escreve notas.

D. me contou o final: ela estando sozinha pega uma caixa cheia de fotos de quando eram jovens e se amavam, ele está fora e como pressentindo algo, entra correndo e a encontra morrendo; desesperado ele pede que o perdoe, lhe diz que a ama, é tristíssimo.

Dr. Meltzer: *Sim, parece muito triste.... penso que era melhor o teatro infantil, é mais próximo a vida e nesse sentido mais artístico também.*

Analista: Penso que o que trabalhamos a semana passada foi importante para você. Sua análise e eu somos importantes dentro de si, mas lhe dá medo o ódio que lhe produz não me ter sempre disponível, ter arruinado esse afeto e vitalidade que começa a crescer em seu interior.

Dr. Meltzer: *O problema com este material e o filme é que é sentimental, e o sentimental é parte da posição esquizoparanóide, o sentimental é uma barreira que se movimenta para trás ao invés de se mover para frente, em direção a posição depressiva. Novamente na tela de fundo está o tema do aborto. Há que se levar em conta que a mente da mulher, sempre a cada aborto, fica como a dúvida acerca de se ela foi a responsável, e diferencio os termos aborto provocado e aborto espontâneo.*

Isto pouco a pouco é um material que vai levando para trás, sentimentalmente em direção a posição esquizoparanóide com a ideia – por exemplo – que poderia se resumir em: "não é uma lástima que papai não tenha amado a mamãe?"

Paciente: (Faz alguns segundos de silêncio e segue).

Eu tenho dificuldade de aceitar que preciso de alguém (sorrindo), poderia ser de você, com quem somente tenho uma relação profissional, não posso lhe chamar a cada momento, só porque me sinto sozinha e triste.

Analista: Realmente penso que sofre muito ao permitir sentir necessidade de mim, por isso luta para que nossa relação seja estritamente profissional. Mas também quer intensamente despertar meu interesse.

Dr. Meltzer: *É um problema interpretar a transferência pronominal, no "eu e você", porque primeiramente não é uma linguagem que pode transmitir o significado essencial da transferência. É um problema que também surge no final da análise. Esta é uma situação vinculada mais com a parte adulta da personalidade e o que acontece no final da análise é a necessidade de discriminar entre os aspectos transferenciais e os tipos de relação mais adulta de camaradagem, de amizade, de amor, do que foi, que tenha se desenvolvido entre as duas pessoas no transcurso da análise.*

O aspecto significativo está mais vinculado aos objetos parciais, o peito e o interior do corpo da mãe; por exemplo, reunamos a associação do museu e o sonho da mesa da seguinte maneira: enquanto há pessoas que estão comendo e bebendo ao redor da mesa, ela está desesperadamente roubando os cartões e as obras de arte. É no umbral da posição depressiva em que nos encontramos com esta diferenciação crucial entre a voracidade por um lado e a apropriação dos objetos. Então este modo com o qual ela rouba vorazmente e faz um conluio com o marido para negar a realidade psíquica, se vincula com este aspecto sentimental do filme no qual se propõe: "não é uma lastima que papai não tenha amado a mamãe?" Quer dizer, o problema vinculado a posição depressiva seria: O que se passou com este casal que começou tão apaixonado e depois de ter tido dois ou três filhos se separou desta maneira? Qual foi o impacto dos filhos na intimidade

274 MARIA

*deste casal? Este não é somente um problema atual da transferência
na situação analítica e o impacto que os fins de semana têm no vinculo, senão que também é um problema da história da paciente que
ela tem que considerar. E se bem que no filme o gato poderia estar
representando sua irmãzinha que atrapalhou o interesse erótico do pai,
em sua própria história ela teve sua maneira de interessá-lo também
através de transformar-se no varãozinho do papai, em ser estudiosa,
em seguir sua profissão e seu trabalho.*

*Este material nos confirma que estamos neste momento da análise
que chamo de o umbral da posição depressiva, no qual o paciente
tem resistências a crescer, a seguir adiante e então a atitude e as
interpretações da analista deveriam ser sempre dirigidas para frente,
olhando para o futuro. E o crucial neste momento é a importância da
analista no mundo, e não somente no mundo externo senão também
no mundo interno, não somente como representante dessa mesa de
assado cheia de comida, senão também como representante desse
museu cheio de obras de arte.*[8]

Analista: Sessão de quarta-feira:

Paciente: À noite tive outro sonho...

Dr. Meltzer: *A paciente está trabalhando muito bem. Parece
estar trabalhando muito duro realmente, porque o que usualmente
se tem no umbral da posição depressiva, é um paciente que começa
a chegar tarde, que pensa que tudo está bem, e que já é tempo de ir
terminando a análise.*

Paciente: À noite tive outro sonho. Estava no campo cozinhan-
do e de repente começou uma chuva torrencial; eu dizia que nós
tínhamos que ir rápido porque em seguida o caminho se tornaria
intransitável. Tinha uma bebezinha nos braços, menina, toda vestida de rosa e sinto uma voz dentro de mim, mas ao mesmo tempo

---

8 Ver Referências teóricas, pág. 160, "Considerações técnicas".

alheia a mim, que me ordena matá-la. E então vou coloca-la na janela para que exposta a chuva se esfrie e morra. O curioso era os sentimentos que experimentava: se alguém me ordenasse eu poderia me converter em uma assassina, chegar a fazer algo contrário aos meus desejos. Me sobrepus e a tirei da janela. Uma mulher apareceu e me disse: "a bebê se torna Coca-Cola e a bebo". É uma loucura, mas sentia no sonho que se alguém a incorporava, a bebê não morria, se transformava, permanecia viva.

Dr. Meltzer: *Novamente aparece o tema do aborto e a suspeita na paciente de que ela pode haver feito algo em sua mente para produzir o aborto.*

Analista: O que lhe ocorre do sonho?

Paciente: Penso que tem a ver com o que vínhamos vendo, como me custa abandonar a infância, essa tristeza que sinto e a raiva, como se esta bebezinha que tenho que matar fosse eu. Também deixar o campo que tanto tem a ver com minha infância, com papai, com meu passado.

Dr. Meltzer: *Apesar dela apresentar como se fosse uma interpretação do sonho, é de fato uma associação ao sonho. Ela está trazendo na realidade, uma sensação interna de ter que abandonar, de ter que deixar para trás esses aspectos infantis para poder seguir desenvolvendo-se e olhando em direção à frente, o que lhe apresenta é o desmame e o ter que renunciar o peito.*

Se alguém olha o sonho nesta perspectiva, parece um sonho de reversão, é o bebê que alimenta o peito, quer dizer que o peito está representado no sonho inicialmente na frigideira na qual ela cozinha, mais tarde está representado pelo bebê, e finalmente pela Coca-Cola que ela bebe. Mas seja o bebê que ela mata ou a Coca-Cola que ela toma, o tema é a morte do peito.

Analista: Estou de acordo que a bebezinha é você, lhe ocorre algo mais?

Paciente: À respeito de obedecer esta voz, sempre sou assim: submeto-me, não sei dizer não. É como se estivesse num automatismo, a fazer sempre o que me mandam fazer, sem questionar...

Dr. Meltzer: *Esta voz no sonho se vincula com a voz do marido no sonho anterior que lhe sugere que jogue os cartões, que se desfaça da caixa de papelão; o que significa que se o peito ficou destruído, "simplesmente atire-o em suas fezes e esqueça-o".*

Paciente: ...a D. as vezes o sinto como esta voz que me chama, que me apressa. No domingo ao meio-dia fiz um almoço com algumas companheiras de colégio, os maridos e os filhos; éramos nove adultos e dezesseis crianças...

Dr. Meltzer: *Isto é como quando a mãe dava festas...*

Paciente: ... por onde andava aparecia uma criança, a maior tinha sete anos, imagine. Num momento pensei: "eu tenho que estar louca para convidar toda essa gente", mas passamos muito bem. Estas meninas não eram na realidade amigas minhas no colégio, mas companheiras com as quais, depois que deixei o colégio e por diferentes razões, fui ficando amiga. Na escola eu era muito solitária, no terceiro ano passei do colégio X para outro, nem me aproximava dos grupos, preferia ficar no banco do que sair para o recreio...

Dr. Meltzer: *Estamos escutando algo sobre seu período de latência e como seguramente seu estudo de alguma maneira foi retrocedendo no período da adolescência.*

Paciente: ... sozinha, parada no pátio. Parece-me muito triste quando me recordo. Era muito tímida e os óculos, somente usava na aula, sem eles não via nada. Lembro o que sofria quando comecei a ir a festas, ia sem os óculos, obviamente era horrível, nem me dava conta quando me tiravam para dançar. Os meninos riam de mim. Que cruéis! Lembro um dia, em uma chácara, um rapaz me gozava porque eu não enxergava, eu estava muito nervosa e deixei cair no chão um anel com o qual estava brincando; ele me disse: "não vê aonde está?" Pus-me a tatear o chão, não via nada; ele me deu, nunca me senti tão humilhada. Minha vida mudou com as lentes de contato. Foi papai quem me levou ao oculista; esse homem me disse que eu tinha uma espécie de repertório defeituoso de imagens por causa da miopia, e que a partir de que começasse a usar as lentes de contato, iria se modificar.

Dr. Meltzer: *Estamos escutando uma história adolescente que é na realidade uma repetição de uma história anterior, quando começou a ver o pai como uma figura atrativa, que a resgatava da tristeza que teve, quando nasceu a segunda irmãzinha. E isto reforça minha ideia de que algo está ocorrendo em sua relação sexual com o marido que é muito antianalítica. Quero dizer que isto parece estar adiantando a ideia de terminar sua análise, à medida que vai se aproximando da posição depressiva, como ela está em seu estado atual, porque ela está começando a sentir soledade, mas soledade não pelo vínculo com a analista, mas soledade em relação a análise como um lugar no qual alguém pensa por ela e pensa nela; quer dizer que é uma soledade em relação a situação analítica.*

Paciente: Lembro o dia em que fui colocar as lentes na ótica com papai. Quando me puseram, me disseram que fosse caminhar durante uma hora e voltar; quando saímos à rua foi horrível, sentia que mareava, que as pessoas, os carros, as cores me vinham em cima. Queria ir para dentro da ótica outra vez, caminhava apoiada no papai assustadíssima. Depois de um tempo me parecia incrível o que via, os preços nas vitrines, os detalhes nas pessoas, as coisas... uma mudança total.

Ai, não sei como cheguei a isto a partir do sonho... o que tem a ver?

Analista: Ocorre-lhe algo?

Dr. Meltzer: *É uma boa questão...*

Paciente: Não sei... ocorre-me que eu, com minha miopia podia ser como a bebezinha do sonho, tão indefesa, porque quando estava sem óculos, tinha uma espécie de invalidez...sabe? Agora me lembro que no sonho a mulher que me dizia da Coca-Cola era uma gorda peituda, como a cozinheira da casa de mamãe, T. – sua empregada.

Analista: Igual a essa mamãe que sempre você busca.

Paciente: Sim, oposta totalmente a minha mãe que é fraquíssima, muito elegante, com seu rosto anguloso, mas tão frio... Acho que nela não caberia essa garrafa de Coca.

Dr. Meltzer: *Esta não é a mulher da qual se enamorou o papai.*

Analista: Mas no sonho você encontrou uma mamãe com capacidade para conservar dento de si a bebezinha indefesa.

Paciente: O sentimento era que se a incorporava, num sentido a salvava.

Analista: Possivelmente você oscila entre sentir-me como alguém que a apressa para crescer impiedosamente, lhe obrigando a matar esta bebezinha inválida, que você pensa que tem um registro defeituoso da realidade, ou como uma mamãe com capacidade para incorporá-la e mantê-la viva, dando-lhe tempo para corrigir sua visão.

Nesta sessão você me traz a bebezinha indefesa, transformada em um sonho Coca-Cola com a qual me alimento.

Dr. Meltzer: Parece-me *muito bom este ponto da interpretação, já que podemos ver no sonho como o peito passa de caçarola na qual se cozinhava, para o bebê que tem que matar e logo para a Coca-Cola que ela tem que aceitar desta mulher com peitos grandes.*

Havia me esquecido de lhes dizer antes, que este ponto me pareceu correto, porque estava olhando para frente, da mesma maneira que o sonho olhava para frente; mas eu relacionaria o tema do pai levando-a ao oculista com o tema da mãe levando-a ao museu para ver as obras de arte, porque no momento em que estamos assistindo a paciente seguir em direção a posição depressiva, é importante fazer interpretações que juntem os objetos no sentido de formar um objeto combinado, para opor-se a tendência obsessiva da paciente de mantê-los cindidos.

Eu penso, portanto, que o último ponto que tomou a analista, de que ela havia trazido o sonho como a Coca-Cola que alimenta o bebê, é um ponto muito bom a ser tomado. E apesar que neste momento ela está trabalhando muito duramente na análise, há algo como tela de fundo que na realidade está trabalhando contra a análise, e então o pai levando-a para colocar as lentes de contato poderia relacionar-se com o marido mostrando-lhe um ponto de vista diferente, alguém que está negando a realidade psíquica, alguém que tem a ver com uma sexualidade não responsável. E isto tem muito a ver com o sonho dos cartões, com o conflito entre colocar os cartões de volta onde estavam ou esconder o fato de que ela havia mexido nestes cartões. Portanto, o trabalho em direção à frente é mais evidente, mas também há algo como tela de fundo que é mais escondido e que está atuando contra a análise.

Há tempo para perguntas e comentários se quiserem...

Analista: Quero fazer uma pergunta técnica a respeito da forma de interpretar a transferência neste momento da análise, que você disse não pronominal, não "eu-você". Se pudesse ampliar um pouco mais este tema, como seria...

Dr. Meltzer: *Não penso que seja somente neste momento da análise, senão que confunde um pouco o fato de interpretar em termos pronominais os aspectos adultos e infantis que estão em jogo, e então*

280 MARIA

eu penso que é melhor interpretar em termos da figura transferencial e das funções transferenciais que estão em jogo.

Ao se fazer o hábito de interpretar desta maneira, é como uma disciplina que permite pensar melhor em termo de objetos e funções, por exemplo, a parte papai analista ou mamãe analista, ou a função de alimentar, ou a função de meter-se dentro e controla-la e as partes do self que se vinculam ao mesmo tempo com esses objetos e com essas funções.

Isto permite falar ao paciente de duas maneiras: falar para parte infantil do paciente com uma linguagem infantil, usando inclusive terminologia infantil, e falar com a parte adulta sobre o bebê ou acerca da criança, em uma linguagem mais sofisticada que seja mais de acordo com a cultura e com o código compartilhado.

Para poder realizar isto que é uma discriminação mais cuidadosa de funções e de objetos, há que dar-se um tempo para pensar, não há que permitir que o paciente nos encha de informação. Há duas maneiras de trabalhar analiticamente, a primeira tem a ver com permitir ao paciente seguir adiante e tomar aqueles pedacinhos do material que nos interessa e descrevê-los em termos de transferência e isto funciona bem para um tipo de pacientes; a outra maneira de trabalhar não tem tanto a ver com o fato de tomar pedacinhos do material que nos interessa, senão ter uma visão mais panorâmica do campo total do material, mas trabalhá-lo no maior detalhe possível fazendo relações, vínculos, com outros aspectos do material. Para isso, tem que se dar tempo e espaço e seguramente se alguém trabalha assim, se vai encontrar falando muito mais do que neste momento a analista faz com a paciente.

Suspeito que isto depende de cada um, mas se a analista escuta o que falou durante a sessão e o compara com o que eu disse esta manhã...[9]

---

9 Ver Referências teóricas, pág. 160, "Considerações técnicas".

Participante: Qual relação vê entre os problemas da visão, a escopofilia e todo este empacotar freneticamente da paciente, que parece estar empacotando freneticamente por meio da apropriação visual, visitas ao Museu de Belas Artes, objetos de arte...?

Dr. Meltzer: *O relato que ela faz de sua vida como se houvesse passado da cegueira a visão, me parece estar totalmente exagerado. Não tem a ver com a visão, senão com o fato de ter que usar óculos e que ela se sentia avergonhada por isso. Mas na história este relato, que foi exagerado, tem a ver com o momento em que ela começa a ver o pai como um objeto atrativo que lhe permite se separar de sua mãe.*

Eu não veria – de acordo com o material – esta situação de quando ela está guardando as coisas valiosas da mãe na mala, como um material vinculado ao voyeurismo, senão que os olhos podem adquirir um significado – por exemplo – vinculado a voracidade e pode adquirir também significados de outras zonas, e esta seria uma significação normal que alguém pode imputar a visão.

Do meu ponto de vista o significado autêntico do voyeurismo seria o voyeurismo intrusivo, atravessar a privacidade da pessoa, meter-se na vida privada através dos olhos utilizando o olhar.

Eu penso que os cartões que estão sobre o suporte, na realidade representam as pessoas que vêm a conferência e que são ataques aos bebês; agora se considerarmos estes cartões como representação da mãe grávida poderia ser um voyeurismo intrusivo, uma tentativa de ver dento da mãe todos os bebês que estão ali.

Mas de qualquer maneira no que corresponde ao material deste tema da intrusão, não me parece muito central, provavelmente haveria sido mais anteriormente na análise e não agora.

Referências teóricas

A supervisão se centrou em problemas vinculados a etapa do processo psicanalítico e aos problemas de técnica interpretativa. Paralelamente, Meltzer sugeriu alguns comentários sobre a identidade sexual.

Etapas do processo

Meltzer (4) considera que a paciente atravessa o umbral da posição depressiva (ver introdução geral), o que significa que a dependência introjetiva do peito foi estabelecida, ao lado da relação discriminada com os objetos internos. Ao mesmo tempo, aparece o complexo edípico que está, todavia, contaminado por elementos pré-genitais da fase de confusões zonais. A plena aceitação do objeto combinado e sua privacidade na realidade psíquica é oscilante. Isto se deve não somente a persistência das confusões pré-genitais senão ao estado dos objetos internos que, todavia, estão cindidos e alterados por projeções. A reparação que tem lugar durante a análise permite a integração dos objetos e sua reabilitação pela retirada das projeções intrusivas. Quando isto tem êxito, como demonstra o trabalho anterior da analista com esta paciente, se insinua a possibilidade do desmame que a preenche de desespero, voracidade, ciúmes e sentimentos de desamparo.

Pode chamar a atenção que Meltzer interpreta o sonho sem associações – como ele afirma – e parece ajustar-se a uma transformação analógica da imagem da mesa à do peito, entre os comensais e os bebês, entre a festa de despedida e o desmame. Em outro trabalho (Meltzer, 1968) afirma que a receptividade analítica é variável e que há analistas mais sensíveis às configurações visuais e outros às verbais. Ele se considera entre os primeiros. Sua equiparação da mesa ao peito não é formal, senão que utiliza as imagens para uma equiparação da significação das funções. Não é a forma da mesa senão sua abundância alimentícia – estar cheia de coisas boas – quer dizer sua função nutritiva que permite toma-la como representação do peito. A ancoragem visual somente é a base para os supostos significativos que se baseiam no funcional.

A caixa de papelão deteriorada (5) está vinculada ao "peito –privada" – depositário de suas projeções – que é usado e "descartado" se predomina sua visão narcisista, como são descartados os cartões deteriorados do outro sonho. O desfazer-se dos objetos danificados equivale a desconhecer sua realidade psíquica; portanto a responsabilidade e a culpa que geram. Neste sentido, uma cisão e expulsão do objeto danificado corresponde a um retrocesso esquizoparanóide que junto com a desconfiança, impregnam este período da análise. Em (6) e (7) Meltzer esclarece o conteúdo da desconfiança nestas sessões, que se centra em duvidar de qual é o interesse da analista, está interessada na análise ou na paciente como bebê privilegiado?

Meltzer (5) relaciona o material de ambos os sonhos por meio do papelão-cartões estragados e os vincula com o significado que teve para esta paciente o aborto.

No *O Processo Psicanalítico*, apresenta uma oscilação entre o ataque e a reparação como própria desta etapa "do umbral". Esta oscilação em relação a um objeto valorizado está comentada nas intervenções (1), (2) e (3) onde as características cíclicas da mãe para além do seu diagnóstico real, constituem uma oscilação da imagem infantil: uma mãe sagrada que se deteriora com o advento dos irmãos.

Considerações técnicas

A obra de Meltzer inclui frequentemente recomendações técnicas ao estilo de "Conselhos ao médico...", por exemplo, o valor da simplicidade, clareza e economia das intervenções, as que agrega nesta supervisão a necessidade de esclarecer o sentido em que se usam palavras significativas que tendem a ser amplamente polissêmicas.

É especialmente em dois trabalhos (ver em Introdução: Dois trabalhos da teoria da técnica) que se dedicou as formas de interpretação. Nas intervenções (8) e (9) esclarece sua oposição a formulações pronominais tipo "eu" e "você" as quais estamos acostumados em nosso meio.

Na medida que Meltzer considera que as cisões estão sempre presentes, o "você e eu" se dirige a parte adulta, quer dizer, a parte colaboradora que se manifesta tanto em crianças como em adultos e não a parte infantil que é a que está ligada a analista pelas transferências. Por isso prefere dirigir-se a parte infantil com formulações vinculadas às funções dos objetos parciais como "mamãe e o nenê".

Sugere ademais que na medida em que seja possível, nestas etapas da análise, a interpretação se formule em termos de objeto combinado mais do que objeto materno ou paterno, somente para ajudar a paciente em suas tendências progressivas durante o processo. Por exemplo, sua reflexão sobre "Não é uma lástima que papai não tenha amado a mamãe?", é uma afirmação esquizoparanóide já que se trata de um objeto combinado cindido, no qual ambas as partes estão ligadas pelo desamor ou pela hostilidade. A outra formulação que propõe: "O que se passou com este casal que começou tão apaixonado e que depois de haver tido dois ou três filhos se separou desta maneira?", indica uma visão mais integrada entre aspectos passionais e aspectos de desamor ou hostilidade. A responsabilidade das partes infantis pelo estado dos objetos, agrega outro elemento para afirmar que se trata de uma integração da posição depressiva. Na intervenção (9) se dedica às formas de trabalhar analiticamente e de construir a interpretação. Estas duas formas são próximas da "interpretação rotineira" (ver Introdução), porque a "interpretação inspirada" somente é possível no clima de colaboração da parte adulta acerca da etapa do "desmame", quando se superou os retrocessos paranoides e a desconfiança da etapa que atualmente está atravessando a paciente.

Descritores: Caso clínico. Sonho. Supervisão.

9. Marlene

Analista: Quero comentar com o Dr. Meltzer que trago este material para supervisão, porque para mim é um caso que apresenta uma situação muito atípica, frente à qual não tenho referências.

A paciente veio de Buenos Aires por questões de trabalho; era uma executiva de uma empresa multinacional e devia ficar na cidade por três anos; logo conseguiu prolongar sua estadia um ano mais, para seguir com a análise.

A paciente apresentou uma transferência muito violenta, ameaçando primeiro suicidar-se e mais tarde em agredir-me fisicamente. Não tinha familiares em Buenos Aires a quem eu pudesse recorrer quando estava desenfreada.

Quando terminou o quarto ano de análise e tinha que ir para outro país, pediu-me indicação de um analista da cidade onde iria residir. Consegui uma indicação e logo me chamou por telefone, dizendo que o analista havia interrompido o tratamento aos três meses do início porque não a aguentava.

Esse analista indicou-a para outra analista que a teve por dois meses mais em tratamento e que também interrompeu pelo mesmo motivo, foi então que ela me chamou por telefone.

Dr. Meltzer: *Por que ela te chama para contar essas coisas? Quer que faça algo?*

Analista: Ela me perguntou o que poderia fazer, estava mal e necessitava falar comigo. Pedi que me desse uns dias para pensar e me chamasse depois de um tempo. Quando voltou a me procurar, disse-me que decidiu voltar ao seu primeiro analista – o primeiro antes de analisar-se comigo, e com o qual havia se tratado dois ou três anos, oito anos atrás – do qual se distanciou muito insatisfeita.

Dr. Meltzer: *Onde residia o primeiro analista?*

Analista: Em uma cidade – que não é Buenos Aires – no país onde ela atualmente trabalha.

Participante: Não fica claro porque suspende os tratamentos.

Analista: Não a aguentam, porque é muito violenta.

Atualmente está em análise com esse primeiro analista com quatro sessões semanais. Cada seis meses aproximadamente ela vem a Buenos Aires, me chama e me pede entrevistas; eu as dou e este é o material que trago.

O enquadre que tenho feito para essas entrevistas é que minimamente venha duas vezes para que me dê tempo para pensar entre uma e outra o que dizer-lhe e que comunique ao analista que vem me ver.

Dr. Meltzer: *Inicialmente ela foi a este analista por três anos?*

Analista: Aproximadamente.

Dr. Meltzer: *Ela esteve quatro anos com você?*

Analista: Sim, mas há quatro anos atrás, deixou de analisar-se comigo.

Dr. Meltzer: *Depois ela foi para outra cidade, fez análise com um homem uns poucos meses, logo depois com uma mulher outros poucos meses, e finalmente voltou com seu primeiro analista em outra cidade. De maneira que há três cidades diferentes, três lugares geográficos diferentes.*

Analista: Em princípio há muitos, há outro lugar mais onde ela teve um analista – que não mencionei – entre o primeiro e eu. É um segundo analista em outra cidade; eu sou a terceira; então quando os dois interromperam, ela volta ao primeiro.

Dr. Meltzer: *Na mesma cidade?*

Analista: O primeiro analista e os dois que interromperam são da mesma cidade.

Dr. Meltzer: *Está proibido mencionar que cidades são para que tenhamos uma ideia?*

Analista: São dos Estados Unidos.

Dr. Meltzer: *O segundo analista é de outra cidade nos Estados Unidos, ou da mesma cidade?*

Analista: De outra cidade.

Dr. Meltzer: *Ela trabalha sempre para a mesma companhia multinacional?*

Analista: Sim.

Dr. Meltzer: *A companhia multinacional é a família da paciente. Você vai ler as duas entrevistas mais recentes que teve com a paciente?*

Analista: Sim, vou fazer uma apresentação do que se passou na análise e em seguida vou ler três entrevistas de julho de 90 e duas de dezembro de 90.

Quando Marlene veio para consultar-me, era uma mulher de 40 anos, solteira, universitária que, por condições de trabalho – trata-se de uma alta executiva de uma empresa multinacional – tinha que residir em Buenos Aires por três ou quatro anos.

Assim que chegou a Buenos Aires, pediu-me por telefone uma entrevista, manifestando que não tinha urgência, mas quando lhe ofereci uma hora para uns quatro ou cinco dias depois, recusou dizendo que não podia esperar tanto tempo.

Marlene tinha os nomes de dois analistas, o de um colega homem e o meu; efetuadas algumas entrevistas manifestou seu desejo de analisar-se comigo, mas depois de aceitar o contrato, colocou que queria consultar o outro analista – o homem.

Quando expressei conformidade com isto, por tratar-se de uma pessoa estrangeira recentemente chegada ao país, sentiu-se rejeitada por mim.

A paciente me consultou porque todos os seus amantes a abandonavam.

Dr. Meltzer: *Que incomum, não?*

Analista: Sentia-se insatisfeita com o lugar que lhe haviam designado no trabalho e expressou que ela não tinha inteligência. Marlene começou sua análise dizendo que esta iria fracassar e que eu iria perder tempo com ela. "Você vai se convencer do seu fracasso no dia em que eu me suicidar, só um milagre salvará este tratamento". Isto era dito em um tom arrogante e de desafio que encobria, como pude compreender posteriormente, uma grande desesperança.

Dr. Meltzer: *Parece que está determinada a que seja assim.*

Analista: Junto com isto, manifestou que se a deixasse sem análise também se suicidaria.

Alguns dados da história: Marlene descreveu a relação com os seus pais como um inferno, tanto a mãe como a avó preferiram sempre a sua irmã maior.

Dr. Meltzer: *Por razões que ela não entende.*

Analista: "Sempre me tocou o pior", afirmou. Comentou que atualmente sua família levava o dinheiro que ela ganhava. Relatou que estando a mãe grávida dela, ao sonhar que ia ter outra filha mulher, havia querido abortar, golpeando-se no ventre em uma escadaria.

No sexto mês de gravidez morreu o avô materno. Marlene chorava muito nos primeiros meses de vida; a família dizia que ela era uma louca total já que a mãe tinha leite e Marlene a havia deixado debilitada e consumida de tanto chorar, isso lhe dizia a mãe.

Na adolescência, a mãe abria suas correspondências, também zombava dela porque tinha prognatismo, do que foi operada. A mãe lhe dizia "cara de cavalo".

Do pai – médico – disse que era um ditador, um nazista, que se deitava com as empregadas. Dizia-lhe que ela, a filha, tinha mau cheiro. O pai andava pela casa com pouca roupa, mostrando os genitais.

Frente a uma das tantas infidelidades do pai, a mãe tentou o suicídio.

Durante sua infância, a família mudou-se para diferentes cidades, devido ao trabalho do pai; em cada cidade Marlene tinha um cachorrinho, que devia deixar quando se mudavam.

Logo que iniciou sua análise, trouxe a fantasia de que seus pais tinham juntado seus materiais fecais para fazê-la. "A mim me fizeram com merda".

Iniciada a análise, começa a se desenvolver na transferência uma espécie de pequena fera, palavra usada pela paciente. Era zombadora, depreciativa, desafiante, irônica e autoritária, mas não faltava nunca e pagava na data. Embora chegasse pontualmente, dizia desdenhosamente que vinha porque não tinha outra coisa melhor para fazer.

Nada do que eu interpretava era bem aceito; quando não podia refutar o conteúdo de alguma interpretação, dizia que já era tarde, que eu tinha que ter dito isso em sua infância. Quando se esgotavam seus argumentos para rechaçar uma interpretação me respondia com um longo e hostil silêncio, mas se eu o interpretava, me dizia com muita raiva que me calasse e que não a interrompesse.

Quando lhe assinalei isto, ela recordou uma expressão típica de seu país que dizia: "Preso por ter cachorro, preso por não o ter"

Dr. Meltzer: *Você pode dizer que país é este?*

Analista: Sim. México.

Esta atitude denegritória e imprevisível começou a adquirir um tom acusatório franco, já que me atribui todos os seus fracassos nos encontros com seus amantes. Um violento *acting out* ocorreu no segundo ano de tratamento em que a paciente estava particularmente denegritória e impulsiva, o que a motivou sentar-se frente a frente. Nessa oportunidade em que estava se mostrando como uma fera, era uma defesa que ocultava uma criança desamparada para não ter contato comigo, Marlene me perguntou: "você quer saber o que é uma louca desenfreada?", e sem esperar resposta alguma, varreu com seu braço os objetos da mesa (entre os quais havia uma planta), os quais ao caírem, se quebraram, e ela logo saiu bruscamente do consultório.

Dr. Meltzer: *Que você quer dizer quando disse que ela se sentou frente a frente a você?*

Analista: A paciente esteve no divã durante bastante tempo. Quando começou a ficar particularmente denegritória – continuamente me insultava, gritava, ou saía batendo portas – pedi-lhe que se sentasse, que íamos trabalhar frente a frente, porque sentia que não a podia manejar. Eu me sentei atrás em minha mesa, e ela do outro lado.

Dr. Meltzer: *Qual foi o objeto desta mudança? O que queria evitar ou conseguir ao fazer esta mudança?*

Analista: Pensei que podia manejar melhor a situação, mais controle da situação.

Dr. Meltzer: *Diria que uma das últimas coisas que eu faria numa situação assim é fazê-la levantar, porque ao levantar-se ela tem todo o sistema muscular a sua disposição para usar, e uma das coisas maravilhosas do divã é que tende a imobilizar o paciente; é um dos motivos também do porque é uma posição tão comum com os pacientes.*

Analista: Ela, no divã, atirava sempre uma almofada pelo ar.

Na sessão seguinte, a paciente disse que estava de acordo com o que havia feito, já que era um ato de justiça porque eu lhe havia tirado a esperança e que não havia nada no mundo que pagasse. O estado de violência desenfreada motivou-a, para poder continuar a análise, a procurar uma colega para ser medicada.

Dr. Meltzer: *Que tipo de medicação queria que lhe dessem?*

Analista: Algo que a acalmasse. Estava muito, muito impulsiva, muito violenta. Ele deu-lhe doses pequenas de um antipsicótico e ansiolítico.

Ela resistiu, mas aceitou, com o que diminuiu o nível de agressividade e impulsividade, o que nos permitiu realizar algum trabalho analítico.

Um ano depois de quebrar os objetos, a paciente traz uma plantinha envolta em um papel comum e coloca na mesa, dizendo-me ironicamente que eu posso jogá-la fora já que contem gases venenosos.

Esse clima já descrito durou por volta de mais um ano, salpicado com outros episódios de *acting out* e violência verbal. Nos períodos em que aumentava a paranoia transferencial, permanecia nas sessões em pé, de costas contra a parede em atitude intimidatória, ameaçando-me de romper o vidro de um quadro e cortar-me o rosto. Além disso a paciente sustentava que ao sair esquecia as interpretações, dizia: "é como o gelo que se faz água e escapa das mãos".

Outro episódio grave que ocorreu no terceiro ano da análise foi um acidente que teve andando a cavalo sem haver posto o freio, e tendo sido jogada pelo ar.

Faltando poucos meses para sair do país, quando a estava interpretando acerca da dor que resultava a separação, ao sair do consultório com violência, atirou ao chão uma luminária de cristal que estava na sala de espera, a qual caiu ao chão sem romper-se; eu não vi como ela a atirou porque estava dentro da minha sala. Saio para observar o que aconteceu e vejo a paciente que está na porta de saída olhando-me triunfante. Na sessão seguinte, Marlene comentou que por fim pôde ver o ódio em meu rosto. Disse-lhe que era certo e que estava com raiva por esse fato e não por tudo que havia passado na análise.

Dr. Meltzer: *Esta é na realidade a psicanálise de uma criança. E na psicanálise de crianças é extremamente importante esclarecer desde o início quais são os limites absolutos; quais são os critérios para estabelecer esses limites absolutos, aqueles limites que no momento em que forem violados vão levar a uma interrupção da análise. Se esta interrupção é por uma sessão, uma semana, um mês ou para sempre é uma decisão diferente.*

Trabalhando com crianças eu penso que o limite mais absoluto é que o paciente não deve interferir na análise de outros pacientes: isso significa fundamentalmente para os pequenos que eles não devem machucá-la de uma maneira que seja visível a outros pacientes e que não devem danificar a sala de uma maneira que não possa ser arrumada ou limpa em muito pouco tempo.

Parece-me que esta é uma base racional que não podemos explicar ao paciente, que permite conduzir uma análise que deve ser esclarecida, e uma vez que o paciente a conheça sabe que se esses limites forem violados, a psicanálise vai ser interrompida.

Esta é minha técnica própria, que se refere, principalmente, a pacientes psicóticos ou adolescentes, mas é parte de minha técnica em geral. Ocorre que quando se interrompe uma sessão e se diz ao paciente que se vá por haver ultrapassado estes limites, pode-se esclarecer que o paciente fica livre para contatar o analista para discutir com ele a volta ao tratamento. Um corolário desses, que eu veria como uma proibição absoluta, é que o paciente não deve trazer armas para a sessão; isto é muito importante com adolescentes que às vezes tem a tendência a vir com facas ou armas de fogo. Eu aprendi numa triste experiência que qualquer coisa que se tenha na sala com vidro pode tornar-se uma arma instantânea para os pacientes. Por exemplo quadros com vidros ou estantes de livros com frente de vidro.

Também é certo que pacientes que estão muito doentes e não podem controlar-se, e não podem reprimir-se de atacar o analista, pertencem a um hospital psiquiátrico.

Eu supervisionei um caso interessante em Oslo de uma mulher que não atacava ao analista na sessão, mas o esperava fora da sessão e o atacava ali; falamos desta técnica e o analista advertiu a paciente, mas ela voltou a fazê-lo, pelo que a análise foi interrompida. Levou três anos para a paciente entrar em contato com o analista e retomar o tratamento que continua maravilhosamente desde então. Levou três anos para decidir que valeu a pena controlar-se. Continue.

Analista: Material de últimas sessões: Marlene comenta que o gerente geral da empresa vai fazer uma grande despedida; faz uma piada e diz que me convidou ao coquetel para que eu fale ao gerente e assim ela possa ficar em Buenos Aires um tempo mais.

Traz uma segunda planta, é uma orquídea de seu país e diz que dá flores cor leão ou cobra. Esclarece que a planta não é um presente, já que não recebeu o que ela esperava; a planta fica como pagamento pelo que ela quebrou, mas reconhece que eu fiz o melhor que pude.

Dr. Meltzer: *Dizer que fez o melhor que pode é evidência de que tem confiança.*

Analista: Quando falta pouco para sair do país fala frequentemente em querer comprar uma sopeira de *Limoge;* uma sopeira que é linda, mas cara. Marlene expressa que quando volta à casa da mãe, depois de suas viagens, sente que é o único lugar onde pode comer sem ter que pagar. Para quando se for reservou um jantar no *Maxims* de Paris com seu amigo Salvador – que é um homossexual. Interpreto que quem sabe necessite algo grandioso e salvador para substituir a análise que perde, onde sentiu-se alimentada.

Relata que uma amiga que está em análise leva seus sonhos à analista, que os coloca em um computador. Interpreto se não queria assegurar-se, que quando ela se fosse, ela ficaria na minha memória e não se apagaria.

Dr. Meltzer: *Creio que ela está inscrita em sua memória de forma inesquecível.*

Analista: Com certeza.

Nas últimas sessões vai aparecendo, em lugar da violência, a raiva que disfarça a tristeza da separação. Relata que se despediu de um de seus amantes e pode dizer-lhe que numa relação o mais importante não é o sexo, mas a confiança. Isto me leva a mostrar-lhe que estava retificando uma relação de violência erotizada comigo para hierarquizar a confiança no vínculo.

Na última sessão diz que não quer compartilhar esse momento de despedida com ninguém; sente-se melhor assim, mais calma e aparece então um clima de luto. Diz que veio com a certeza do fracasso e sai com dúvidas e interrogações acerca de se a análise a ajudou ou não.

Pós análise: Depois de sua partida volta espontaneamente a Buenos Aires cerca de duas vezes ao ano e em cada viagem pede para ter algumas sessões. Vai então relatando que os dois analistas que a atenderam posteriormente em seu país não a aguentaram e interromperam a análise poucos meses de iniciadas; então decidiu voltar ao primeiro analista que a atendeu há oito anos, de quem se separou brigada.

Diz que meu consultório é um lugar de referência, e que esta análise lhe deu uma saída, que eu a aguentei e não fui fraca; que ela sente que não me sugou até consumir-me como acreditava que ocorreu com sua mãe quando ela era bebê.

Relata uma história bíblica em que não houve milagre, já que Jesus não caminhava sobre as águas como parecia, mas que existia por baixo um caminho de pedras. Aqui expressa que teve sustentação para ela e que não foi um milagre o que a manteve na análise, como predisse no começo, mas o produto do trabalho analítico. Disse que ficou pensando sobre a interpretação recebida; que atacar a mim, sua analista era atacar-se a si mesma. Parece que está compreendendo algo da análise, cuidar do analista é também cuidar dela mesma. Em outra de suas viagens relata que está fazendo conquistas profissionais importantes.

Dois anos depois de terminar, conta-me que comprou um apartamento em Buenos Aires porque foi um bom investimento. Refere que aumentou 20 quilos no peso e fala do envelhecimento dos seus pais.

Os modelos que usávamos nas análises começavam a voltar-se para o passado, e me pergunta se é bom que o passado se torne passado. Disse que quando alguém perde alguma coisa que quer, isso o deixa triste, e que isso é a vida.

Dr. Meltzer: *Falemos de uma possibilidade que me ocorreu: você a conduziu como psicanálise de uma criança pequena, e há um grupo de crianças que são incorrigíveis e insuportáveis, que continuamente se expulsa da casa, da escola, de instituições para onde as mandam. São abusivas, roubam, mentem, incendeiam, atacam as outras crianças etc., etc.*

Minha esposa tinha um paciente assim e trabalhamos juntos bastante com este problema. Era um menino que nesse momento tinha ao redor de oito anos, que já havia provocado que a mãe fizesse várias tentativas de suicídio e perturbava totalmente a vida familiar, a dos irmãos, e os demais; e o que fez imediatamente na análise foi destruir sistematicamente o consultório. Tínhamos uma pequena sala no sótão e a preparamos como um consultório indestrutível onde aconteciam as sessões que consistiam mais que nada em lutas, eram lutas, e a maioria das sessões terminavam com a analista sentada em cima do paciente. A analista falou e falou e durante estes dois anos sua conduta em casa e na escola melhorou e depois de dois anos o menino decidiu interromper a análise. Seu desenvolvimento a partir daí andou muito bem, academicamente foi muito bem, hoje é um homem de uns 40 anos e bem-educado, muito exitoso na carreira que escolheu. Anos mais tarde a esposa veio analisar-se comigo e uma das coisas que soube por ela é que minha esposa – a analista do marido – havia se convertido no santo padrão do paciente. A memória, a recordação da análise e o amor pela analista havia sido muito intenso. Sua esposa não tinha a menor ideia do que tinha acontecido nessa análise.

Isto ocorreu faz uns vinte e cinco anos. Nessa época não tínhamos ideia do que ocorria e simplesmente era uma questão de prover um enquadre que o contivesse e tratar de sobreviver aos seus ataques, mas não sabíamos muito bem o que estava passando,

Desde então tem-se desenvolvido algumas ideias, especialmente a ideia sobre o mundo claustrofóbico e a índole da vida no mundo claustrofóbico. Tive outras experiências, como neste momento, um dos meus colegas, no consultório onde eu trabalho, tem um menino deste tipo, e a linha interpretativa que estamos seguindo é a seguinte: que ele vive nas fezes, no reto da mãe e que a única maneira que ele conhece de sair daí é pôr-se tão insuportável que o vai fazer evacuar. Este menino que está em análise neste momento, tem se acalmado muitíssimo num período de quatro meses.

Temos motivo para pensar que esta conduta começou nele abruptamente quando foi molestado sexualmente por um professor no colégio. Este menino de que falo tem oito ou nove anos. Agora, depois desses quatro meses que demorou para acalmar-se, pode estabelecer-se a situação analítica e uma análise propriamente dita pode ser começada.

Esta paciente que você acaba de apresentar possivelmente esteja na mesma situação, e graças aos quatro anos que passou com você havia saído de fato de seu estado claustrofóbico.

Digo-lhes de onde saiu esta ideia: do conto do Pinóquio, quando ele é tragado por uma baleia o que ele faz é tocar fogo dentro da baleia, o que provoca que a baleia abra a boca e o expulse.[1]

Com esta hipótese em mente sigamos adiante para ver o que nos diz a paciente.

Analista: julho de 1990, primeira das sessões.

Dr. Meltzer: *Quanto tempo desde que terminou a análise com você?*

Analista: Terminou em abril de 1987.

---

1 Ver Referências teóricas, pág. 179, "A vida no claustro".

Paciente: ...Eu tenho em X (a cidade onde nasceu) um apartamento a meias com um colega, mas meu sobrinho o está ocupando. Aproveita-se de mim e meu colega não o pode ocupar. Meu sobrinho é mal-agradecido, me pede dinheiro, me chama de louca (põe-se a chorar).

Minha irmã é uma aproveitadora, foi passear nos Estados Unidos, eu paguei a passagem e lhe dei dólares para que comprasse algo para mim, mas ela os gastou e não me devolveu (chora com raiva).

Analista: Não estará passando com você o que se passa com seu colega com o apartamento, que aqui também há intrusos? Você aqui já não é dona das horas de análise pois há outros pacientes ocupando-as.

Paciente: Para eu vir a Buenos Aires e vê-la é como vir ver o John (*um amante que teve em Buenos Aires*) e como vir comer empanadas. Quero tratar algo com você que conhece os antecedentes, e é algo bom que me passa: tenho uma relação com o Albert (*Albert foi um ocasional amante que agora separou-se da mulher*). Albert é frágil, está deprimido, ele diz que é um aparelho com defeitos. Eu sinto que tenho de quem cuidar, eu sou a terapia de Albert, eu vejo em Albert um bebê. Outro dia acariciei o pescoço de minha mãe e me pareceu que era a pele de Albert.

Vou contar-lhe um sonho: eu estava com meu analista (*analista atual*) e havia um sexólogo; no sonho eu tomava medicamentos (*explica-me que está tomando antidepressivos na realidade*) e meu analista também tomava os medicamentos. Ele – o analista – aproveitava-se da minha sessão para controlar com o sexólogo os medicamentos que ele tomava...

Dr. Meltzer: *Que sexo tem o sexólogo?*

Analista: É um homem.

Peço-lhe que faça alguma associação e ele diz:

Paciente: Eu falo bem de George (*que é outro amante e colega que ela tem*) no trabalho e isso o promove e então se dedica mais a mim. É um interessado.

Analista: Não estará se referindo a porque eu a atendo cada vez que vem a Buenos Aires? Será por meu próprio interesse e não pelo seu?

Paciente: (Ri) São os dólares que você me cobra.

Recordo-lhe então que a última vez que tinha vindo (em janeiro de 1990), havíamos ficado de definir se estas eram sessões ou visitas que efetuava, isto é, se eu ia cobrar ou não.

Dr. Meltzer: *Esta distinção é muito importante tecnicamente, decidir se pacientes que terminam a análise vem depois para uma visita ou para uma sessão.*[2]

Paciente: Eu havia esquecido totalmente isso que havíamos falado.

Analista: Novamente é o gelo que se faz água e escorre tudo o que havíamos falado na última vez.

Paciente: Como meu analista tirou férias, aproveitei para vir a Buenos Aires.

Analista: Quem sabe não suportou que seu analista se tenha ido, e ao não tê-lo, veio buscar sessões de substituição.

Paciente: Quando Albert não me chama uma semana, deixa de existir para mim. Quando me deito com George não estou traindo Albert.

Analista: Você falou de um Albert como de um bebê frágil, mas me parece que quando você fica sem seu analista, o bebê frágil é você.

---

2 Ver Referências teóricas, pág. 179, "Recomendações técnicas".

Paciente: Porém o Albert, eu o quero conservar mesmo não tendo paciência. Ele tem coisas do passado recente com sua ex-esposa, e eu o que posso fazer com o passado dele?

Analista: Quem sabe também a análise que teve comigo está se tornando passado, perdendo atualidade.

Paciente: Eu tenho um amor em cada porto (Ri).

Analista: Cada vez que você deixa uma cidade, deixa um amante, deixa um analista, deixa um pedaço seu. Quando você vem a Buenos Aires quem sabe busca reencontrar esse pedaço de você mesma que deixou no vínculo terapêutico que tivemos.

Paciente: Em meu trabalho vou muito bem, estou fazendo carreira e é por méritos próprios e não por acomodação. Penso que devo isso à análise que fiz com você.

Dr. Meltzer: *Embora de muitas maneiras se poderia dizer que o vocabulário e ideias que a paciente expressa são as mesmas que sempre esteve usando, não são ofensivas, não são ferinas. Pode-se compreender porque ela está tomando antidepressivos, porque está deprimida. É uma dessas depressões frágeis, quebradiças e o motivo porque se sente deprimida é por não ser amável. Quando veio vê-la era uma mulher odiosa, agora é uma mulher não amável.*

Nos perguntamos porque a fachada caracterológica, que era uma armadura, tanque de guerra quando veio vê-la pela primeira vez, é agora uma armadura protetora, é a mesma armadura. Então quem sabe uma das respostas de porque não é amável é por não saber tirar a armadura. Somente podemos supor que o que existe debaixo da armadura é extremamente terno.

O sonho que ela traz é impossível para você analisar porque é um sonho de sua análise e seu significado está ligado totalmente com os procedimentos dessa análise, e realmente não vale a pena tentar analisá-lo. A única coisa que se pode dizer acerca do sonho, é que lhe conta esse sonho da mesma maneira que quando acaricia o pescoço da mãe e tem a impressão que está acariciando a pele de Albert. Isto é, que ela a tem e ao seu analista confundidos de alguma maneira. É difícil dizer de que maneira. Quem sabe tem algo a ver com o fato de que nenhum dos dois usa armaduras, do modo que ela usa, ambos analistas expõem sua pele sem armadura.

Segunda sessão

Paciente: Tive que comer às pressas para vir à sessão; de que me serve vir vê-la? Não gosto de Buenos Aires, tem edifícios velhos, lugares escuros ... bom, Paris também os tem.

Analista: Buenos Aires será a análise? Aquilo que falamos está se tornando velho e escuro, coisas do passado?

Paciente: A relação com Albert acabou, chamei-o por telefone e ele negou-se a me atender (Albert – que é escultor – lesionou uma mão em um acidente). Horroriza-me que seja tão autodestrutivo, ele me chama de *Sweet (que é o nome da mãe de Albert)* porque eu me preocupo com sua mão machucada.

(Em tom de queixa) Tudo se repete e não adianta, com George estive e vou voltar a estar. Com Albert estive e vou voltar a estar.

Analista: Você está dizendo que em cada cidade há um pedaço seu, como fragmentos de vida. É um movimento pendular, você passa de uma relação à outra, tem todas as relações e ao mesmo tempo não tem nenhuma. Este pedaço comigo, será para minorar a ausência do doutor X? *(seu analista atual)*

Paciente: Eu não posso estar mais de quatro dias no mesmo lugar. Quando viajo, tenho que mover-me de um lugar a outro. Há pouco fui a Leningrado em uma corrida. Vi mais em um dia o que veem outros em vários dias.

Dr. Meltzer: *A questão sobre se ela deixa partes de si mesma esparramadas ... não estou muito seguro. Eu pensaria que a confusão entre o pescoço da mãe e a pele de Albert, provavelmente indiquem que ela não tem a capacidade de discriminar entre os distintos objetos, porque a relação que estabelece com os objetos é superficial e sensual. Por um lado, é sensual enquanto o contato que tem com a outra pessoa; e é superficial por outro lado, na medida em que outra pessoa se encontra com sua armadura que esconde o que sente, mas os sentimentos estão ali. Ela lhe revela seus sentimentos quando chora e faz chistes. Quando fala de uma forma ferina a transforma em chiste. Quando mostra sua preocupação pela mão machucada de Albert ... e demais. De maneira que o que se mostra é que seu nível atual de desenvolvimento de relações objetais está em um nível bem sensual em relação ao seu contato real com as pessoas, embora seu interesse e seus sentimentos reais por eles são mantidos muito em segredo.*

A visita a Leningrado é um exemplo de como tem que ir de um objeto a outro. Não é que ela vai para se proteger de um impacto emocional, mas que ela se afasta de um objeto para proteger-se do apego. Deste material pareceria surgir que não são partes dela que se espargem, mas que é o objeto que ela fragmenta. De maneira que o que vemos aqui é uma espécie de promiscuidade emocional.[3]

Terceira sessão

Paciente: Lamento ter vindo aqui, não consegui obter nada novo. Quase um ônibus me atropela, total ... Se me mata, melhor!

---

3 Ver Referências teóricas, pág. 179, "A vida no claustro".

Analista: Não será que o desejo de se matar é uma vingança tanto para o doutor X que a deixou, como para mim que não lhe dei em poucos dias o que leva muitas horas de trabalho analítico conseguir?

Paciente: Eu sou assim (*diz isso com orgulho*), a análise não mudou nada em mim; acaso você crê que me deu algo importante? (*Faz uma piada, zomba*) Oxalá tivesse gasto o dinheiro que lhe pago em um casaco da melhor marca de pulôveres.

Dr. Meltzer: *Isso é um pouco como a viagem a Leningrado, ela obtém mais em duas horas de análise do que os demais tiram durante um ano, hê, hê, hê. Nesta terceira sessão está a primeira ameaça de apegar-se à analista e logo de sofrer a dor da separação, porque ela, em realidade, sofreu ao final da análise com você.*

Dezembro 1990, primeira sessão

Paciente: De volta aqui (*olha para todos os lados como reconhecendo um lugar conhecido*). Me promoveram, me nomearam diretora executiva e proximamente me mandam para trabalhar na Europa. Venho aqui para agradecê-la, você tem muito a ver com essa promoção em meu trabalho.

Analista: Por que? Já faz quase quatro anos que você deixou a análise comigo.

Paciente: É que deixei de brigar com todos como fazia antes. Posso escutar melhor as pessoas e isso devo a você.

Dr. Meltzer: *Isto é certo.*

Analista: Quem sabe meu mérito foi não me ter deixado enganar por sua parte louca e cínica que queria fazer-me crer, como você mesma acreditava, que você não servia para nada e que só estava cheia de ódios e vinganças.

Paciente: Além disso, tenho recebido elogios pela minha capacidade de trabalho e pela minha sensibilidade feminina para negociar.

Analista: Aqui pudemos ir descobrindo juntas que essa sua parte briguenta escondia talento e inteligência. O deixar de brigar comigo é também, deixar de brigar com sua condição de mulher.

Dr. Meltzer: *Eu diria que o que está revelando a você, é que foi capaz de mudar da identificação projetiva para identificação introjetiva e tem sido capaz de introjetar a analista e a sensibilidade feminina da analista.*

Seria interessante para a analista voltar ao material e ver em que momento ocorreu esta mudança, em que momento emergiu da identificação projetiva e começou a introjetiva.

Analista: Quando ela estava por ir-se falou em comprar uma sopeira de Limoge, falou muito tempo que a queria comprar. Estava me falando de um continente que pudesse guardar coisas. Eu trabalhei muito esse material.

Paciente: Além disso vim também dizer adeus porque não conseguirei viajar a Buenos Aires tão seguidamente como até agora, mas vou voltar até os 70 anos a vê-la. (*e ri*)

Dr. Meltzer: *Até que a analista tenha quantos? (risos)*

Paciente: Meus pais estão ficando velhos, mas meu pai não muda, aos 76 anos fez uma proposta amorosa a uma garota que foi pedir-lhe um favor, a garota ficou indignada. Recorda que eu estava acabando a relação com Albert? Quando ele me deixou plantada fui buscar em seu lugar de trabalho o Sebastián (*que foi o primeiro amante de todos*) e mesmo fazendo oito anos que eu não tinha notícias dele, nos beijamos e falamos como se houvesse passado uma semana.

Analista: Você me fala de duas formas de viver o tempo e de viver a vida. Uma é como a da sua ascensão no trabalho onde teve mudanças na forma de ser; você já não é a mesma que era antes, o mesmo acontece com os pais que envelhecem. Mas há outra maneira como a de seu pai que é o mesmo que foi sempre com as mulheres, e você mesma que ao sentir que oito anos de separação é como uma semana, como se o tempo não houvesse passado, houvesse se detido.

Dr. Meltzer: *Isto sem dúvida é tudo acerca da relação com a analista, algo que não pode expressar de maneira direta, tem que expressar por meio de um homem, a partir de relações sexuais ... não pode expressá-lo de outra forma. Seria interessante saber o que passou com a sopeira, quem sabe essa sopeira foi estabelecida como Os Lares, os deuses do lugar que ela mantém.*

Analista: Ela quando sai de cada país geralmente compra algo, leva coisas valiosas ou lindas, e neste caso o que lhe interessava era a sopeira.

Dr. Meltzer: *É interessante que se leve de Buenos Aires algo que é feito na França.*

Analista: Sim. O importante é que em Buenos Aires comprou um apartamento e disse "é um bom investimento".

Dr. Meltzer: *Mas imediatamente o que ela compra perde o valor, como você assinalou a ela.*

Segunda sessão

Paciente: Aborrece-me que você tenha tantos objetos neste consultório. Quando me encontrei com Sebastián e ele me convidou a jantar, eu preferi um lugar íntimo, sem elementos que nos perturbassem.

Analista: Muitos objetos que aborrecem devem ser as muitas coisas que ocorreram durante a análise e os sentimentos de ódio, vingança, medo, amor que teve aqui todos misturados, quem sabe perturbando-a.

Dr. Meltzer: *Sobretudo os outros pacientes, a quem você mostra sua qualidade de Limoge aos outros pacientes.*

Paciente: Ontem você me disse do tempo congelado, mas não é assim; ao encontrar com Sebastián e sentirmos uma sintonia, isso é amor. Agora quero dizer-lhe algo. Quando aquela vez atirei o abajur da sala de espera, não o fiz de propósito. Creio que saí muito violenta e ao passar o derrubei com minha bolsa.

Analista: Eu lhe disse assombrada: por que não me corrigiu então em minha crença de que o havia feito de propósito. Creio que queria que eu estivesse equivocada e nisso estava seu triunfo.

Paciente: Dizer-lhe a verdade era admitir minha derrota, era dar meu braço a torcer, e eu não queria.

Analista: Sim, seu triunfo era que eu pensasse que você era má e perversa com minhas coisas. Mas equivocando-me, você triunfava. Uma espécie de triunfo pírrico.

Dr. Meltzer: *Não creio que seja correto triunfo pírrico, parece-me que era demasiado orgulhosa para admitir que foi um acidente e que preferia apresentá-lo como um desafio, alguma coisa assim. É seu orgulho, seu orgulho e sua arrogância são realmente enormes. Sua arrogância e seu sentimento de superioridade eram os elementos identificatórios da identificação projetiva. Assim que o que se vê neste momento é a humildade que tem substituído este orgulho.*

Analista: Quando ela atirou o abajur – que foi muito violento – eu lhe disse que se voltasse a danificar algo do consultório, automaticamente eu cortaria o tratamento.

Paciente: Eu antes não entendia o que era a análise, agora recentemente estou começando a entender.

Analista: Parece-me que você está realizando um bom trabalho analítico com o doutor X, e agora aqui está querendo atualizar nosso diálogo analítico ao fazer-me saber sobre a queda do abajur. Mas mesmo que tenha quebrado com a bolsa, naqueles dias estava por ir-se daqui. Não teria havido desejos de quebrá-lo de verdade?

Paciente: (*fica pensando*) Se meu analista atual não se irrita quando eu o provoco, então eu sinto necessidade de continuar com a provocação.

Participante: Obviamente tem havido uma mudança na defesa da paciente entre as sessões de julho e as sessões de dezembro, e se ela tentava nas sessões de julho, no entanto, atacar a analista sem muito efeito, nestas sessões está muito mais terna, mais afetuosa e em geral parece que está mais agradecida pelas mudanças. Essa pode ser obviamente uma forma de expressar agradecimento para a ex analista. Mas não se pode ver isso também como uma forma de atuar maciça, e tudo o que ela diz a esta analista pertence ao analista em que se encontra nesse momento?

Analista: Esta também é minha pergunta.

Dr. Meltzer: *Se o que ela, neste momento, tem é uma análise com o doutor X, se isso é o que tem com ele, o que ela teve com essa analista não é uma análise, é uma experiência que lhe permitiu ter uma análise neste momento. Em minha mente você não é uma analista, você é a mãe, é a mesma mãe com a qual esteve intimamente conectada ao estar vivendo nove meses dentro dela, mas diferente da mãe real que tratou de abortá-la quando esteve no sexto mês de gravidez.*

De maneira que ela volta a visitá-la neste momento como uma criança poderia ir visitar sua mãe natural de quem se separou depois do nascimento, pela enfermidade da mãe ou algum outro motivo perfeitamente perdoável. Ela não tem motivo de queixa com você a respeito da separação e por ter que ir ver outra pessoa. A maioria das crianças adotadas tem ressentimento contra suas mães naturais e quando vão conhecer a mãe verdadeira, sempre é sob uma nuvem de intenso ressentimento; mas ela não tem ressentimento com você. Eu pensaria que ela na realidade volta para informar a analista acerca de seu progresso agora que nasceu.

Não é que eu pense que a vida na identificação projetiva é o mesmo que a vida intrauterina, é completamente diferente, mas as pessoas que saem do mundo da identificação projetiva entram no mundo como quem acaba de nascer. Claro que há estados psicóticos de regressão nos quais se entra num estado mental parecido com uma regressão intrauterina, mas os estados de identificação projetiva não são assim. Isso se pode ver em hospitais mentais com pacientes que são como bebês, completamente sem defesas.

Participante: Quando se falou do apartamento que ela comprou em Buenos Aires, você disse que tudo que ela compra perde valor. Poderia ampliar isso um pouco mais?

Dr. Meltzer: *Este apartamento foi um erro, era uma tentativa de deixar as portas abertas para poder voltar a um estado de identificação projetiva. De maneira que o significado que tinha era um lugar para parasitar, de maneira que teve que fazer arranjos para instalar um parasita aí dentro; ou melhor dito, ela teria a experiência de que qualquer pessoa vivendo aí seria um parasita como o sobrinho.*

Analista: Me tem delineado, quando comentamos o material no grupo – estando ela em análise com seu analista - que poderia haver duas transferências: uma com seu analista e uma comigo. Como é esse problema?

Dr. Meltzer: *A transferência com você é uma transferência com a mãe que lhe deu à luz, que a pariu, e ela gostaria muitíssimo de esquecer que quando estava com você, não se comportou como um bebê dentro do útero, mas que se comportou de modo muito distinto, ela* *gostaria de retê-la como a mãe que lhe deu à luz. Elizabeth Bianchedi me pediu que explicasse isso na noite passada: porque digo que quando um paciente está atuando com um dos processos de estar em identificação projetiva, não está manifestando transferência para nenhuma pessoa. Ela se comportou na maior parte do tempo que estava com você, não com uma analista ou com uma pessoa, mas como se você fosse representante de uma outra instituição, não a companhia para a qual ela trabalha, a companhia para a qual você trabalha, chamada psicanálise, essa grande companhia multinacional, a psicanálise. De maneira que não havia nenhuma dúvida em sua mente que os seus (da analista) motivos para trabalhar em sua companhia, era a mesma motivação que ela tinha ao trabalhar para sua companhia: status, dinheiro e poder. Ela estava decidida a que você não tivesse poder sobre ela. Estava decidida a não ser o tipo de paciente que vai incrementar seu status como psicanalista, e que ia jogar o dinheiro em sua direção com desprezo. E se lhe perguntassem, se fosse por ela, você não iria ser promovida.*

Participante: Eu queria retomar a hipótese de se as visitas a Buenos Aires não podem ser enquadradas ou pensadas como um *acting out* maciço de sua análise. Independentemente de que em sua fantasia visite a sua mãe, há um certo enquadre, há interpretações – algumas são profundas – está a dizer que uma coisa é a fantasia da paciente com a qual chega na entrevista, e outra é um certo enquadre que a situação tem. Eu me perguntava se assim como uma pessoa toma cuidado de dizer a um paciente: "se quebrar o vaso eu não o atendo", "se me quebra o consultório eu não o atendo", "se me machuca fisicamente eu não o atendo": um *acting out* que se repete não pode ser incluído perfeitamente dentro das mesmas prevenções. Quer dizer, independentemente da fantasia inconsciente da paciente – que por suposto também está incluída em qualquer acting, ao romper um vaso também há uma fantasia inconsciente que nós podemos compreender, o qual não impede que seja dito a uma pessoa que se o fizer de novo a análise pode ser interrompida. Se esta hipótese é certa, que ela disse aos seus amantes o que nunca disse a esta analista e que diz a esta analista, mas não ao atual... um circuito muito particular de viver em *acting out* ou dizendo e fazendo em distintos lugares o que deveria fazer em outros, se esta hipótese é certa.

Analista: O analista sabe que ela vem me ver.

Participante: Sim, sim ... digamos se a hipótese é certa, se desde essa perspectiva a pessoa não a pode tomar, como o tema do vaso e dos vidros, colocar um limite, ou isso não é obstáculo para colocá-lo.

Dr. Meltzer: Você disse que o analista lhe deu permissão ou que o analista sabe que ela vem a Buenos Aires e vai ver você?

Analista: Ele sabe ...

Dr. Meltzer: *Não é segredo ... O segundo é que você lhe deu a opção de que esta seja uma visita ou uma consulta de continuidade e ela elegeu transformá-la em uma consulta e pagar. Se é ou não um acting out em relação a seu analista, neste momento não é problema seu; não é seu problema porque não está na posição de fazer esse julgamento. Você não é responsável pelo trabalho do outro analista, é responsável unicamente por conduzir-se de forma profissional e ética com a paciente.*

Não me parece que haja nada no material que sugira que estas visitas tenham a intenção de debilitar ou sabotar sua relação com seu atual analista; se fosse assim, se houvesse intenção de atacar ao outro analista, a paciente provavelmente tomaria a forma de introduzir fofocas, de tratar de averiguar o que pensa você do outro analista, ou trazer um sonho para que você o interprete para poder comparar com a interpretação do outro analista... coisas desse tipo. Por exemplo, quando ela conta o sonho não há nada que indique que o conta para que esta analista o interprete, mas simplesmente parece ser para informá-la de qual é a situação com o outro analista; e esta analista não fez nenhum esforço por interpretar o sonho, simplesmente quando pedia associações era para compreender o sonho, mas não para devolver uma interpretação. E não há nada que indique que este é um sonho que foi levado à outra análise, parece ser um sonho que teve enquanto estava com o outro analista.

Está bem o que você disse, tem-se que ficar alerta para que ex pacientes não nos usem de tal forma que seja em detrimento do paciente ou de outra análise que esteja em curso. Isso é parte do procedimento normal da análise, que temos que estar sempre atentos às diferentes formas que o paciente tem de usar-nos mal, mas não porque somos responsáveis por proteger a outra análise, mas porque somos responsáveis por proteger a relação que temos com o paciente.

Participante: Pode ampliar um pouco mais que parte do material o faz pensar com bastante segurança que o que vai deixando, perdendo, esparramando quando vai de uma cidade a outra – a Leningrado por exemplo, são objetos e não partes do self.

Dr. Meltzer: *A ênfase parece estar posta em manter a brevidade destas visitas e ainda há muita evidência de que ela não é capaz de tolerar separações de maneira que se preservem suas relações com os objetos. Como vocês sabem, a distribuição de partes do self em diferentes lugares é bastante comum. A gente tem apegos permanentes ou pelo menos duradouros a diferentes lugares, e à medida que alguém olhe acerca do que sentem e como se comportam em distintos lugares, pode ver que estão habitados por distintas partes de si mesmos. Mas por suposto, nunca realmente conseguimos todos os processos de integração em direção aos que nos inclinamos. O exemplo mais chamativo é que como analistas possivelmente sejamos mais humanos, sensíveis e inteligentes no consultório que em qualquer outro lugar de nossa vida. De maneira que a pergunta que surge disto é se como uma pessoa se comporta no consultório é fundamentalmente diferente de* *como se comporta em casa, no clube, no país ou de férias etc... Qual é a diferença entre os pacientes e os filhos? Bom, uma diferença é que a gente conhece aos pacientes melhor que os filhos.... e se a gente examina cuidadosamente, quem sabe encontre que os quer mais também porque quanto mais a gente chega a conhecer alguém e quanto mais se é capaz de satisfazer K – o K de Bion, o interesse nosso por eles, estamos em melhores condições de integrar e manter juntos seu amor e seu ódio na relação apaixonada em direção a eles.*

Eu não me surpreenderia muito se à medida que a vida continua, encontrem que os melhores amigos são os ex pacientes.

Participante: Pelas características em que se terminou esta análise, que foi por razões exteriores ao próprio processo – razões de trabalho -, e pelas características também da paciente – ela diz: "em cada porto um amor" neste material. Isso promove as visitas dela a Buenos Aires?

Dr. Meltzer: *O que é comparável com as visitas a Buenos são as visitas a Sebastián. Este assunto de "um amor em cada porto" é um fenômeno que se dá em outro nível, é outro problema. "Um amor em cada porto" é uma expressão da superficialidade, a vacuidade de suas relações sexuais que se dão a um nível eminentemente sensual e facilmente substituíveis, dois por vez etc... Mas a necessidade de manter-se em movimento continuamente é uma forma de prevenir que se forme um apego. Quando fala de vir visitar esta analista até que ela tenha 70 anos, ela ignora totalmente a idade de sua analista, mas imediatamente depois começa a falar da idade dos pais. Em minha opinião, pode pensar com uma certa calma acerca da morte dos pais, mas não pode sequer conceber a possibilidade de que a analista morra.*

Analista: Quero fazer um comentário a propósito do que o doutor disse acerca da relação com os ex pacientes que a gente às vezes os conhece mais que os filhos e pode ter uma relação muito amistosa. Por uma ocorrência contratransferencial que tive em uma das últimas visitas com esta paciente, que foi o que motivou que lhe colocasse que íamos definir se iam ser consultas ou visitas; nesses dias na Argentina tínhamos uma rebelião "cara pintada", e eu pensei no futuro das minhas filhas, se podiam viver ou não nesse país. Pensei se ela, que era uma pessoa que estava tão conectada em outros lugares e em outros países, poderia chegar a ajudar-me caso minhas filhas tivessem que emigrar, foi uma fantasia.

Dr. Meltzer: *Bem, bem ... você a quer; os três pacientes mais difíceis que analisei com êxito transformaram-se em amigos muito queridos meus, uma é agora minha enteada. Estas foram análises de crianças e duas delas me chutaram, destruíram meu consultório; o terceiro quebrou os vidros, me agarrava, feriu-me no rosto com um capacete de motociclista ... foi terrível, são todas análises de crianças.*

Pensamos que no processo evolutivo a natureza pudesse ter criado uma forma de nascer que fosse indolor, mas não o tem feito. Por ovos seria mais simples, mais fácil, mas a natureza não o tem feito indolor, de maneira que essa dor quem sabe tenha uma função importante em criar o vínculo entre a mãe e o bebê.

Participante: Que pensa você da adesão que a paciente sempre faz acerca de seu vínculo com a empresa; que a empresa é que decide a mudança de lugar e ela obedece; porque poderia renunciar a esse trabalho e ficar?

Dr. Meltzer: *Está supondo que ela se comporta de forma diferente na empresa do que se comporta na análise, é mais obediente, é muito boazinha.*

Participante: Não a despediram ...

Dr. Meltzer: *Sim, evidentemente comportou-se de forma tolerável e inclusive eficiente. Este é todo um outro tópico e se trata da semelhança ou congruência entre a estrutura do mundo claustrofóbico e a estrutura deste tipo de organizações e com que facilidade muitas* *pessoas as confunde e se comporta nestas organizações como se fosse esse mundo dentro do claustro. Quando se observa este processo em pacientes como esta, ou em pacientes borderline psicóticos, ou em casos de pseudomaduros severos e outros e se chega a ter uma ideia de como se comportam e sobrevivem no claustro, pode-se ver grandes semelhanças com as técnicas e formas de ser que são usadas em organizações deste tipo. Se prestarmos atenção, isto explica bastante acerca da essência da política, a natureza do que é a política nas organizações e também diz bastante acerca do tipo de pessoas que está atraída por atividades políticas a nível institucional ou nacional. Todas as coisas que tem a ver com status, poder e dinheiro. Dizem que o poder corrompe, e que o poder absoluto corrompe absolutamente, mas creio que as pessoas que buscam o poder estão totalmente loucas.*[4]

Referências teóricas

A vida no claustro

Meltzer vincula a extrema agressividade da paciente durante o tratamento com o predomínio da parte da personalidade que habitava o espaço retal do objeto*. Considera que o trabalho analítico lhe permitiu a saída da identificação projetiva e possibilitou-lhe o estabelecimento de vínculos afetivos. São, todavia, vínculos superficiais e mutantes pelo temor da paciente pelo apego e pela confusão entre os distintos objetos (3), (1) e (4). É importante destacar que Meltzer, não considera que se detecte a transferência quando o self encontra-se confundido com o objeto, como resultado da identificação intrusiva. A paciente supõe o analista lutando pelo dinheiro, a hierarquia e o poder, do mesmo modo que ela se sente em seu meio empresarial, no qual reproduz a estrutura de seu mundo mental.

---

4 Ver Referências teóricas, pág. 179, "A vida no claustro".

Recomendações teóricas

Este material tem a particularidade de originar-se de uma série de entrevistas, cada meio ano depois da interrupção do tratamento. Esta é uma situação frequente ainda em pacientes que não se afastaram do país. Importa encontrar o sentido que o paciente dá a esses encontros (2) e resulta claro que embora a paciente tenha outro tratamento, não se pode interpretar o significado que tem as entrevistas para o outro analista.

Meltzer faz recomendações claras a respeito da destrutividade dos pacientes crianças e adultos. O limite está posto em que não causem danos ao analista ou ao consultório de modo que prejudiquem a sessão dos pacientes seguintes.

*Ver resumo do *Claustrum*, em Referências teóricas, pag. 220 e seguintes)

Descritores: Caso clínico. Supervisão.

10. Matias

Analista: Matias é o primeiro filho de um jovem matrimônio. A mãe ficou grávida de seu primeiro filho quando tinha vinte e quatro anos, dois meses depois de ter se casado. A gravidez foi normal, durou trinta e nove semanas nas quais não se registraram dificuldades, mas o parto foi programado com cesárea devido a apresentação pélvica do bebê.

Nos primeiros meses posteriores ao nascimento de Matias, sua mãe estava deprimida. A amamentação da criança foi complicada; Matias dormia enquanto mamava e por outro lado a mãe tinha o mamilo umbilicado, embora saísse leite quando ele sugava.

Muitas vezes ela dormia amamentando o bebê e, portanto, não sabia se o bebê havia tomado o peito. Não somente estava deprimida, mas também em um estado confusional.

Ao redor dos quatro ou cinco meses o bebê se olhava e brincava obsessivamente com as suas mãos, como se tivessem vida própria. O bebê não se importava e não prestava atenção a nada e nem a ninguém, tinha o olhar perdido.

Aos pais lhes parecia muito notável uma atitude típica do bebê, que eles denominavam "apatia", e descreviam da seguinte maneira:

"Matias coloca o dedo polegar na boca bem profundo segurando o nariz com o indicador, e se aliena, parece estar em outro mundo". Desse modo, apresentava, nos dois polegares, protuberâncias devidas a incessante sucção.

Matias não pegava as coisas com suas mãos; este comportamento durou até um ano e meio, quando começou a tentar juntar as mãos para levar objetos a boca.

Sentou-se aos 8 meses e meio, não gostava de ruídos, e somente olhava fixo à luz, sem reclamar a presença da mãe.

Conquistou a posição ereta aos dezesseis meses, mas caminhou com as pernas separadas e com muita dificuldade apenas com dois anos e dois meses, sem utilizar as mãos para se sustentar.

Quando o bebê tinha um ano e meio sua mãe engravidou. Matias adotou em direção a ela um pronunciado apego entre o segundo e quinto mês, mas no sexto mês da gravidez, manifestou comportamentos agressivos, batendo na barriga da mãe. A irmã de Matias é uma criança saudável.

Consultaram-me quando a criança contava com três anos de idade: apresentava absoluto mutismo e ainda não havia adquirido o controle dos esfíncteres. Foi proposto que o tratamento somente poderia se desenvolver na frequência de três vezes por semana. Atualmente o menino tem sete anos e sete meses.

Resumo dos dois primeiros anos de tratamento

Analista: Matias não dispunha do desenvolvimento motor de acordo com sua idade e ainda usava fraldas, não pronunciava uma única palavra e era totalmente passivo.

Nas primeiras sessões permanecia deitado enquanto sugava seus polegares. Eu não sabia se ele me escutava, se me atendia, pois não obtinha dele nenhuma resposta acerca das minhas intervenções.

Às vezes pronunciava sons com uma qualidade emocional muito vaga e sem nenhuma semelhança com a fala. Em um primeiro período, pareceu desconectado e logo passou a exigir o contato físico como uma necessidade imperiosa; minhas mãos serviam para levantá-lo ou as utilizava como uma extensão dele mesmo. Logo o desenvolvimento motor foi melhorando, se levantava, ia ao banheiro.

Por volta de um ano de tratamento haviam sido resolvidas as manifestações psicóticas grosseiras de sua conduta; existia uma maior compreensão, uma maior simbolização, embora ainda não fosse de acordo com sua idade.

Nas sessões, limitava-se a sugar o rolo de amassar, lamber os cubos, beber de um copo, apoiar-se em minhas pernas, usar minhas mãos, masturbar-se contra meus joelhos, apoiar seu rosto nos pratos e copos e mais adiante a escutar sons musicais e o pranto dos bebês que vinha de fora.

Dr. Meltzer: *Parece um caso de depressão da mãe e uma depressão infantil. O bebê se recuperou um pouco durante a segunda gravidez da mãe, mas provavelmente caiu em uma depressão quando a mãe começou a prestar atenção no outro bebê.*

Embora tenha características autísticas, este não parece ser um desenvolvimento autístico, provavelmente seja depressivo. Sem dúvida, é uma depressão com uma falha de desenvolvimento, uma falha na capacidade de formação de símbolos, não é uma criança hiperativa. Talvez esteja funcionando em identificação projetiva, mas não se pode saber por este material. No primeiro ano de tratamento repetiu o que fez durante a época em que a mãe estava grávida, quero dizer que nesse período resumiu o desenvolvimento infantil do primeiro ano.

De maneira que o primeiro que encontramos é uma privação materna, uma privação do contato com a pele, uma privação da voz e uma falta de atenção. É uma sorte que tenha vindo a tempo a um tratamento, porque se não fosse assim, teria se transformado em um autista na idade de cinco a seis anos. O que podemos ver no tratamento são sequelas de um mal começo que poderiam se categorizar-se como traços autísticos, como distúrbios de atenção.

Analista: Descobri que seu comportamento era mais violento logo depois dos fins de semana. Voltava berrando e insultando. As reações frente a separação se fizeram óbvias no ano de tratamento. Houve uma etapa de balbucios, posteriormente sua linguagem nas sessões progrediu e melhorou a qualidade de sua comunicação, refletida em seu comportamento.

Dr. Meltzer: *Isto dá um pouco de esperança. Poderia se suspeitar que teria pouca vitalidade, mas parece que tem bastante. A evidência disto é a forma em que ataca a barriga da mãe. De maneira que provavelmente veremos muitas evidências do funcionamento por identificação projetiva, como uma expressão de sua possessividade pelo interior da mãe, do corpo da mãe.*

Resumo dos dois anos seguintes de tratamento

Analista: Durante este período Matias entra na sessão tocando meus peitos, tentando comprovar que são de sua exclusiva propriedade, evidenciando ciúmes das outras crianças, como: "chega de nenês".

Demonstra na sessão que triunfa sobre os outros bebês, já que ele fica e os outros os desaloja, mas teme também ser expulso. Além disso, a noção que adquire do tempo transcorrido na sessão provoca tristeza ao ter que abandonar o campo de batalha e assim deixar-me com os meus: bebês, pacientes e filhos.

Também nesta época demonstra como ele era antes e como é agora. O Matias de antes não podia dar-se conta donde estava, o que fazia, quem eu era. O Matias de agora olha, se dá conta, está interessado por alguém que me cumprimenta e percebe os outros como maiores.

Mesmo assim continua pedindo "upa" por medo de me perder, sem que eu aceite levantá-lo.

Se continuarmos mantendo a hipótese de uma sessão do período anterior na qual havia pedido ajuda para sair da banheira de bumbum dramatizando seu nascimento pélvico, agora, por sua vez, mostra em forma regressiva que em vez de sair de bumbum – ser parido – entra de bumbum dentro da banheira.

Igualmente se observa sua regressão durante uma gravidez posterior de sua mãe, seguida de um aborto, vividos por Matias como se ele fosse o responsável pela expulsão dos bebês, situação que oferece a oportunidade de sentir que o ventre e os peitos da mãe são somente dele.

Em diferentes momentos mostra sua identificação com a mãe, por exemplo, quando acende o fogo com o *Magi-Click*, aquece a chaleira e faz o chá. Ao lhe interpretar que ele queria ser como a mamãe, nos mostra que se é a mamãe, o papai com o pênis lhe dá de comer, expondo assim sua ideia de coito oral na seguinte sequência: diz "ovos", "Leon" – Leon é o seu avô – "fraldas". Coloca a mão na calça, toca seu pênis, abaixa suas calças, me mostra o seu pênis ereto e assinala pedindo que eu lhe dê água.

Ajudou-me muito as indicações do Dr. Meltzer, numa supervisão anterior, para compreender esta identificação com as tarefas maternas.

Em muitas sessões dramatiza a cena primária. Por exemplo, trata de embrulhar num pedaço de papel o extremo do rolo de amassar, me dá, eu o seguro, empurra o rolo de amassar, rompe o papel e diz:

"mamãe, León, mamãe, bunda, pum". O jogo se torna trágico quando vê as minhas unhas vermelhas, então grita "dói, mamãe, mamãe".

Entendemos nesta sequência, que Matias percebe que é pequeno e que com o papai não pode fazer bebês, mas em sua intenção de fazê-los e de ocupar o lugar da mamãe, a mamãe fica ferida.

Nas encenações relativas à cena primária, Matias desloca sobre o pai os sentimentos e ansiedades que operam em relação à mãe, com uma etapa intermediária que seria o avô. Com a mudança do jogo da banheira, entrando e saindo não de bumbum mostra que ele pode fazer coisas por sua conta, existindo já um reconhecimento do outro. Ele quer ser como a mamãe, mas agora é Matias quem faz as coisas, apontando para um descobrimento da mãe.

Eu sou então distinta dele, e os fios com os quais joga na sessão são a forma de união entre nós, uma forma de funcionamento. Ele, para funcionar, necessita dos fios que saem de mim.

Retornando ao conteúdo das sessões, Matias mostra, em seu jogo de juntar e separar, uma separação que é uma união; ele me sente distinta, ao sentir-me distinta a ele, eu posso estar em relação com outros. Agora há um Matias grande, que sobe à mesa, que vê as coisas distintas ao Matias bebê que usava fraldas e se urinava. Também pode ser grande ficando parado sobre a mesa por mais tempo, sem pular, mas não sabe ainda o que fazer com suas próprias coisas quebradas, leva a cafeteira quebrada para o banheiro.

Numa sessão posterior a estar doente de varicela, disse "olá" a analista que lhe atende e a que não lhe atende ele destina o xixi, o fogo. Pensa que por isso não o quero. Quer que eu o ajude a cuidar de sua barriga e da minha, e se pergunta o que fazer com esta analista que ele converteu em um peito-privada.

Na sessão, disse: "olá S., Matié, fagulha", brinca com a caixa, "fiz, fagulha mau, penico... olá", e se aproxima de mim. Se faz assim visível a dissociação entre ambas S.

A esta altura nota-se em seu jogo uma marcada diferença entre a analista que está com ele durante a semana, e a analista que o abandona nos fins de semana. A primeira saúda com carinho ao chegar, lhe oferece compartilhar suas brincadeiras e jogos, enquanto a segunda é concebida como um ventre sujo cheio de bebês fecais, da qual alternativamente se separa e se aproxima, propondo trocar seu xixi e seu cocô idealizados pelos bebês da analista.

Tenho um pequeno fragmento de sessão para ilustrar isto, se é necessário...

Dr Meltzer: *Não. A sequência que você nos relatou parece ser um quadro de um desenvolvimento perfeitamente normal: nos mostra os problemas em sua intenção de superar a aproximação e a afastamento da mãe, devido a sua intolerância a separação e a sua possessividade: a possessividade da mãe interna em relação ao complexo de Édipo pre-genital; a evidência do funcionamento de sua bissexualidade em relação ao complexo de Édipo pre-genital, expressado também por sua identificação tanto com o pai como com a mãe nesta fantasia de cópula oral. A medida que diminue a identificação projetiva há uma maior diferenciação entre o self e o objeto, e uma maior diferenciação entre a parte superior da mãe que alimenta, e a parte inferior, a mãe privada. Estamos na área de diferenciar, de esclarecer as confusões zonais, as confusões a nivel de boca, vagina, penis, mamilo, peito etc. E está seguindo uma sequência lógica em seu desenvolvimento. Na realidade, é um menino que está funcionando como um menino saudável de dois anos, quer dizer que está atrasado uns três anos, mas que está rapidamente passando por todas as etapas que se espera em um desenvolvimento normal.*

Quando a combinação essencial do corpo da mãe é elaborada, quando há uma diferenciação entre o interior e o exterior da mãe, ou a parte superior e a inferior, aparecem então fenômenos ligados a separação a um nivel de complexo de édipo pre-genital, que dão lugar ao aparecimento do interesse pelas palavras. As palavras são também usadas como uma forma de diferenciar estas partes do corpo e zonas que estão confundidas.

Até este momento e com um paciente com estas características, é a conduta do terapeuta que cria o meio analítico, o setting. As palavras que usa o terapeuta começam a ser um importante meio terapêutico.[1]

Analista: Durante estes meses enriqueceu notavelmente seu vocabulário e falava com uma maior clareza, com algumas palavras que estavam relacionadas com a atividade doméstica materna. "chá, chaleira, *Magic-Click*, garrafa térmica" e com outro vocabulário que parecia referir-se a funcões corporais: "fagulha, fogo, fumaça" ou essencialmente anais: "cagão, mixão, nojento, cabo, estufa, aquecedor".

Até aqui Matias frequentava um Jardim de Infância de crianças pequenas normais. No começo do ano de 1990, os pais me comunicam a mudança para outro estabelecimento de crianças especiais, posto que não consideravam que seu filho se encontrava em condições de iniciar um período pré-escolar.

A partir deste momento, Matias entrou em uma crescente e inusual regressão, similar a do começo do tratamento, quando sua mãe ficou grávida e abortou. Agora, em pleno inverno, se despia totalmente de suas roupas, ficava ao lado do aquecedor se masturbando, e quando terminava a sessão saia da sala sem vestir-se. Também ia ao banheiro repetidamente para fazer um pouco de xixi e um pouco de cocô cada vez; além disso brincava com a água

---

1 Ver Referências teóricas, pág. 196, "O processo em uma criança com falhas de desenvolvimento".

desenfreadamente, entrando no lavatório e na banheira até que decido limitá-lo, fornecendo-lhe uma vasilha com água que ficava no consultório e um copo para que bebesse.

Em relação ao frequente pedido de ir ao banheiro, combinamos que podia fazê-lo somente uma vez por sessão. Progressivamente diminuiu a regressão e se despia menos de suas roupas, até permanecer completamente vestido na sessão.

Dr. Meltzer: *Isto sugere uma interrupção no que parecia um processo de desenvolvimento mais ou menos regular, possivemente provocado pela mudança de escola.*

Analista: Também por uma gravidez da mãe.

Dr. Meltzer: *Outra?*

Analista: Sim, mais outra. Embora não soubesse da nova gravidez da mãe.

Meses depois, me inteirei de que nesse momento sua mãe havia ficado grávida, e diferente da oportunidade anterior, não abortou, sendo assim esperam um novo integrante na família para o mês de abril. O aborto anterior foi explicado como consequência do fardo produzido pela convivência com o Matias.

Dr. Meltzer: *É uma má situação, porque parece que este casal tem um novo bebê como uma forma de reparação maníaca pelo aborto que culpam o Matias. Isto possivelmente implica também numa mudança de atitude dos pais em relação ao Matias, e talvez uma indicação de ciúmes da mãe pela analista. É uma situação muito preocupante.*

Analista: Eu pensei que se agora a gravidez progrediu é porque o vínculo entre eles resultou mais tolerável para todos.

No começo de 1991 apareceu mais abertamente o papai com o qual tem que competir para obter o que deseja da mamãe analista. Nesta competição ele sente que é um menino, no abraço pode morder, pode arruinar com seu xixi, e tudo isso o expõe a uma rejeição que ele mesmo dramatiza dizendo para si mesmo: "porco, cagão, mixão", depois de seus intentos.

Tudo isto que foi visto corresponde às epocas distintas em que se repetem estas temáticas.

Dr. Meltzer: *É realmente uma situação preocupante. Qual foi a sequência dos fatos? Quando mudou de escola?*

Analista: No começo do ano passado.

Dr. Meltzer: *Durante as férias de verão?*

Analista: Não, mudou de escola apenas no começo do mês de março de 1990, depois das férias analíticas de verão. A gravidez da mãe foi em julho, nascerá o novo bebê em abril. Ela engravidou em julho, quando apesar do frio, ele começou a desnudar-se na sessão.

Dr. Meltzer: *De maneira que houve dois fatos: um, a mudança de escola, da qual estava se recuperando e o prosseguimento da gravidez da mãe.*

O significado destes fatos nos faz considerar onde está centrada sua vida emocional, se está na casa e na mãe, ou se está mais focalizada na análise e na analista. Por exemplo, perguntamos se a mudança de escola o afetou intensamente; porque ele sentiu que era um aviso de que algo parecido podia acontecer com sua análise. O mesmo com a gravidez: considerar se a gravidez o afetou, não tanto porque a mãe estava grávida, senão porque ele sentia que havia um aviso de que a analista também podia estar-lo. Suspeito que o movimento de uma nova gravidez e o culpar o Matias pelo aborto, é uma resposta da mãe pelo ciúmes que sentia pela analista, pensando que talvez Matias tivesse um apego maior à analista do que à ela. Isto é frequentemente um problema no tratamento analítico de crianças psicóticas ou crianças que tiveram um mal começo na vida, crianças que sofreram uma falha maternal e por isso uma falha no estabelecimento do vinculo com o bebê, e que chega um momento no tratamento em que a criança melhora notavelmente e é então quando a mãe quer a criança de volta, ou então mostra uma tendência a dar as costas ao menino. Neste momento é recomendável o tratamento para a mãe, para que não interfira no tratamento ou para que não dê as costas ao filho. De todas as maneiras é fácil detectar que o paciente se dá conta que há uma tensão entre a analista e a mãe.[2]

Resumo da primeira sessão depois de lhe anunciar a separação pelas férias, em janeiro de 1991

Analista: Durante todo o tratamento, sempre é o avô quem o traz.

Dr. Meltzer: *O que nos pode dizer sobre os avós? São os avós paternos ou maternos?*

Analista: É o avô materno. A avó materna justamente faleceu quando a mãe estava grávida de Matias, por isso a mãe estava deprimida.

Dr. Meltzer: *O avô materno vive com eles?*

Analista: Não, tem uma nova companheira.

Dr. Meltzer: *Mora perto?*

Analista: Sim, perto.

Sessão:

O avô o leva ao banheiro; não quer fazer; Matias entra na sala, se desveste: sapatos, calças, cuecas, meias, se agacha, passa o dedo na

---

2 Ver Referências teóricas, pág. 196, "O processo em uma criança com falhas de desenvolvimento".

bunda, cheira o dedo e diz: "a caixa", tocando sua caixa de brinquedos. Trata de colocar a calça, tira, pega o copo, fala; diz: " a chaleira".

Põe a colherzinha no copo, leva o copo na janela, pega a panelinha, coloca junto ao seu pênis, diz: "agua". Tira os brinquedos da caixa e põe esta debaixo da mesa.

Outra vez se agacha; se levanta, leva a caixa a janela e diz: "dê-me mais água".

Dr. Meltzer: *Não havendo feito nada no banheiro, volta e confere colocando o dedo no ânus e olhando, o que parece é que está provando ou testando sua continência. Está provando se a caixa está contendo o conteúdo como deve fazê-lo. E agora pode começar o processo de cozinhar com seu pênis.*

De maneira que foi feita uma dissociação e idealização entre matéria fecal e urina, a matériaa fecal é a coisa má e a coisa boa é a urina. A quem ele disse "dê-me mais água", a você ou ao pênis?

Analista: A mim.

Dr. Meltzer: *Controla a água de alguma maneira?*

Analista: Como ele jogava, durante uma época, muito desenfreadamente, chegamos a conclusão de que eu lhe dava uma jarra de água e um copo para que tomasse limitadamente na sala.

Dr. Meltzer: *De maneira que ele não está, neste momento, perdido na brincadeira, senão que está brincando a um nível realista e relacionando-se com a analista como alguém que controla a água. O problema neste momento parece ser a autosuficiência para averiguar qual capacidade ele tem de produzir a água com o pênis ou coisas más com o ânus, de tal maneira que as coisas más que produz não o afete, não o envenene. Esta é a mesma caixa a que ele se referia antes quando estava cheirando o dedo?*

Analista: É sua caixa de brinquedos.

Dr. Meltzer: *Vê-se que durante seu jogo a caixa significa o reto e o reto significa a caixa. De maneira que há uma equação na mente do paciente, que não é tanto um simbolismo, mas que estão relacionados de uma forma bastante concreta. É uma equação simbólica.*

Analista: Atira a caixa sem que eu possa evitá-lo, ela se rompe e se pergunta: "o que fizestes?"

Dr. Meltzer: *Do que a caixa é feita?*

Analista: É uma caixa de madeira, com uma tampa de plástico colorida. Assim que foi atirada sairam os pregos da madeira.

Dr. Meltzer: *Quer dizer que esta representa um ato de incontinência, como se a matéria fecal houvera irrompido.*

Analista: Dá voltas com o carrinho, gira as rodas com as mãos, sacode o carrinho, lhe fala e logo outra vez toca a caixa.

"Você quer entrar dentro de mim, pela minha bunda, para saber o que eu vou fazer quando nos separarmos. Faz xixi e queima os bebês que ficaram comigo".

Dr. Meltzer: *Um momento... A interpretação da analista é acerca da separação e da identificação projetiva. Minha interpretação é acerda das tentativas que o menino tem de ser autosuficiente e a tentativa de se tornar independente do analista. Vejamos o que se passa. Toma o carrinho, gira as rodas, lhe fala e logo toca a caixa. Parece-me como se também estivesse falando com o pênis e o incentivando a ser mais enérgico para controlar o ânus. Como se o pênis fosse uma espécie de guardião do ânus, que lhe impedisse de ser incontinente.*

Estava pensando que quando foi ao banheiro antes, possivelmente teve desejo de urinar e de ir de corpo e embora possivelmente não tenha feito isso, talvez teve flatos e quando voltou à sala, estava preocupado que também houvesse passado matéria fecal e então se tocou para comprovar se havia ou não passado matéria fecal. Como se estivesse tratando de averiguar ou diferenciar entre ter flatos e passar matéria fecal, ou como urinar sem defecar. Quero dizer, o controle dos esfíncteres dentro de uma matriz de fantasia, baseada em identificação projetiva e idealização, dividida em bom pênis e boa urina contra – digamos – mau ânus e má matéria fecal. É como se alguém tivesse contratado uma empregada para trabalhar em casa e lhe dissesse: "depois de ir ao banheiro, lave as mãos antes de cozinhar".

A cisão e a idealização do pênis e do reto correspondem a uma dissociação anterior, uma cisão horizontal, mais precoce, entre o peito e o contéudo do peito da mãe e a parte inferior – a cloaca – e a parte sexual da mãe, que é o lugar onde estes porcos colocam os seus produtos. Esta cisão horizontal, da mãe de cima e de baixo, toma a forma de uma cisão vertical entre frente e abaixo – em termos de pênis – e atrás e abaixo – em termos do ânus – e ambos compreendem a bissexualidade. Sua parte anterior masculina e sua parte posterior feminina.

A forma que eu o vejo é como se ele dissesse: "Eu não preciso de você, tudo que eu dependia de você, agora posso fazer sozinho".[3]

Analista: Continuo com o relato da sessão.

Matias disse: "me dá fogo?' Pega o copo e diz: "a caixa"; pega o caminhão, sobre o mesmo agrega a caçamba, o leva a janela e diz: "não é a chaleira". E logo leva para a janela sucessivamente a panelinha, a colher, o copo e a almofada.

Dr. Meltzer: *O que significa quando diz "me dá fogo?"Não entendo...*

Analista: Depois me dei conta que se referia a "dar-me forças"...

---

3 Ver Referências teóricas, pág. 196, "O processo em uma criança com falhas de desenvolvimento".

Dr. Meltzer: *Mas para que pedia fogo?*

Analista: Ele sempre me pedia fogo porque fazia como a mãe: acendia o fogo com o *Magi-Click*, punha a chaleira no fogo... fazia a comida. Agora eu penso que significava diferente.

Dr. Meltzer: *E quando disse "a caixa"?*

Analista: Desde que a caixa está meio desmantelada, ele a toca assim... e diz "a caixa".

Dr. Meltzer: *É um pouco difícil ter uma imagem da sequência do que se passa aqui... Ao mesmo tempo está pegando a caixa?*

Analista: Não pega a caixa pois está parado, mas pede fogo, toma o copo, o deixa... depois segura a caixa e diz: "a caixa", deixa a caixa, pega o caminhão...

Dr. Meltzer: *O que fez depois de pegar o caminhão?*

Analista: Pôs em cima a caçamba do caminhão. O caminhão é amarelo, grande, e em cima põe a caçamba que ele muitas vezes usa para se sentar.

Dr. Meltzer: *É um desses caminhões articulados?*

Analista: Sim.

Dr. Meltzer: *A parte articulada está separada do caminhão?*

Analista: É outra peça... às vezes usa como privada.

Dr. Meltzer: *É um pouco complicado visualizar esta sequência... Sigamos.*

Analista: Matias põe a panelinha debaixo da mesa, logo a leva a janela e põe contra uma mola e cordão para correr as cortinas, embora não estejam instaladas; ficou a mola, mas não as cortinas. Com o dedo faz vibrar o cordão, que está tenso.

Repete esta operação utilizando a caçamba do caminhão, e diz: "xixi, a caixa, deixe-me usar o banheiro".

Coloca a caçamba recorrendo as cordas do artefato da janela fazendo-as vibrar; repete estes movimentos com a panelinha e com o rolo de amassar, e quando a instalação faz ruído diz: "matei". Faz o mesmo com o lápis e com a almofada, e logo diz: "cagão, banheiro deixa-me usar, deixa-me usar o banheiro, sifão, torrada". Com sifão se referia ao ruído que provocava fazendo arrastar para cima e para baixo os distintos brinquedos contra as cordas tensionadas. Diz: "sifão, um banheiro, cagão, chaleira ao fogo, cocozão".

Eu lhe interpretei: se nos separarmos ficarás pequeno e sem forças. Eu tinha a impressão de quando pedia "fogo", me pedia forças, forças para se separar.

Dr. Meltzer: *Ele fez vibrar a corda um par de vezes?*

Analista: Sim, em todas as sessões de separação brinca com esta mola que nunca antes brincava.

Dr. Meltzer: *É difícil visualizar o material claramente. Posso dar apenas uma impressão do que me parece até agora. Ele parece estar ocupado neste momento com seu pênis e seu ânus, tratando de representar diferentes maneiras de cozinhar e preparar a comida: uma – é a forma mais segura de fazê-lo – é usando o ânus quando está com bom controle do que produz, e a outra é a comida que prepara para matar os rivais. Eu estou entendendo este material como a preparação que ele está fazendo para sobreviver no mundo, na selva, onde se necessita de coisas essenciais: primeiro, uma fonte de água e comida limpa, pura e por outro lado meios para combater e matar os inimigos. De maneira que este estado mental é muito inteligente, mas também meio truculento. É como se tivesse o seguinte plano: ele vai se estabelecer com este equipamento que tem, que ele controla e* *vai preparar esta comida para si mesmo que é pura, que é limpa, que é higiênica e quando vierem os inimigos, vai lhes convidar a comer e vai envenená-los. É como vejo o material agora, talvez esteja completamente equivocado...*

Analista: Eu quero dizer que Matias já controlava seus esfíncteres, mas nesta separação, coincidente com a gravidez avançada da mãe, sua regressão é muito grande. Por isto trouxe este material. Fazia muito tempo que não havia uma regressão.

Resumo da segunda sessão

Analista: Matias ainda na sala de espera, disse: "fogo, a caixa; me dê água?" Bebe água do recipiente e me pede mais água.

Dr. Meltzer: *Faz isso frequentemente?*

Analista: Sim. Toma do copo que lhe dei... não fazia quando brincava no banheiro, mas agora tem água na sala.

Dr. Meltzer: *Não fazia na sessão anterior.*

Analista: Não.

Pega o avião, o copo, a caçamba, limpa com água os fragmentos de papel higiênico que haviam ficado aderidos a caçamba e diz: "chachan-chachan" – que é porco.

Tira o papel higiênico e diz: "a caixa" e a toca. Põe a caçamba debaixo da mesa.

Analista: Quer se assegurar que você não me queimou com seu fogo-raiva.

Paciente: Me enxague? – se refere a caçamba-porco e prossegue lavando.

Dr. Meltzer: *Assim quando ele disse "me lava?", não é ele que está falando à analista, mas é a caçamba que está falando com ele.*

Analista: Ele se refere a que eu o ajude a enxaguar a caçamba, que as vezes utilizou para fazer cocô, então ficam pedaços de papel higiênico de alguma vez que fez cocô.

Dr. Meltzer: *Como fala em primeira pessoa...*

Analista: Às vezes fala em primeira pessoa e às vezes fala em terceira pessoa.

Dr. Meltzer: *Estou tratando de diferenciar quando disse "me dê água?" e quando disse "me enxague?" porque quando disse "me dê água" ele fala à analista, enquanto quando disse "me enxague?" é parte do diálogo da dramatização do jogo. Na realidade ele está brincando, e está brincando para que a analista lhe observe e compreenda algo, mas não estou muito seguro se também quer que a analista interprete ou explique algo. Na realidade está comunicando algo que parece que quer que a analista observe.*

Parece ser a esta altura que ele não está completamente sozinho em uma ilha deserta ou em uma selva, senão que ele tem seus próprios bebês consigo. Não somente ele tem um pênis e um ânus, senão que também os bebês lhe acompanham, o menino caixa, o menino caçamba... Todas estas brincadeiras que faz são como meninos que também tem pênis e ânus. O significado seria como se ele dissesse a si mesmo: bom, o que eu necessito se vou ser autossuficiente? Deixa ver: tenho que produzir comida, tenho que ter uma fonte de água, tenho que ser capaz de matar meus inimigos... Ah sim! E necessito de companhia, de maneira que vou criar estes meninos que me farão companhia.

O que não está muito claro até agora é em que lugar ocorre tudo isto: se ocorre no mundo exterior, dentro da analista, dentro dos objetos internos, aonde.[4]

Analista: Põe papel higiênico no caminhão, coloca o caminhão debaixo da mesa e acrescenta: "Porco, o que você fez? Porco". Eu lhe interpreto: "Deixa teu xixi e teu cocô porque te dá raiva que nós vamos nos separar, mas precisa que eu me salve".

Matias põe o caminhão debaixo da mesa. Põe objetos debaixo da mesa e brinca com a mola, são brincadeiras novas para ele.

Dr. Meltzer: *Dá a impressão que está fazendo uma espécie de acampamento.*

Analista: Bate palma contente; diz: "Me dá fogo? Porco o caminhão". Coloca debaixo da mesa, tira o papel higiênico do caminhão, o introduz na panelinha e aí passa a caçamba. Diz: "Suíno, porco, nojento, asqueroso". Coloca a panelinha debaixo da borda da mesa e repete: "Porco, nojento, vamos ao banheiro".

Vamos ao banheiro, o levo, não faz, não quer voltar a sala. Finalmente volta e faz xixi na caçamba.

Agacha e nessa posição disse: "Desodorante".

Atira a caçamba, o caminhão e a panelinha e tenta atirar a caixa e desta vez eu não deixo. Gira em volta da cadeira então ela cai.

Analista: Com o papel higiênico quer limpar os cocôs de tua raiva, mas tem muito para limpar e não consegue, isso te dá mais raiva.

Matias tira um dos seus sapatos.

Dr. Meltzer: *Quer dizer que não fez nada no banheiro.*

---

4 Ver Referências teóricas, pág. 196, "O processo em uma criança com falhas de desenvolvimento".

Analista: Senta-se na privada mas não faz nada e não quer voltar a sala.

Dr. Meltzer: *Isto é, quando voltou, voltou protestando e urinou na caçamba; depois se põe em cócoras e diz "Desodorante". Deve ser uma referência de como eliminar o odor de flatos na sala.*

Parece que faz uma birra, porque o leva de volta ao lugar aonde ele estava brincando melhor até este momento. Todo este material de "porco, sujo" aparece agora.

Tenho a impressão de que este feliz acampamento que estava armando com estes meninos obedientes se arruinou e de alguma maneira perdeu o controle desta situação que existia antes que fosse ao banheiro, quando teve vontade de urinar ou defecar. Não estava muito seguro do que iria produzir. Em sua experiência é como se estes meninos que se portaram tão bem, de repente não lhe obedeciam.

Estava muito zangado, estava furioso com estes caminhões-meninos ou caçambas-meninos desobedientes. Abandonou-os para ir ao banheiro e quando você o forçou a voltar, voltou muito zangado com eles e urinou dentro da caçamba.

Eu estou entendendo isto como se escutasse do ponto de vista de alguém que quer deixar a casa, e que consulta a sua bissexualidade para se imaginar como pode criar um mundo próprio no qual pode ser feliz bastante com seu pênis e seu ânus, mas parece que há algo que não funciona. É comum com crianças pequenas que quando não estão muito felizes em casa, querem sair dela, inclusive algumas vezes fazem suas malas e se vão até a porta, pretendem ir embora; e mais tarde fazem pequenas casas sobre as árvores, fazem acampamentos, para representar sua independência, para mostrar que podem estar perfeitamente bem separados de seus pais. Ele está cansado desta casa-análise, que está se enchendo de novos bebês, que a analista está tendo novos bebês, isto é produto da gravidez da mãe. Sente que este lugar já não serve, e ele vai fazer suas malas, vai sair e tratar disto sozinho.

Analista: Matias tira um dos seus sapatos, se coloca em cócoras, tira o outro sapato e a calça que já estava abaixada. Trata de colocar a cueca e a calça, não consegue e diz: "chuveiro, banheiro". Vai ao banheiro e outra vez não faz.

Volta à sala e diz: "o João me bateu". Eu suponho que seja algum colega da escola.

Eu lhe digo: "Há um papai que te bate se não pode terminar de limpar a S. mamãe."

Matias faz como se lavasse a cueca e diz "S., pincel, não é garrafa térmica, não é chaleira, pincel"; e brinca com um lápis, de cócoras.

Analista: Não sabe se eu vou ser capaz de te ajudar a limpar e se descarregar da sujeira.

Dr. Meltzer: *Como se chama a sua irmã?*

Analista: Maria.

Dr. Meltzer: *Lembra-se do livro "O senhor das moscas"? É sobre um grupo de meninos que estão isolados numa ilha e acreditam que podem comandar suas vidas individualmente ou como um grupo, e descobrem que se ficam sozinhos um tempo suficiente, começam a matar-se entre si.*

O que o paciente parece estar fazendo é representar este tipo de independência ao nível de bebê, onde sente que seu pênis é como o mamilo que lhe dá tudo o que ele necessita, e que a matéria fecal pode ser tratada como os bebês. Quer dizer que está tudo representado a um nível muito primitivo baseado na identificação bissexual com os pais, o pênis do pai e o ânus dele como cloaca – digamos – a vagina da mãe, e ele mostra que parece que esta solução não funciona da maneira que ele está fazendo. O importante nesta sessão é que ele está tratando de demonstrar à analista como ele tenta fazê-lo e como é que não funciona; não somente lhe serve para que ele possa se dar conta de que não é tão onipotente senão também para demonstrar a analista o quão é dependente e desajeitado quando necessita dela. O mesmo ocorre habitualmente na análise de adultos quando a partir do material é sugerido ao paciente que estamos nos aproximando do fim da análise. E então, aparece toda uma sequência de sonhos que demonstram o infantil, o estúpido, o desajeitado, o quanto ainda estão doentes.

Suspeito que o paciente sente que há uma tensão entre a mãe e a analista, que os pais podem interromper o tratamento e que a analista poderia concordar com este pedido. Ele se encontra numa posição muito difícil no momento em que os pais poderiam estar perdendo o interesse em Matias ou em sua terapia e então se encontra em uma armadilha porque se ele regride na análise e demonstra sua necessidade pela analista então os pais interpretariam como "ah, bom! Este menino não melhora, está pior, vou interromper o tratamento"; por outro lado se não regride os pais interpretariam como "ah, bom! Está muito bem agora, então não precisa continuar com a análise."[5]

Resumo da terceira sessão

Analista: Quando entra, encontra outro menino, um paciente que demoraram para buscá-lo.

Matias: "olá", saúda o menino e este responde.

---

5 Ver Referências teóricas, pág. 196, "O processo em uma criança com falhas de desenvolvimento".

Entra no consultório e diz: "Chaleira, fogo", toca a caixa. Repete "Chaleira"; acrescenta "Me dá Coca, me dá água?" – é muito insistente – "Me dá água?" e toma água do recipiente.

Analista: Você me pede tudo porque acredita que já não tenho para você, que todo o meu leite eu dei para o outro menino.

Matias diz: "Chaleira, fogo, me dá água?", e aproxima o copo para dar-me de beber. Pega água e diz: "Quero mais".

Analista: Trata de me dar o que dei ao outro menino e assim você é S., e eu Matias.

Matias diz: "O frasco, me dá água? Café, xixi". Vai ao banheiro, tira a calça, faz xixi no copo em que tomava água. Não faz, pede mais água, e trata de tomar água da privada.

Analista: Acredita que o que permaneceu em mim não serve, que o valioso eu já dei.

Matias vai à sala, toma água e cospe.

Analista: Ainda não tem nada meu que te serve.

Matias se coloca em cócoras, diz: "Copo, xixi, fogo, me dá água? A caixa – e a toca – o fogo". Aperta as pernas, as segura e diz: "Quero fazer cocô". Vai ao banheiro e faz. Não quer voltar ao consultório e me pede papel higiênico.

Analista: Me diz: "S., pode limpar o que te sujei? E assim os outros meninos não se queixam de mim".

Matias se limpa e me pede que aperte o botão da descarga. Volta à sala, passa o dedo na bunda que deixou suja e logo passa o dedo no caminhão.

Analista: Me pede ajuda para me limpar, mas, no entanto, ficou restos de sua raiva porque vou te deixar.

Matias diz: "Limpa" e volta ao banheiro, diz "Lavá-lo", e lavamos o caminhão.

Voltamos à sala, outra vez cheira o dedo que passou na bunda, se senta e me pede mais água.

Dr. Meltzer: *Reage ao haver visto o menino, transformando-se em um pequeno marido que volta para a casa depois do trabalho; que trata este bebê como se fosse o novo bebê da casa e ele é o papai que chega do trabalho; cumprimenta o bebê, e se relaciona com a analista da maneira que ele supõe que se relacionam habitualmente os maridos com suas mulheres.*

Esta é, hoje, uma sessão bastante pacífica. Ele é muito adulto, quando diz para a sua bunda: "Produza matéria fecal". Produz matéria fecal, logo se limpa, tudo isto está sob um controle adulto. A forma que eu entendo este material ligando-o a sessão anterior, quando ele estava se relacionando com a analista, estava representando ser ele mesmo, marido e esposa – falando da bissexualidade – mas não era um exercício que fora muito frutífero porque os meninos resultantes desta relação se comportavam como porcos.

Se juntarmos ambas sessões, havia dois tipos de comunicação: por um lado está tratando de convencer a analista de que ele é suficientemente grande para sair de casa, e em um nível pré-genital ser seu próprio esposo e sua própria mulher que produz seus próprios bebês. Mas na sessão seguinte, pelo choque que lhe produziu ver esses pequenos, se convenceu de que ele não é suficientemente grande para ir embora, entrando em uma identificação projetiva com o pai, ele demonstra à analista que esplendido marido seria ele e quão felizes poderiam ser vivendo juntos, em harmonia, talvez com um só bebê varão.

Estes são os conflitos emocionais que surgem durante a época do controle dos esfíncteres, e que é parte do desenvolvimento normal de um menino de dois anos e meio a três anos. O problema central então seria a confusão zonal e o diferente funcionamento das partes de seu corpo, num contexto de identificação projetiva, onde há confusão entre self e objeto, ou entre a parte adulta e a parte infantil. Estabeleceu uma clara diferenciação em sua bissexualidade e em sua relação com ambas figuras parentais, uma diferenciação clara entre bom e mau, porém a confusão zonal faz com que a diferenciação entre bom e mau nem sempre possa ser aplicada, porque não pode estar seguro se a urina e as fezes estão idealizadas ou são más, segundo o lugar donde provêm; ou seja a diferenciação de bom e mau é relativa e depende um pouco de poder aclarar a confusão zonal.

Sob a pressão da gravidez da mãe há um equilíbrio muito delicado entre transformar-se em um menino desobediente e sujo por meio de um movimento regressivo e um grande impulso para crescer muito rápido.[6]

Primeira sessão da semana, janeiro de 1991

Analista: Matias antes de entrar diz: "Me dá fogo? Me dá água?" Entra na sala. Faz vibrar com o dedo a mola da janela e lambe o chão com a boca.

Analista: Agora minhas tetas estão vazias como esse solo do qual não pode sugar nada.

Matias diz: "Água" e bebe. Bebe o resto da água e retorna a me pedir mais.

---

6 Ver Referências teóricas, pág. 196, "O processo em uma criança com falhas de desenvolvimento".

Analista: Embora eu lhe dê a água que me pede, essa água-leite não lhe serve porque já dei a riqueza que eu tinha aos meus outros bebês que tenho dentro de mim.

Matias corre ao banheiro e abre todas as torneiras. Retorna a sala e faz vibrar a mola. Cheira o dedo que passou na bunda . Diz: "A caixa" e a toca.

Tira as calças e diz "me dá fogo?", tira os sapatos e as cuecas, faz xixi no chão. Logo, recostado no chão cheira o xixi. Vai até o banheiro, se coloca em cócoras e diz: "Cocô".

Dr. Meltzer: *Parece haver entrado nem tanto como um marido harmônico senão como um tirano, e parece que está tratando de controlar a analista. Não se pode saber, todavia, se é um bebê tirânico ou um marido tirânico.*

Analista: Você sabe que o lugar do xixi e do cocô é no banheiro, mas está cagando e urinando em mim. Teu cocô e teu xixi são a raiva porque te deixarei.

Matias põe a caçamba no chão, se senta em cima, diz: "Fogo, quero água".

Analista: Apaga o incêndio com a água que me pede e como não te dou mais, mostra como é o incêndio. A medida que se aproxima o momento da separação teu incêndio e tua raiva são mais fortes.

Matias faz cocô na caçamba e me pede que limpe. Limpo o cocô.

Analista: Embora saiba que o cocô se faz no banheiro, necessita me testar se eu posso limpar tua raiva.

Matias se senta na panelinha, se afasta e volta; pega o copo e a colherzinha. Diz: "A caixa" e a toca.

Põe o caminhão invertido, faz girar as rodas e diz: "Que porco". Depois toca a caixa e com uma colherzinha mexe na panelinha.

Quer ver como eu estou, depois de ter me atacado.

Matias se coloca em cócoras sobre a panelinha, depois senta-se no chão e diz: "Cocô". Bate na panelinha, senta-se sobre ela e no momento diz: "A caixa". Mexe nas rodas do caminhão, se aproxima da caixa, "Cagão" diz, enquanto se balanceia. Com um rolo de amassar brinca sobre a borda da cadeira e de vez em quando toca cuidadosamente a caixa que na outra sessão jogou no chão e deixou desmantelada. Introduz a ponta do rolo de amassar na boca e morde. Cheira o dedo e diz: "Fizeste cocô, porco".

Outra vez cheira o dedo e passa pelo rolo. Me pede "Enxágua?"

O pequeno Matias está assustado porque eu o deixarei e acredita que seja pelo tanto que me danificou.

Matias cheira o rolo. Depois brinca com o rolo na borda da cadeira. Cheira a almofada que havia sujado com o cocô ao sentar-se. Morde o rolo de amassar e diz: "Puf,puf, fizeste cocô, é um porco". Toca seu pênis e acrescenta: "O que fez? Me dá água? Suíno, você é porco", e se coloca em cócoras.

Volta a ter medo, como um meninho, que a teta de S. não apareça mais, porque pensa que S. te diz: "Vou embora porque não aguento mais teu xixi e teu cocô".

Dr. Meltzer: *O que é um pouco confuso neste material é que na primeira sessão ele estava tratando de demonstrar a independência do bebê, mas não podia se cuidar, enquanto na segunda sessão estava na identificação projetiva com um marido e uma atitude sedutora com a analista. Nesta sessão o que vemos é uma espécie de oscilação, ele vai de uma posição a outra, de ser o porco que suja a ser o marido, e volta a ser quem faz o cocô.*

Está bastante frenético porque não está brincando nesta sessão, ele está sendo este bebê que suja e está sendo o pai que trata de controlar este bebê e não consegue. Ou seja, ele não está brincando, senão está atuando.

Há uma atividade frenética para prover à mãe uma forma de protegê-la deste bebê destrutivo, e a forma que faz, é dar-lhe por identificação um marido capaz de controlar este bebê, capaz de limpar o que o bebê faz e desta maneira proteger a mãe para que não seja destruida por este bebê raivoso que a analista está interpretando.

Analista: Matias brinca com o rolo sobre a borda da caixa, o cheira, se aproxima da janela e faz vibrar a mola.

Quer saber o que ficou de S. não quebrada.

Matias toca o pênis e diz: "pincel".

Quer que eu te dê forças para recuperar o Matias grande que tranquiliza o Matias bebê quando S. desaparece.

Dr. Meltzer: *Eu penso que isto está correto. É correto porque o que ele quer é que a analista reforce sua identificação com este papai bom, de maneira que este papai seja capaz de controlar este bebê enfurecido para que não ataque esta mamãe quando ela se vai.*

Quantos dias antes da separação ocorreu isto?

Analista: Dez dias antes.

Dr. Meltzer: *Este material parece confirmar que a analista é, não somente a depositária da transferência, senão é indubitavelmente a pessoa mais importante de sua vida, a pessoa que lhe presta mais atenção, que melhor o compreende, que o atende de um modo muito vital, que é o centro de sua vida e que está aterrorizado, tem muito medo de perdê-la. Ele necessita superar o fato de sentir-se um bebê que está em perigo de destruir esta relação porque tem tanta raiva, porque a raiva é estimulada por estes novos bebês que estão por aparecer na analista e que aparecem também na gravidez da mãe.*

Temos que lembrar o que ocorre habitualmente nestes meninos quando aparece um novo bebê na família, geralmente entre os dois e quatro anos, e são duas coisas más: por um lado aparece o ciúmes, a possessividade e a raiva, a criança regride, aparecem problemas de comportamento; e por outro lado aparece algo que os pais geralmente vêem como bom mas que não é, é que estas crianças crescem de repente. Quer dizer que entram em identificação projetiva como se tivessem crescido muito, em pouco tempo.

O que acontece habitualmente é que se pode elaborar esta situação se suporta-se a turbulência. A comunicação entre os pais faz com que se torne tolerável este trauma do nascimento do novo bebê, e desde o ponto de vista deste paciente é possível que ele tolere o que está ocorrendo em casa sempre e quando a relação com a analista não está em perigo. O problema para ele é que sente que a situação com a analista está em perigo em consequência do que está acontecendo em sua casa e este é o problema analítico deste momento. Ele pode tolerar que a mãe tenha outro bebê, mas não está preparado para conceber que a analista tenha novos bebês porque isso significaria o desmame. Isso significaria o término da análise, a perda da analista, e ele não está preparado para isto.[7]

Referências teóricas

O processo em uma criança com falhas no desenvolvimento

A analista apresenta as sessões de um menino de 7 anos, com uma falha no desenvolvimento por depressão em consequência a uma privação materna durante a amamentação. Embora tenha elementos autistas, Meltzer não considera que este diagnóstico seja adequado

---

7 Ver Referências teóricas, pág. 196, "O processo em uma criança com falhas de desenvolvimento".

neste momento. Acredita que poderia ter se transformado num autista se não tivesse sido tratado precocemente (a partir dos 3 anos).

A análise se instala com forte possessividade e com evidências de que em sua vida mental esteja delineado um complexo de Édipo pregenital com identificação bissexual. Mostra que houve uma diminuição da identificação projetiva que permitiu uma maior diferenciação entre self e objeto, o momento da análise é o das confusões zonais.

O enquadre havia sido criado pelo comportamento e palavras da terapeuta, que permitiu a evolução para as etapas seguintes.

É interessante voltar a destacar que Meltzer avalia a etapa do processo segundo a estrutura predominante e não segundo as realizações adaptativas da vida externa.

Neste menino, o significado dos fatos da vida está mais centrado na vida da análise do que na vida em casa, o que gera problemas com os pais. A analista não é somente uma figura transferencial mas também a pessoa mais importante de sua vida.

Durante a supervisão há um detalhado acompanhamento da fantasia, vai se construindo sucessivamente a história do drama edípico, dos novos bebês, da tentativa dele ser o objeto combinado e bastar a si mesmo, ser autosuficiente, ser um bebê independente. Como isto não funciona, não quer mostrar o quão é dependente e desajeitado, quando encontra outro paciente quer se transformar no pequeno marido por identificação projetiva com o pai e quer formar um par com a analista. Embora tenha uma boa diferenciação entre bom e mau, essa diferenciação não pode ser aplicada por causa do predomínio das confusões zonais, o bom e o mau dependem do que as zonas e seus produtos lhe significam.

Neste sentido, Meltzer amplia o conceito kleiniano, estabelecendo que a diferença entre bom e mau tem pouca utilidade clínica se não se aplica às zonas e a seu significado, é necessário compreender se a urina e as fezes estão idealizadas ou são más no momento.

O que importa destacar é como a partir do material, Meltzer integra uma narrativa totalizadora baseando-se nos significados que vai descobrindo.

Esta narrativa integradora é necessária em pacientes muito perturbados porque os dirige evolutivamente para frente, ao contrário da busca de significados fragmentados que tendem a aumentar as cisões.

Descritores: Caso clinico. Psicanálise de crianças. Supervisão.

11. Ricardo

Analista: Ricardo me consultou em abril de 1990. Tem trinta e sete anos. É de estatura mediana, cadeiras largas; braços e pernas curtos e as mãos curtas com dedos pequenos.

É psicólogo e exerceu a prática clínica durante dois ou três anos desde que se formou, há sete ou oito anos atrás. Seus pacientes foram encaminhados por um ex-professor da faculdade, com quem fazia análise e participava de um grupo de estudos.

Fez duas ou três terapias posteriores com uma duração de três a cinco meses, mas ele não se lembra do nome dos profissionais.

Pouco a pouco, Ricardo foi perdendo seu trabalho e realizando diversas atividades alheias a sua profissão de psicólogo.

Um dos motivos desta consulta foi ele avançar, aprender, e trabalhar como psicanalista.

Seu atual trabalho, há quatro anos, é no Departamento Legal de um banco americano. Em fevereiro do mesmo ano – 1990 – cometeu um erro e esteve a ponto de ser demitido, situação que estava tratando de superar no momento da consulta.

Dr. Meltzer: *Portanto parece que ele se apresenta como alguém que progressivamente tem cada vez menos êxito, que é fisicamente desagradável e que não agrada socialmente. Isto é correto?*

Analista: Sim.

Seus pais estão vivos. Tem um irmão nove anos mais novo, que está em sociedade com seu pai em um negócio na fabricação de roupas masculinas. Está casado e tem dois filhos.

O paciente diz: "sempre fui o nenê bom, tranquilo, mas também o gordinho boboca que todos gozavam. Não me recordo nada da infância, o que posso dizer que sempre sofri por ser gordo e não conseguir emagrecer. Tenho o corpo igual ao meu pai. Pensar que quando eu queria jogar futebol ou tênis quando menino, meu pai dizia: não se faça de borboleta se você é gordo e desajeitado como um elefante.

Dr. Meltzer: *O pai não incentivava o filho...*

Analista: Quando tinha dezoito anos teve sua primeira namorada, que conheceu em um grupo juvenil judeu. "Não sei como foi, tinha que ter namorada, nunca havia tido relações sexuais; Mary – que é essa menina – me dava pena, tinha uma escoliose muito grave... Bah, era corcunda!".

"Após três meses de namoro eu fui para Israel, então foi um namoro platônico, por correspondência. Voltei em 1973 sempre com a ideia de retornar para Israel e ainda quero voltar", referindo-se a Israel.

"Seguimos o namoro, comecei a universidade, e em 1977 nos casamos. Com ela tive as primeiras relações sexuais. Queríamos um bebê e Mary não engravidava, nunca quis fazer nenhuma investigação, porque dizia que era eu que não podia. Visitei médicos, fiz tratamentos, e me davam esperanças. Falamos de adotar um bebê, até que que um dia, em 1981, por conhecidos de minha mãe, fomos à *Missiones* buscar Pedro".

No final de 1982, ou no princípio de 1983, se separou de Mary; havia brigas contínuas, problemas econômicos, "E ela – disse o paciente – tem uma mãe psicótica que se meteu entre nós com sua loucura".

Dr. Meltzer: *É uma história triste...*

Analista: Passou por profundos estados depressivos nessa época, e não pôde permanecer em nenhum trabalho. Vê seu filho, mas o leva para casa de seus pais porque não sabe o que fazer com ele.

Em 1984, conhece Ana, que hoje tem trinta e dois anos e é psicóloga. Ela é a filha mais velha de uma família abastada. Em 1988 se casam.

No momento da consulta disse, que também havia duas coisas que o preocupavam: "com todos os estudos que nós fizemos, parece que o problema é meu. Tive criptorquidia e me recordo que me davam injeções muito dolorosas, tinha dez anos. Acredito que me curei. Agora o médico disse que o que tenho que fazer é uma biópsia de testículo e isso não quero por nada. Ana está querendo um filho, e a outra alternativa é a inseminação artificial heteróloga, porque parece que meus espermatozóides são poucos e com pouca mobilidade".

"Outra coisa que me acontece este ano é que, pela primeira vez, veio Pedro – o filho – passar quinze dias de férias conosco. Quando a mãe veio buscá-lo, eu o abracei e não podia deixá-lo ir. O resto das férias foram tristíssimas, sentia que algo meu me faltava".

Dr. Meltzer: *Repito, é uma história muito triste. Presume-se que a criptorquidia, os quadris largos e os problemas físicos estão todos relacionados com os hormônios. Ele deu alguma razão para recusar uma biópsia testicular?*

Analista: "Porque não se tocam nos testículos".

Dr. Meltzer: *Nem os de um, nem os de nenhum outro ... Não soa como muito inteligente. Sem dúvida, teve a inteligência necessária para terminar seus estudos universitários; tão pouco parece ter muitas habilidades sociais. Tem algum interesse especial sobre o qual tem falado?*

Analista: Não.

Dr. Meltzer: *Sabemos pouco da história, exceto que é um homem triste e tem uma história triste.*

Analista: Começamos a trabalhar com quatro sessões semanais. O primeiro sonho que traz para análise é o de 14 de agosto de 1990:

Paciente: Acordei às quatro e não podia dormir mais; tive um sonho horrível: sonhei que eu saía de minha casa, cruzava a rua e era algo assim como o bairro ou na quadra da casa de meus pais, e havia um tipo que era o malandro do bairro, todos o conheciam e parecia que ele me procurava, e eu me angustiava muito porque não queria saber de nada com ele, e menos ainda que o bairro se desse conta de que eu falava com García, porque era conhecido no bairro como "o malandro García".

Analista: Pergunto-lhe sobre García e algumas associações.

Paciente: Não tenho a menor ideia de quem era esse tipo, nunca o vi. (De uma maneira cúmplice, disse sorridente): Me ocorre o sargento García. Recorda- se?

Pelo personagem da série "Zorro" que é como ele, baixinho e gordo... E mais ou menos fiel ao Zorro.

Analista: Você prefere me convidar para que sejamos dois garotos sem malícia, vendo a um gordinho bom, justiceiro e inofensivo, que põe ordem, por temor a que seja como a gente do bairro-mente, que em seu sonho o desperta quando se sente descoberto, perto de um García malandro.

Dr. Meltzer: *Não compreendo essa interpretação, quem sabe está inserida em material prévio.*

Analista: Ele me disse: recorda do Zorro? Trata-se de uma série de televisão que víamos quando éramos garotos.

Dr. Meltzer: *Você e ele, estão olhando o paciente como se vissem uma série de televisão; estão olhando-o como um garoto bom que não vai se meter em encrenca, como esse malandro García. O paciente parece assumir que o sargento García está ligado ao "O Zorro" de um modo homossexual; qualquer interesse que García possa ter para com ele seria um interesse homossexual.*

Paciente: (Após um silêncio). Eu sempre tive medo da homossexualidade; uma vez fui demitido de um trabalho. O filho do dono me excitava quando ele se aproximava de mim. Era uma loja de móveis, e um dia houve uma partida de futebol importante. Ele não me deixou vê-lo, eu armei confusão e me demitiram. Foi um alívio. Nunca mais me passou algo parecido.

Dr. Meltzer: *Se refere a que quando se aproximava dele se excitava sexualmente? Não sabemos o que foi que desencadeou, produziu ou motivou o que apareceu nesse sonho; deve haver algo no trabalho analítico prévio, que suscitou que o paciente sonhasse e trouxesse esse sonho.*

A implicação do sonho parece ser que ele nunca pôde se apegar a um personagem masculino que pudesse admirar, o seu pai, por exemplo, porque temia, que isso fosse uma situação de excitação homossexual. A conclusão é que ele não pode construir uma identificação masculina, por não ter podido desenvolver esta ligação de admiração por um homem.

Os vizinhos representam a analista, e ele tem muito medo de que possa trazer qualquer tipo de material sobre se vincular admirativamente com um homem, a analista vai interpretar como uma situação homossexual. Não sabendo ele nada acerca da feminilidade normal de um menino ou de um homem adulto, imagina que ao exibir qualquer tipo de situação pessoal feminina frente a analista é como algo homossexual. O material sugere que esse forte sentimento de tristeza e pena frente à separação com o filho, é um sentimento maternal mais do que um sentimento paternal. Também joga luz sobre a possibilidade de que ele tenha casado com sua primeira mulher com base em sentir piedade por ela, e sentir uma forte identificação com essa mulher malformada. Mas, ser uma mulher na sua mente e ter um pênis, é uma má formação ainda muito pior que ser uma mulher com uma corcunda.

Então, estamos começando a saber algo sobre ele, e é que a sua feminilidade é muito forte e isso está ligado com a criptorquidia. Ainda podemos também supor que começou antes. Também dá alguma luz acerca de sua rejeição à biópsia testicular, um exame que requer uma penetração de seus testículos. Portanto há uma resistência em ser penetrado, como se ao se submeter a uma biópsia testicular fosse entendido como a ser penetrado pelo ânus.

Então obtivemos aqui um quadro no qual há muita confusão em sua maneira de ver e entender seu corpo, e seus desejos.[1]

Breve síntese do acontecido com o paciente que é anterior à sessão supervisionada

Analista: Há cinco meses, sua esposa está fazendo inseminação artificial heteróloga. Em torno disso, aparecem fantasias paranoicas a respeito do médico, e ao dono anônimo dos espermatozoides.

Está fazendo esforços para retomar a sua profissão. Nesse período, ele conseguiu êxitos laborais e econômicos, mas não tem

---

1 Ver Referências teóricas, pág. 207, Capítulo 10 de *Estados sexuais da mente*, "A Gênese do Supereu-Ideal".

pacientes-filhos-bebês que o fariam se sentir menos excluído da provável gravidez da sua mulher.

Na transferência ele ironiza sutilmente as minhas interpretações, evitando todo tipo de contato emocional. Perante uma interpretação, por exemplo, ele responde: "Que interessante! Isso eu li em tal artigo ou na obra de tal autor", com o qual também anula a minha possibilidade de criar interpretações, e passo a ser uma ladra de interpretações descoberta por ele.

Dr. Meltzer: *Aqui temos uma peça importante de informações, é que ele concebe que as mulheres realmente não têm os bebês, os recebem de um homem e lhes fazem um ninho. Esta é uma concepção muito arcaica que foi sustentada até muito recentemente. Essa teoria arcaica encobre duas ansiedades masculinas básicas: a primeira está relacionada à inveja das mulheres por serem capazes de dar vida a um bebê, e alimentá-lo, e a segunda se refere à incerteza com respeito à paternidade. O que podemos inferir e perceber, é que ele sofre intensamente com ambas as ansiedades e o expressa na transferência a partir da intolerância a que a analista possa criar suas interpretações. Diria então que, certamente, essa é uma transferência materna. Temos, então, um menininho que, desencantado da sua mãe, dá toda a sua admiração para o seu pai. Temos aqui a relação García-Zorro. Então agora estamos sabendo bastante sobre ele.*[2]

Primeira sessão da semana

Paciente: Aconteceu-me algo assustador na quinta-feira após a sessão, conversei com Ana sobre os projetos para este ano. O fundamental é ter um filho sadio... Cruzou os dedos porque por ora tudo vai bem, hoje deveria ter menstruado e ainda não há novidades.

---

2 Ver Referências teóricas, pág. 207, Capítulo 10 de *Estados sexuais da mente*, "A Gênese do Supereu-Ideal".

Falei para ela que em março poderíamos fazer um curso, e propus os cursos da *APdeBA*; ela disse que o do *Ameghino* é grátis. Eu tenho muita vontade de pensar na possibilidade de retomar a profissão, de reavivar todas as minhas coisas adormecidas e aprender outras coisas que não sei. Ela ficou mal e me disse que não podemos gastar nada. Expliquei-lhe que, se neste ano fizermos gastos que não pensamos, poderíamos instalar TV a cabo – aproveitar uma promoção e somente pagar a mensalidade – não iríamos ao cinema, porém teríamos mais informações do mundo todo e mais rápido: os jornais americanos, espanhóis e mexicanos são fantásticos. Também poderíamos comprar um ventilador de teto para a sala de jantar, são coisas que não estavam previstas, e poderíamos fazê-las, também com certeza vamos poder fazer um curso na *APdeBA*.

Dr. Meltzer: *A discussão com ela então se centra no que ele quer fazer, este curso caro na APdeBA enquanto ela quer ir no Ameghino porque é grátis, e todo o tema se vai ter ou não um bebê, fica esquecido neste momento. Esse é um bebê caro, e o fato de que ela vai ter que deixar de trabalhar uns meses se tiver um bebê, também fica esquecido pelo entusiasmo de fazer esse curso na APdeBA.*

Se nós estivéssemos na Inglaterra, teríamos tido uma discussão diferente que revela mais claramente a essência desta que ouvimos no material. Na Inglaterra, antes da mãe ficar grávida, o pai estaria dizendo: temos que inscrever nosso futuro filho nesta escola muito cara, e a mãe estaria dizendo: isso não podemos encarar economicamente e, de todo modo, a escola pública – que é gratuita – é muito boa. Na Inglaterra, diante desse tipo de discussão, as pessoas diriam: esse pai já está assumindo e tomando posse deste bebê, tirando o bebê da mãe por inveja. Essa discussão é exatamente igual, exceto por um fator: que além de tudo ele também é o bebê. Por isso, ele quer ser tanto a mãe quanto o bebê.

Paciente: Ana dizia que primeiro precisamos melhorar a situação econômica e depois fazer o curso, e eu dizia que é ao contrário, que fazer cursos, formar-se, é trabalhar mais e melhor, e isso resulta em ganhar mais dinheiro. Além disso, é algo que a mim, me dá certo prazer, ler, estudar, fazer um curso que me interessa.

Foi uma discussão terrível, eu senti como uma falta de apoio da parte dela; ficamos dois dias sem nos falarmos; eu me senti muito mal, só pensava que estava muito angustiado e queria telefonar para você para pedir-lhe outra sessão; mas ao mesmo tempo me dizia que não devia fazê-lo, que não cabia. Foi horrível!

Dr. Meltzer: *Aqui temos dois psicólogos e nenhum deles se dá conta com que tem a ver essa discussão que estão tendo sobre temas hipotéticos, porque nem sequer sabem se há um bebê, e fica deslocado o assunto dos gastos que traz um bebê para o tema dos cursos da APdeBA ou o Ameghino. A disputa, então, se centra em dois pontos, um deles diz: bom, tenhamos o bebê primeiro e logo veremos o que fazer; e o outro diz: não, não, não, primeiro planejemos bem o que é vamos fazer e depois o bebê virá de algum modo.*

Analista: Sua surpresa é descobrir em você a necessidade de me pedir ajuda, quando se sentiu frente à possibilidade de que Ana pudesse gerar um bebê dentro dela e transformar-se em mamãe-Ana; que não dá atenção para as suas necessidades de crescimento porque está com a cabeça em outro bebê.

Dr. Meltzer: *Essa interpretação é extremamente precisa, mas há um ponto mais que é um problema, e é que na realidade ele não tem clara a ideia de que "ela" vai ser a mãe, porque ele pensa que "eles" vão ser a mãe. Ele está pensando sob essa antiga atitude masculina de que o bebê pertence ao pai, é posse do pai. Portanto o pai é a verdadeira mãe, e a mãe é somente uma servente do bebê. Agora dentro desta* *situação, entra o que disse a interpretação: que ele é um bebê que necessita de uma mãe, não um pai...*

Paciente: Isso vem vinculado com outro tema, se recorda da loja dos meus sogros? Todas as condições que puseram para que pudéssemos abrir um negócio já estão prontas. Averiguamos tudo. O sócio vendeu o outro local e tudo está pesquisado. Eu não vou deixar o banco, nem Ana seu trabalho, mas revezaremos o horário de atendimento. Contudo, meus sogros seguem procurando inconveniências. Eu quero ter mais dinheiro com o negócio para investir na profissão. O que mais me angustiou na discussão com a Ana e a vontade de te ligar foi por causa da falta de apoio dela para que eu voltasse para a minha profissão; ela tem experiências ruins, trabalhou em hospitais, fez cursos e nunca recebeu um paciente. Não sei... Talvez não tenha *feeling* e por isso, não lhe encaminham.

Analista: Você sente que eu posso ser uma analista-mãe com *feeling*, que posso ter, no meu interior, mente-*APdeBA*, muitos bebês, pacientes, irmãozinhos muito valiosos. Mas, desconfia da minha generosidade para compartilhá-los com você.

Dr. Meltzer: *Aqui a analista está se referindo à necessidade do paciente de chamá-la pelo telefone e a sua necessidade de uma mãe, e que ele sente que a analista é uma mãe diferenciada, melhor que a sua esposa ou o negócio. Mas a analista agrega: de todo modo você desconfia de minha generosidade para compartilhar tudo isso com você...*

Quero perguntar: donde tirou essa parte da interpretação sobre as dúvidas que ele tem sobre sua generosidade?

Analista: O aspecto Ana que o proíbe, o limita, e lhe diz não a tudo que seja crescimento, progressos, bebês, pacientes, cursos...

Dr. Meltzer: *Talvez também os sogros que aparecem nesse material?*

Analista: Os sogros, os papais-sogros que dizem que não.

Dr. Meltzer: *Por que pensa que isso se aplica a você?*

Analista: Porque todo o bom era eu nesse momento e o mau ficava fora.

Dr. Meltzer: *Está bem, mas não concordo porque penso que nesse momento o paciente sente a analista como uma mãe muito ideal, muito plena e muito generosa.*

Analista: Além do mais havia outro dado: ele tinha muita vontade de me ligar e não conseguiu, queria me pedir uma outra sessão e eu poderia dizer que não.

Dr. Meltzer: *Não estou de acordo que isso seja um indício para interpretar dessa maneira, eu não tomaria isso como uma evidência de que a analista não é generosa, mas pelo fato de que é um bom menino que não quer fazer coisas que não são adequadas. É bastante complicado, então vamos ver como segue desenvolvendo.*

Paciente: Outro dia, no fim de semana, saímos com um casal de amigos que são psicanalistas e comentei os cursos que queria fazer, e eles me disseram que iria ser bom porque a formação que me falta eu posso conseguir, mas o fundamental é que eu tenho "estofo" para ser psicanalista. Talvez à Ana lhe falta isso.

Analista: Você deve sentir algo que lhe parece intolerável ante o "estofo", a matéria prima, os espermatozoides que colocaram na Ana, e você se acalma trazendo-me amigos analistas para me dizer que você, igual a mim, possuímos o que falta a Ana.

Dr. Meltzer: *Primeiro eu estou vendo se isto é uma interpretação ou uma reformulação daquilo que o paciente disse, porque não encontrava onde estava a transferência, mas a encontrei ao final. Minha reação, ante esse trecho de material, é que se trata de uma expressão de sua* *feminilidade, como se seu amigo estivesse dizendo que ele é melhor mulher que Ana. Isto estava dirigido à sua feminilidade e ele não sentiu como homossexual. A ênfase do material está nele ser uma boa mãe para si mesmo, como um bom menino que necessita de uma boa educação. Este trecho do material foi entregue à analista como uma rejeição à afirmação anterior de que ele duvida de sua generosidade, porque implica que o amigo analista também aprecia a Ana e parece que o paciente também tem o "estofo" de um futuro psicanalista.*

Ele tem alguma informação de você, se é ou não analista didata da APdeBA?

Analista: Ele sabe que pertenço à instituição, nada mais.

Dr. Meltzer: *Provavelmente ele está assumindo que você é uma analista didata e que tem ambições de que o paciente seja um analista. Deste modo, a analista é uma melhor mãe para ele do que é Ana, e ele também é uma melhor mãe para o bebê, que é ele mesmo. A dissociação então parece estar entre a analista e a Ana, como boa mãe e mãe má, tanto faz para ele como para o bebê, mas está tudo baseado em sua crença – ou em seu desejo de crer – que ele tem o "estofo" para ser um bom psicanalista. É um pouco cedo na análise, mas devido ao baixo nível de inteligência e à debilidade do seu caráter, eu não diria que ele tem o que pode se tornar um bom psicanalista. Não temos nenhuma indicação de sua passagem pela universidade ou por distintos lugares e tampouco alguma referência de que alguém tenha tido uma boa opinião dele.*

Paciente: Bom, tenho alguma confusão, não sei de onde vem, mas agora me lembro de que nestes dias Ana me parecia Mary; Mary por meio da Ana, por todas as censuras. Será que quero voltar a ser potente? Que confusão! Se o tema é minha esterilidade, isto é muito doloroso. Não entendendo muito, mas agora me lembro quando Ana disse: "Você vai continuar me amando quando eu estiver grávida?".

É mais difícil do que eu imaginava isso de não ser o pai biológico, mas ser o pai de uma gravidez da minha esposa.

Dr. Meltzer: *Agora ele está começando a se dar conta. A inseminação artificial o faz perceber que é a mulher quem tem o bebê e da incerteza básica do homem a respeito da paternidade. Quando se trata de responsabilidades, é a mulher que vai levar o bebê durante nove meses no ventre, ela é quem vai parir, é a que vai alimentar o filho com o seu peito, e a que tomará as decisões importantes e quem tem mais prerrogativas que o homem que lhe pôs um pouco de sêmen na vagina. A mãe é mais importante para o bebê, e Ana vai ser mais importante para este bebê do que ele. Em algum momento do passado sua mãe foi mais importante para ele que seu pai, antes de que ele se transformasse no sargento García e o seu pai, no O Zorro, e sua mãe na senhora que cuida da casa.*

Ele está descobrindo algo sobre os fatos da vida, do ponto de vista psicológico, que as mães são mais importantes para os bebês que os pais.

Paciente: Quero pensar que este é o caminho para compreender e não para continuar negando. Creio que na realidade não a chamei para pedir-lhe outra sessão porque senti vergonha. Se isso, era vergonha, e que eu mostraria a minha debilidade; na realidade é que temi que você pensasse que necessito vir correndo para contar as minhas coisas.

Agora estou pensando que, se falo, também posso. Também me lembro de que no trabalho – no começo da análise – eu não podia nem falar, nem pensar quando Susana – a gerente – me repreendia por algo, e depois que tivemos tantas sessões aqui, agora estou diferente. Ela é a mesma, me manda chamar, e quando começa com alguma questão – acredite ou não – eu estou tranquilo, posso pensar e responder coerentemente; e ela também muda de atitude. Até chegou a me dizer que tenho razão.

Dr. Meltzer: *Ele está aprendendo algo importante, é que depender da mãe pode transformá-lo não em mais fraco, senão em mais forte; ele sempre pensou que a maneira de se transformar em um homenzinho, era ser o pequeno García do Zorro. Agora está começando a descobrir que a maneira de ser forte é primeiro – antes que isso – ser o bebê da mamãe e nutrir-se do seu peito; e está tendo a surpreendente experiência de que à medida que ele se torna mais dependente de sua analista, está sendo mais forte lá fora.*[3]

Este é um longo caminho comparando com o que ocorria oito meses antes, quando ele ridicularizava as interpretações da analista. Tudo isso parece vir dessa interpretação que a analista fez que eu não entendi, assim é melhor que voltemos a ler o texto:

Analista: Você deve sentir algo que lhe parece intolerável ante o "estofo", a matéria prima, os espermatozoides que colocaram na Ana, e você se acalma trazendo-me amigos analistas para me dizer que você, igual a mim, possuímos o que falta a Ana.

Dr. Meltzer: *Não consigo entender como, dessa interpretação saiu todo esse dar-se conta do paciente, mas estou estudando-o... Talvez provém do fato da analista estar voltando ao ponto que Ana vai ser mãe com os espermatozoides que vêm de um senhor X. Mas a quem importa o senhor X? Se ele vai ser o pai dessa criatura é porque ele é o esposo de Ana e vai ser quem vai ajudar a criar esse bebê.*

Ele não vai ser um pai biológico. Então se não vai ser o pai biológico: que tipo de pai vai ser? A resposta que ele obtém para si mesmo deve ser: "Devo ser um homem forte e não uma mulher, e, portanto, não tratarei de provar que sou uma mulher melhor que Ana".

Devo dizer que é certo que está pensando sobre as coisas...

---

3 Ver Referências teóricas, pág. 207, Capítulo 10 de *Estados sexuais da mente*, "A Gênese do Supereu-Ideal".

Paciente: Começo a pensar que algumas coisas posso, não somente as mulheres podem. Normalmente falo com Mary...Ana (comete um lapso, quer dizer Ana e diz Mary), e quando nós discutíamos não tinha com quem falar.

(Volta ao lapso). Como me perturba me confundir, fico muito mal em dizer Mary ao invés de Ana, alguma coisa fica misturada, não sei se não terminei de me separar de Mary ou se a situação não se repete. Isso seria horroroso. Quando comecei a sair com a Ana e íamos a algum lugar, eu apertava o interfone e dizia: "Mary e Ricardo"... Agora tomo muito cuidado para não dizer.

Há uns dias tive uma entrevista com a psicóloga de Pedro e fui com Mary. Perguntava sobre a separação. Eu não queria falar, mas dizia: "Bom, já passou, está superado". Eu, para isso, tenho a minha análise.

Dr. Meltzer: *O ponto de reconhecer o lapso, vejo como o reconhecimento de que ele não tenha sido um bom esposo para nenhuma destas mulheres, e que – portanto – não poderia ser um bom pai para Pedro.*

Analista: Eu não lhe digo isso...

Analista: Eu estava pensando se a confusão é Mary-Ana, ou elas são a mesma, são mulheres e o que você se pergunta é: Que são as mulheres? Que são os homens? Em que consiste essa diferença tão difícil de falar? Como é que as mulheres têm bebês e você não sabe ainda se tem pênis ou testículos, e para que servem?

Dr. Meltzer: *Concordo que ele está confuso, que se pergunta sobre as mulheres, os homens e como é que um bebê pode crescer até se transformar em um homem. Realmente, está se dando conta de que não cumpriu um papel masculino com nenhuma destas duas mulheres, e que, portanto, não tem sido um bom pai nem para Pedro nem será para esse bebê que a Ana está esperançosa em ter, por meio da inseminação artificial.*

Quando um paciente se dá conta que está confuso, está começando o caminho para sair da confusão. Porque o que nós chamamos de estado confusional é que uma pessoa não foi capaz, em sua mente, de uma diferenciação entre A e B. Tão logo ele percebe que está confuso, ou seja, que não tenha feito uma distinção, já sabe que há uma diferenciação.

Então a situação que a analista está encontrando no desenvolver desta análise é que ele não sabe como se chega a ser, de um menino pequeno, a um homem; e seu ideal de masculinidade possivelmente foi algo parecido como O Zorro, uma espécie de herói adolescente. E se não podia ser O Zorro sempre podia ser o sargento García, aderir-se ao O Zorro e adquirir deste modo uma espécie de masculinidade.

Ele começou a ter algumas experiências nesses oito meses de análise. Começou a se vincular à analista, mas não em caráter de herói, senão em caráter de mãe e, para a sua surpresa, o resultado disto é que sua masculinidade está se fortalecendo.[4]

Analista: Sessão do dia seguinte. Chega pontualmente fazendo gestos com a face como querendo me dizer algo.

Paciente: Não sei o que dizer, nem por onde começar, porque não aconteceu nada, nada com o assunto da gravidez. Ana acabou de me ligar, para me dizer que menstruou, quarenta e oito horas depois do habitual. Ela tinha marcado para amanhã os exames, mas terá que cancelar. Que raiva, quantas ilusões! A única coisa que se aproveita é que nas últimas horas só falamos disso, fizemos contas, calculamos os gastos, o dinheiro...Agora temos que esperar dois meses mais, primeiro o médico tira férias e depois nós, e não coincidimos até março.

Dr. Meltzer: *Agora vemos como se produziu uma mudança. Já não estão discutindo sobre os cursos, agora estão discutindo entre os*

---

4 Ver Referências teóricas, pág. 207, Capítulo 10 de *Estados sexuais da mente*, "A Gênese do Supereu-Ideal".

dois sobre como vão enfrentar os gastos que ocasiona a chegada de um bebê, e o bebê está sendo o centro. Ele está atuando como um marido.[5]

Participante: Perdão, ele pode falar disso após uma gravidez frustrada, porque antes falavam dos cursos da *APdeBA* e do *Ameghino*.

Dr. Meltzer: *Eu vejo o contrário. A sessão anterior o aproximou da dependência e isso lhe permitiu enfrentar a frustração da menstruação, aproximando-se da sua mulher. Já não estão juntas e indiscriminadas Mary e Ana. Agora ele pode compartilhar a frustração da maneira como o faz um marido.*

Paciente: Bom, não sei, acontece que também tenho outro projeto com Ana, desde antes da inseminação. É um projeto com o comércio dos meus sogros. Queremos por um negócio fácil de manejar, que possa ser outra fonte de renda, e que também possamos trabalhar, Ana e eu. Este negócio, ao invés de estarmos compartilhando com os meus sogros, estamos brigando com eles. Procuram tantos "senões", tantos empecilhos... É como se não confiassem; que vamos fali-los. Fundamentalmente não confiam na filha, talvez eles quisessem algo mais sofisticado. A região é *Juan B. Justo y Corrientes*. Visitamos fabricantes, gente do bairro e pensamos num negócio que falta: o lucrativo seria biscoitos e agregar gelatinas, doces e quiosque. Meus sogros queriam um negócio de nome, para eles bolachas lhes dão vergonha

Analista: Você sente que o doutor X e eu somos, na sua mente, como um pai e uma mãe que não permitem que as crianças – Ricardinho e Aninha – façam algo criativo, bebês, bolachas. (O paciente havia falado antes, também, da desconfiança com o médico da inseminação).

Dr. Meltzer: *Entendo que você considera que ele faz uma equação entre os bebês e o comércio, o médico que não permite e os sogros tão*

---

5 Ver Referências teóricas, pág. 207, Capítulo 10 de *Estados sexuais da mente*, "A Gênese do Supereu-Ideal".

pouco permitem que tenham o comércio. Todavia, não concordo que haja a equação entre a analista e o doutor X, mas claro que você pode ter outra informação.

Paciente: Não sei muito bem, tenho que pensar, mas sinto cada vez mais raiva, estou furioso. Com os outros filhos (se refere aos sogros) não são assim, os outros têm mais favores. A história de Ana é que ela sempre foi deixada de lado, rotulada como a tonta pelo tremor... (Ana tem uma síndrome cerebelar).

Dr. Meltzer: *Ah, então ela tem um defeito físico como a primeira mulher*

Analista: Menos notório... está melhorando.

Dr. Meltzer: *Como eu o vejo, o paciente tem misturada uma simpatia por Ana e por essa frustração que ele compartilha, com uma profunda amargura por este destino que tem. Tem sido injusto que não se leve adiante essa gravidez, que Ana tenha o tremor, que ele tenha a criptorquidia... Os sogros, nesta cena, vêm representar algo mais geral que é esse destino duro, pouco favorável. O doutor X e a analista seriam aqueles que podem ajudar a endireitar algo do que esse duro destino produz como efeitos. Há aqui uma idealização e uma dissociação, na qual a analista e o doutor X são os pais ideais, e os sogros representam este destino injusto, e há um delicado equilíbrio entre essas duas partes da dissociação no material.*

Esta é uma análise em seu começo. Nesses oito meses ele foi capaz de desenvolver uma idealização com uma dissociação entre os pais maus e os pais bons idealizados – que neste caso seriam a analista e o doutor X. De todo modo, configuram uma situação familiar com uma mãe e um pai, que é muito diferente da configuração inicial do O Zorro e o sargento García.

Temos aqui um homem bom e fraco que já pode fazer surgir aspectos da sua masculinidade, e a feminilidade tem ficado como nos bastidores e reaparecerá mais tarde. A analista transformou-se em uma boa mãe a quem ele pode trazer suas dores, e isto foi feito com base numa dissociação e idealização. Sua idealização da análise e seu desejo de ser um psicanalista, neste momento, é parte da velha questão García-Zorro, que não tem ainda nenhum significado emocional maduro. Transformar-se em um psicanalista ainda é, todavia, uma espécie de conceito heroico, ambicioso.

Referências teóricas

Capítulo 10 de Estados sexuais da mente: A gênese do Superego-Ideal

A afirmação de Freud (1924) de que as figuras de autoridade ou admiração, que são posteriores à formação do Superego, não necessitam serem introjetadas, é considerada por Meltzer de enorme importância. As "capacidades" das novas figuras admiradas são as que se introjetam e vão enriquecendo os objetos internos. Pode-se assim manter as capacidades iniciais ao mesmo tempo que os novos interesses do Eu.

As figuras superegoicas originais que se vão enriquecendo, vão integrando aspectos do Ideal do Eu, como mostra a composição do título*. Isso se produz por mecanismos introjetivos ao longo da vida, o que "também esclarece o paradoxo, tão contrário ao sentido comum, de que os aspectos mais desenvolvidos da mente do indivíduo estão mais além da experiência do self e que são apreendidos como um objeto".

O self evolui em relação com seus objetos internos, a partir da dependência inicial. Passa por um período de obediência, amadurece com a aceitação da "independência inspirada", quer dizer de uma autonomia na qual a criatividade surge pela inspiração originada nos objetos internos.

Resumi este capítulo para vinculá-lo com as observações que efetuou Meltzer durante a supervisão, e que irei assinalar.

Na intervenção (1), assinala que o paciente não pode se apegar com admiração a um personagem masculino. Se tivesse sido possível esse apego, as capacidades desse personagem admirado (ainda sendo seu próprio pai) poderiam ter sido introjetadas no pai interno, mudando as suas características no sentido de ir integrando o Ideal do Eu ao Supereu. Essa integração constitui um estímulo para a identificação introjetiva com a masculinidade.

Por outro lado, Ricardo conseguiu uma mudança, uma identidade maternal, uma forte feminilidade. Em (2) se torna evidente a inveja da analista criativa que o fez se distanciar dela e se dirigir admiravelmente ao pai-Zorro. Por identificação projetiva consegue se transformar em um homenzinho (o García do Zorro). O Zorro não é apto para a introjeção porque não possui capacidades paternas (é solitário e sem par). A identidade masculina obtida por processos projetivos é uma pseudo-identidade e, como tal, fracassa.

Até esse momento da análise, ele foi incapaz de admirar uma figura paterna, mas o crescente reconhecimento da mãe analítica (3) o transforma por identificação introjetiva em alguém mais forte, mais paterno, sua masculinidade está se fortalecendo (4) (5).

O peito analítico é uma figura combinada, por isso a sua introjeção melhora tanto as características maternais quanto as paternais dos objetos internos.

Os comentários de Meltzer nos recordam o capítulo da Sexualidade Adulta Polimorfa (ver Introdução) na qual descreve as bases introjetivas da sexualidade adulta, o que a diferencia das bases projetivas da sexualidade infantil (García-Zorro).

*Cabe recordar que em inglês "Ideal de Ego" se escreve "Ego-Ideal" e "Eu Ideal" se traduz como "Ideal-Ego", daí que a construção em inglês junta "Super-Ego" com "Ego-Ideal", resultando "Super-Ego-Ideal".

Descritores: Caso clínico. Identidade sexual. Supervisão.

12. Sor Belén

Analista: Irmã Belén tem trinta e três anos e se trata há um ano. É filha única de um segundo casamento do pai, de cuja parte tem um meio irmão mais velho, com quem não tem relação. É ele – o meio irmão – que paga o tratamento dos Estados Unidos, onde vive.

É uma mulher bonita e pequena.

Quando criança dormiu no mesmo quarto que os pais e teve ocasiões de presenciar múltiplas cenas sexuais que a atormentaram. Guarda uma lembrança distante e hostil do pai, quem considera avarento, embora não tenha sofrido privações materiais. Por outro lado, evoca com carinho sua mãe a quem, sem dúvida, reprova sua suposta hipocrisia ao ter relações sexuais com ele de noite e dene-grí-lo de dia. A mãe mantinha com ela cumplicidades e ocultações para com o seu pai.

Já adolescente participa de grupos religiosos e evita se relacionar com moços, pensando com devoção em Jesus. Este sentimento se transforma numa espécie de apaixonamento romântico; sente pressa para entrar no convento, mas deve esperar até atingir a maioridade.

Nesse interim, escondida de seu pai, participa de reuniões preparatórias e por isso deve mentir frequentemente. Finalmente ingressa num convento como monja de clausura.

Alguns poucos sintomas obsessivos, que tinha previamente, se intensificam no noviciado. Mais adiante apresenta aversão por comida e vômitos. É repreendida pela professora e pela abadeza e obrigada a comer. Se sente humilhada. Finalmente cai num marcado episódio depressivo com intensa sintomalogia, do qual sai pouco tempo antes da consulta, mediante o uso de psicofarmos. Vive com uma instabilidade emocional notória, qualquer fustração torna-a desconsolada.

Tem multiplas ideias obsessivas que se fazem presente no material e algumas precauções do tipo de tornar a lavar cem vezes os utensílios.

No curso desses anos, seu apaixonamento por Cristo diminui e tem algumas passagens de paixão por um sacerdote a quem ama em silêncio. Logo após a depressão, apaixona-se intensamente e luta em vão contra a masturbação. Ambos os fatos a expõem a atitudes contrastantes durante a confissão, segundo o diretor espiritual de plantão.

Ao começar o tratamento, as confissões eram verdadeiros suplícios – apesar da benevolência de seu atual diretor – tanto pela severidade pela qual ela mesma se julga como pelo extenuante relato exaustivo ao qual se obriga, já que deve confessar supostos pecados, que talvez tenha omitido ou foram mal colocados em confissões prévias.

No momento, vive separada na comunidade, desprestigiada pelos seus transtornos ostensivos, segundo ela, crê estar sendo deixada de lado.

A atual abadessa, sucedeu a uma outra espanhola de grande prestígio, que voltou ao seu país, e que Belén acreditava ter-lhe pouca simpatia. E essa nova Madre, que tramita a ajuda do irmão dos EUA, me pede para que a trate. A situação econômica faz com que seu tratamento ocorra em três sessões semanais; previamente realizou tratamentos com outros profissionais de marcada heterodoxia religiosa, ou com ostensivas inclinações católicas.

Dr. Meltzer: *Você é católico?*

Analista: De origem sim, mas não pratico.

Dr. Meltzer: *Por que a Madre Superiora o escolheu?*

Analista: Fui recomendado por um sacerdote, porque antes havia tirado outro sacerdote de um surto de esquizofrenia.

São três sessões desde a primavera do ano passado, de semanas diferentes, mas perto uma da outra.

Dr. Meltzer: *Ela vem à sessão vestida com o hábito ou com outra roupa?*

Analista: Ela vem com o hábito.

Dr. Meltzer: *E deita-se no divã?*

Analista: Sim.

Primeira sessão

Paciente: Bom doutor eu queria contar que tenho sempre estas idéias, são em menor quantidade, porém as tenho, e muitas vezes me aparecem quando vou à confissão; hoje queria contar sobre a limpeza, por causa de um lenço de pano que tenho, porque quando a Irmã Coleta lava o refeitório, esparrama tudo o que lava, e isso vai parar em um ralo com um cano, porém ela salpica e em uma oportunidade salpicou no pano e o que eu penso sempre é o que pode se passar se usarem este pano...

Dr. Meltzer: *Que quer dizer isso?*

Analista: Que poderia adoecer outras irmãs.

Dr. Meltzer: *Como iriam usar o pano dela?*

Analista: Isso eu não sei.

Paciente: (Fica com o rosto triste, enrugado e se lamenta). Não penso em mim, o padre Fabian, me disse que eu conte a você e não a ele, que isso não é um pecado, entretanto eu não posso, porque me sinto culpada e tenho que ir contá-lo na confissão.

Analista: Você acredita que pode lavar a consciência como se fosse o ânus, mas suja no lugar que não corresponde e se aborrece.

Paciente: Porém é que eu não posso fazer outra coisa, eu me sinto culpada. (Insiste com um tom que busca consentimento para continuar fazendo).

Analista: Você me fala como se eu lhe proibisse continuar fazendo.

Paciente: Bom, vou lhe contar um sonho doutor: eu tinha vontade de ver a senhora Blanca, depois lhe conto quem é, porém não podia, eu tinha que chamá-la pelo telefone ou algo assim, porém não a via no final. Na segunda parte, Liliana me batia um ovo com este vinho do avô, como se chama? o Porto! Eu o via, porém não queria comer. (Ela continua com entusiasmo). O padre Fernando tinha uma teoria sobre a oração baseada na filosofia oriental, no relaxamento e na ioga, naturalmente tudo isso do ponto de vista cristão, do ponto de vista de Jesus. Ele vinha e nos ensinava, trazia livros e cassetes gravados; Blanca era sua ajudante, sua secretária, depois ele se foi e no ano seguinte vinha ao convento a senhora Blanca. Havia três monjas que estavam interessadas, Madre Rafaela - que ainda não era abadessa - Irmã Asunción e eu. Nós três gostávamos muito. Ela me emprestava livros e vinha todas as semanas, eu lhe dizia que queria estar mais perto de Jesus e isto a entusiasmava e me dizia que ela também. Eu me perguntava: 'E como o marido não está ciumento?' (Ela se pega em flagrante porque não teria que ser assim)... Bom, isso era antes, quando existia esta confusão... (se acalma e segue com culpa)... Ela me contava também coisas dela e eu suponho que Madre Imaculada não via isso como muito bom, porque não sendo da minha família não teria que vir me visitar, porém tudo estava centrado na oração e em Jesus; claro que ela me contava que se preocupava porque a filha não acreditava e um filho dela estudava com os Salesianos, porém ao final não professou. Era uma dor para ela, ninguém podia acreditar, nem seus companheiros e nem seus familiares.

Dr. Meltzer: *Ninguem podia acreditar no que?*

Analista: Que o filho da senhora Blanca não havia professado.

Paciente: Porém a Madre Imaculada não gostava e me disse que isso estava se convertendo em uma espécie de direção espiritual e que para isso estavam lá os padres. Isso me caiu mal, até que no final me chamou e me disse que não podia continuar; então eu a chamei por telefone e lhe disse que não viesse mais. Eu ouvi que mudou de voz e me dei conta que ela sentiu muito. Em uma oportunidade me lembrei de que vieram com o padre Fernando, e me mandaram lavar o refeitório e as demais foram. Eu tinha muita vontade de ir, porém não pude, fiquei lavando e sofri muito. Então este sofrimento eu ofereci a Jesus.

Dr. Meltzer: *Onde ela queria ir que não podia?*

Analista: Ver o padre Fernando e escutá-lo.

Paciente: O coquetel, esse que me preparava Liliana, não gosto nem um pouco; ela o batia bem, eu a via, via o ovo e não queria comê-lo por nada.

Analista: Você enfrenta um dilema, por um lado uma mãe lhe diz que os maridos não servem para nada e outra lhe diz que deva recorrer aos padres. Creio que você quer que eu tome partido contra a segunda, o que teria como consequência não aparecerem novas irmãzinhas...

Dr. Meltzer: *Bom, bom... De onde você tirou tudo isso? Provavelmente esteja bem, esteja correto... há uma multiplicidade de mães. Até agora parece que sua impressão é que toda comunicação da paciente tem a intenção de produzir uma resposta do analista. Sua comunicação sempre contém algum tipo de manipulação ou ação. O analista deve tomar partido por ela, perdoá-la e preocupar-se ou não com ela. Sempre há a intenção de controle e de exercer uma certa influência sobre o analista.*

O ato em que ela foi descoberta na relação com a senhora Blanca foi: "como é que o marido não está inciumado que ela quer estar mais perto de Jesus", é assim?

Analista: Sim, é assim.

Dr. Meltzer: *Ela pensa como é que o marido não estava ciumento pela infedilidade da mulher ao pensar em Jesus. Revela que para ela tudo que passa na igreja tem a ver com interesse sexual das pessoas com Jesus.*

Quer dizer que depois da depressão ela se apaixona profundamente? Pode-nos contar algo mais disto? Que entra num estado de profundo amor por Jesus ou por outro padre?

Analista: Quando ela era adolescente estava apaixonada por Jesus. Quando entrou no noviciado teve algum enamoramento fugaz e não demasiadamente profundo, pelo padre José Maria. Depois da depressão pensava todo o tempo no padre José Maria e tinha fantasias de se casar com ele e poder chegar a ter um filho.

Dr. Meltzer: *E aí começou a masturbar-se?*

Analista: Não, a masturbação é paralela, sempre se masturbava com o padre José Maria ou sem o padre José Maria.

Dr. Meltzer: *Não sabemos até aqui se sua vida religiosa é sua vida sexual ou se sua vida religiosa está contaminada por sua sexualidade infantil.*

Você aparentemente está manejando com estes processos sociais em constante movimento, como se fosse uma grande familia de multiplos pais e multiplas mães, ela mesma tendo multiplos apegos e lealdades e demais, é assim?

Analista: Quatro pelo menos...

Dr. Meltzer: *Central do material também é o ovo batido que ela não come e este ovo quem sabe está contaminado por este vinho que tem um nome que sugere uma contaminação anal, o porto.*

Estou começando a pensar em "Batem em uma criança" no quarto ao lado. Entendo que não estamos tratando só com a sexualidade infantil, mas com uma sexualidade infantil sadomasoquista; a igreja e o convento são um claustro de algum tipo que não é tão limpo e puro como deveria ser. A paciente está vivenciando este lugar religioso como um claustro de atividades sadomasoquistas, um lugar tirânico, castigador, e por outro lado, tudo muito sexualizado, mas de uma forma sadomasoquista anal.

Em outras palavras, não é a história de uma mulher cuja religião está contaminada pela sexualidade infantil, mas escuto a história de uma psicótica borderline. E não só estou escutando "Batem em uma criança", na habitação contígua, mas também no "Homem dos lobos" perguntando à mamãe: "Jesus tem bunda?"

O problema técnico em estabelecer uma situação analítica com um paciente psicótico borderline vivendo em um mundo claustrofóbico é que o paciente supõe que o analista seja parte desse mundo. O analista

*haver sido designado pelo establishment o converte em um servidor
do establishment.*

*É necessário fazer a distinção entre a confissão como forma de
submemeter-se à tirania e o confidencial como expressão das relações
íntimas. E certamente parece que sua conduta na análise é da natureza
da confissão, embora não seja igual ao que faz ao confessar pecados,
mas com a semelhança que tudo vai ser potencialmente informado à
hierarquia. Isso não deve confundir-se com ideação paranóica, mas
que assim é a vida no mundo claustrofóbico, é um mundo kafkiano
– onde tudo é naturalmente informado ao castelo – assume-se que é
assim, não há nada de paranóico acerca disso.*

*Deste ponto de vista, a atividade do analista é ouvida por ela
não como um esforço para entender o que lhe ocorre, mas que tem
implicações acerca de qual vai ser o julgamento do castelo... são avisos,
advertências. Por exemplo, relendo novamente a interpretação do
analista que diz à paciente "Você enfrenta um dilema: de um lado você
tem uma mãe que diz que os maridos não servem para nada, e outra
que lhe diz que você deve recorrer aos padres. Creio que você quer que
eu tome partido contra a segunda, o que teria como consequência o
não aparecimento de novas irmãzinhas". Se isto é certo acerca dessa
organização de sua mente, a paciente escutaria isso como se o analista
dissesse: "Eu creio que você quer que eu lhe dê alguma pista acerca da
qual é a mamãe boa e qual é a mamãe má; de maneira que você evite
se meter em brigas". Toda problemática neste momento, acerca dos
processos das relações íntimas de uma menina que se opõe ao coito
dos pais por não querer novos bebês na família, não é a problemática
no claustro. A problemática é: ou estar a salvo ou ser expulso.*

*O que estou dizendo é que se alguém apresenta essa parte da
personalidade, que está vivendo em um mundo claustrofóbico, não
se pode levar adiante uma analise, porque não há possibilidade de*

transferência, não há possibilidade de comunicação; tudo é completamente vivido como processo de um sistema tirânico e hierárquico.

Se temos a impressão de que este estado mental tenha existido há muito tempo, e que provavelmente haja muito pouco nesta personalidade, a parte que já se desenvolveu antes do claustrum, o que pode ser feito, deste ponto de vista, é ajudar esta parte para que saia deste claustro e consiga estabelecer uma relação objetal num mundo distinto, numa atmosfera diferente. O que é um processo muito longo e difícil.

Participante: Gostaria de lhe perguntar porque fala de claustrofobia, se ela escolheu um tipo de vida enclausurada como uma defesa. Entendo que se refere a um estado mental, mas gostaria que pudesse explicar.

Dr. Meltzer: *Muito bem, podemos falar de claustrofilia, se prefere, mas o fato é que ela vive num estado mental dentro de um objeto, e este lugar onde ela vive é muito distinto do lugar onde nós vivemos e onde se pode conduzir uma análise.*

Se por outro lado este estado mental tivesse se desenvolvido mais recentemente, como muitas vezes acontece na puberdade ou na adolescência, isto é, esta entrada no claustro e o aparecimento do estado mental claustrofobico, então é possivel tratar de entrar em contato com a parte não psicótica da personalidade para estabelecer com esta parte uma relação analítica; e isto implicaria um trabalho menos árduo com melhores perspectivas. No caso que estamos olhando, a evidência dos dados que temos até agora sugere que seu estado mental atual não é mais do que uma continuação do viver no quarto dos pais, e isto provavelemente remonta ao primeiro dia de sua vida. Então parece que temos que conseguir que ela saia deste estado claustrofóbico e isto vai levar muito, muito tempo.

Vamos seguir com o material para ver se podemos encontrar alguns elementos para ajudá-la a sair do mundo clasutrofobico no qual ela está instalada e começar um trabalho analítico.

Analista: Quer me convencer meio puerilmente.

Paciente: Mas a Madre Imaculada esteve mal. Uma vez eu voltei ao convento com Irmã Maria, Irmã Lucia e Irmã Mercedes que haviam ido a outros médicos, nos encontramos casualmente no trem. Eu as vi de longe e disse "quantas monjas!" Só depois que eu as reconheci. Também casualmente encontramos a senhora Blanca. Ela me olhou, nos cumprimentamos e ela me olhou de novo. Contou-me que a sua filha está em Paris e que ela não acredita e não pratica, não sei...ela tem esperança porque disse: "Se Jesus me esperou, vai esperá-la com mais razão". Eu falei à Madre Rafaela e contei que tinha vontade de vê-la; ela não se mostrou muito contente e me disse: para que, o que seria... bom, alguma vez, mas seria melhor falar com os padres.

Analista: Parece que reaparece várias vezes a mesma, e está de acordo comigo. Hoje à outra custa se aproximar até no sonho.

Dr. Metlzer: *A que se refere?*

Analista: Eu havia colocado que havia duas mães, uma que preferia os padres e os homens e outra que dizia que não. Aí reiterei a idéia.

Paciente: Nem escrever cartas é permitido, porque está visitando um asilo de idosos onde estão as tias de Liliana... mas agora me lembrei que não vai mais ali. Agora, me lembrei que uma vez me disse que o marido reclamava relações sexuais e ela o fazia como um sacrifício, porque era o marido, mas não gostava.

Analista: Esta mãe está de acordo com uma teoria ciumenta sua, aguenta ser sujada por obediência.

Dr. Meltzer: *A outra mãe é a senhora Blanca?*

Analista: Sim.

Dr. Meltzer: *Também parece estar dizendo que a objeção da Madre superiora de que ela fale com a senhora Blanca, é porque a senhora Blanca lhe fala sobre sexo.*

Paciente: (Compungida). Uma vez meu papai disse a minha mamãe que me fizesse ovo com o porto (vinho) para que eu crescesse bem, mas minha mamãe fingiu que ela o fazia com um copo vazio e uma colherzinha. Tudo para que meu papai acreditasse que concordava e depois faziamos de conta que eu tomava. Por outro lado Liliana no sonho me dava com tudo.

Analista: Temos novamente estas duas versões contraditórias. Liliana se importa com os homens, mas uma menina acredita que "comer esta versão" dos fatos é contaminar-se e sujar-se.

Dr. Meltzer: *Quando a senhora Blanca conta das relações com seu marido, tem o mesmo significado de quando a paciente e a sua mãe se confabulavam para enganar o pai e fazer ele acreditar que ela estava tomando o ovo batido com o porto (vinho). Quando se juntam estas duas versões se pode chegar à outra que seria: quando o papaizinho disse a mamãezinha: "deixe que eu ejacule dentro de você para que tenha esta boa semente para alimentar a menininha", mamãe e eu confabulamos e fingimos fazer. Ela fingia que me dava alimento e eu fingia que o engolia.*

Versão dois: quando o papaizinho disse para a mamaezinha: "deixe que eu ejacule dentro de você, para que o meu semem faça com que seu leite seja bom e rico para o bebê", mamãe deixou que ele ejaculasse mas falou em segredo: "sugue o outro peito".

Começamos a ter alguns dados acerca da relação de conivência entre a menina e a mãe quanto à ejaculação do pai e isto parece importante.

Agora, qual implicação que isto tudo tem é que os homens realmente querem que os bebês lhe suguem o pênis, e se não obtém diretamente, o fazem indiretamente, ejaculando dentro da mamãe, para que o semem se mescle com o leite e que dessa maneira os bebês o chupem indiretamente.

Outra versão: quando vocês acreditam que o Jesus está na cruz sofrendo, na realidade está olhando com relativo prazer, como vocês, as meninas, tomam a hóstia.

Digo isto somente para mostrar-lhes de que maneira perversamente sado masoquista é o mundo das relações dentro do claustro. Não ha relações, somente há confabulações e alianças. O único valor deste sistema de valores é a sobrevivência, e a sobrevivência significa não ser expulso. O que significa ser expulso tem que ser descoberto em cada paciente, mas geralmente significa transformar-se em esquizofrênico.

Seguimos?

Analista: Na sessão anterior ela havia contado uma briga com a Irmã Maria em tom trágico. Supõe que provocou um enfrentamento inconciliável e não encontrava consolo. Tinha jogado na cara dela que ela fazia claras preferências a Irmã Angeles em detrimento dela. À noite me chamou para contar-me que se sentia melhor.

Paciente: Parece-me que você tinha razão, estive pensando no que falei dos sacrifícios, mas vou conversar com o padre Fabian. Eu quero me inspirar na vida dos santos. Eles se sacrificavam. Quando ontem me encontrei com Maria, ela não havia dado importância ao acontecido, e conversamos melhor. A tarde estive bem, mas tive que ir a uma aula de um padre, e assim não pude chamá-lo até a noite. Pedi permissão à Madre, mas não lhe contei porquê queria falar-lhe e ela não perguntou. Eu estava preocupada com isto, mas para mim tudo é uma tragédia. Bom doutor, não sei se você queria me dizer algo mais do que me disse ontem... (fica calada)... Então queria lhe contar um sintoma, eu sei que você vai se aborrecer porque é uma estupidez, porque eu faço sempre o mesmo, mas não é voluntário e quando vem o padre Fabian, para mim é um drama...

Dr. Meltzer: *Se a maneira de olhar o material anterior era para ter distintas versões da forma que ela entrava em alianças e pactos perversos com a mãe, agora temos a oportunidade de ver como faz o mesmo na relação com o pai, o exemplo seria o chamado telefônico ao analista. Continuemos...*

Paciente: ...mas não é voluntário e quando vem o padre Fabian, para mim é um drama. Eu não contei a ele porque me sobrecarregaria, para quê... Resulta que eu escutei o que diziam... (este é um começo reticiente dos seus relatos e se cala para ver como reajo)... eu sei que para você parece uma coisa tonta, mas eu escutei que diziam que Irmã Encarnion... não sei quem dizia, alguma das monjas superiores, suponho, não me lembro...diziam que Irmã Encarnación morreu de câncer. Isto é certo, ela teve um câncer e morreu. Bom, diziam que teve um câncer porque comia baratas... e que comer baratas produz câncer. Isso diziam... é certo, é certo? Bom, isso oferecia a Deus como um sofrimento, um castigo.

Analista: Não entendo, e você quer dizer que oferecia como algo bom?

Paciente: (Ri tensa) Bom, como um sacrifício, como os que se castigam, nós fazemos penitência. Eu não entendo muito, mas obedeço...

Dr. Meltzer: *Parece que falar ao telefone com o analista e comer baratas está relacionado de alguma maneira, e está vinculado por um lado ao fato de provocar câncer, e por outro lado ao sofrimento dos mártires e dos santos. Temos outra versão deste terrivel semen do papai, que nesta sessão se chama baratas, assim como na sessão anterior se chamava ovo batido com porto (vinho).*

Se torna claro que aqui há duas versões distinas: uma é que se come baratas ou se toma o porto com ovo batido, se é uma menina má e perversa, então vai ter câncer. A outra versão é que se uma pessoa se submete ao desprazer, sofre, aguenta, se martiriza, como sacrifício a Jesus, então se converte em uma santa.

O que significa este mundo kafkiano? Significa que este é um mundo onde não há modo pelo qual se possa saber, por meio do pensamento, da observação, da reflexão, ou da comparação, se algo é bom e santo e se vai ser promovida a ser santa; ou se algo é mau e terrível e a pessoa vai ser atirado para sempre do claustro. Não há maneira de saber, porque neste mundo tudo está determinado por algo arbitrariamente decidido desde acima. É arbitrário no sentido de que não há absolutamente nenhum fundamento, simplesmente é uma questão dos fatores imponderáveis que regem os caprichos dos que vivem ali em cima no castelo, no Vaticano, no Palácio Presidencial, ou na Comissão da Associação Psicanalítica.

Neste momento na sua relação com o terapeuta, ela não sabe se estes secretos chamados telefônicos ao analista são parte de sua santidade incipiente, ou se vão ser descobertos na realidade como um pacto com o Diabo.

Mas nestes exemplos parece claro que o crucial é a questão se engole ou não o semen do papai.

Paciente: Eu não entendo muito, mas a obedeço, e eu penso que quando estou na cozinha, as baratas... na cozinha tem baratas, você sabe? Estão por todos os lados, e apoiam as patas sabe se lá onde, porque andam em qualquer parte... então eu apoio uma colher ou algo assim, depois se negligentemente não lavo bem, as irmãs se contaminam no refeitório e vão ter câncer. Pode ser?

Analista: Eu sei de uma irmã que se contaminou, comendo qualquer coisa que provinha de uma velha louca, vai saber como.

Paciente: Bom, eu creio que foi uma das irmãs idosas que te disse isto, porque não foi Liliana, nem Maria, nem Angeles, nem Mercedes, nem Lucia, assim tem que ser alguma das idosas.

Analista: Então é uma velha que não pode estar de acordo com o padre, que nesta sessão se chama Fabian.

Paciente: Então não produz câncer? (fica calada)

Dr. Meltzer: *Eu quero dizer que as coisas realmente sairam do controle, que este semen terrivel está em toda parte; estas patas encantadoras das baratas são sua forma de distribuição e estão por todos os lados. Isto em si mesmo não importa, o que importa é se alguem come de uma maneira santa ou pecaminosa. Isto tem a ver com o chamado telefônico secreto ao analista. Isto não significa transferência, mas significa que você é parte do sistema e que falar a você nas sessões é como uma confissão, na qual o analista toma algumas notas e vai informar a hierarquia e os demais. Talvez se você tiver carinho vai dar-lhe alguma informação, alguma ajuda para que não se meta em problemas. Mas agora apareceu outra coisa que é este chamado telefônico secreto, e então agora você, é parte do sistema das baratas.*

Paciente: Então não produzem câncer? (fica calada)...Bom, não é voluntário.. (me diz como que aplacando)...

Analista: Voce deve acreditar que o que você me diz me enche a cabeça e fico sem saber o que fazer, e parece que sofro isto como um castigo.

Paciente: Não, não, não... Não creio que nem a você e nem a Deus pareça bem isto, eu digo isto porque ouvi. Para cúmulo, depois me aparece outra idéia e essa é pior, que é que eu entrego a alma ao diabo, e eu sei que não, ao menos segundo o padre Fabian, que me diz para contar para você, por isso faço, apesar de que você já me interpretou acerca deste sintoma e continuo sem poder evitá-lo.

Analista: Não sei o que se passa com a alma, mas o que faz é que a capacidade de discernir não é dada ao padre mas sim à velha, que provavelmente é a mesma que disse que não tome seu ovo com o porto (vinho).

Dr. Meltzer: *Pode-se ver aqui que tarefa tão impossivel é tratar de entender este material como se fosse material analítico e tratar a relação com você, como se fosse transferencial. Ela o absorve como uma das centenas das pessoas desta organização, para seu mundo claustrofóbico. Qualquer um que teve a experiência de tratar pacientes psicóticos borderline tem esta mesma vivência, a de tornar-se simplesmente um dos inumeráveis personagens de seu mundo borderline e isto se chama transferência psicótica.*

Na minha experiência é uma tarefa interminável e esteril, tratar o material assim como se fosse transferencial. Se nos voltarmos ao conceito de identificação projetiva e pensamos que o material é um material clasutrofóbico e reflete que pelo menos uma parte ou quem sabe toda a sua personalidade está vivendo dentro deste claustro – provavelmente um equivalente ao dormitório dos seus pais em sua infância – temos aqui então uma ilustração perfeita dos dois tipos distintos de fenomenologia que se produzem por identificação projetiva. Uma é a parte identificatória que tem características fundamentalmente grandiosas e nesse sentido uma identificação delirante com o objeto, e que aqui está representada nela pela aspiração – não expressa – de santidade. A outra é a angústia claustrofóbica, a ansiedade de estar trancada num lugar ruim, onde está sempre em perigo, neste caso ser acusada de fazer um pacto com o diabo, e de ser expulsa deste lugar.

Pode se ver já neste material a natureza geral do mundo claustrofobico, que é um mundo institucionalizado, hierárquico, e tudo está regulamentado arbitrariamente desde cima. Neste mundo se pode sobreviver de duas maneiras diferentes, uma é por meio do engano e da dissimulação, de modo que ninguém se dá conta da realidade, não crê neste mundo ou se pode acreditar neste mundo e tratar de chegar até a posição superior.

A estratégia que se pode instrumentar, entendendo desta maneira a dupla fenomenologia da identificação projetiva, é também dupla: uma, é dirigir a atenção a grandiosidade e tratar de miná-la – no sentido de fazê-la diminuir – descrevendo-a, que no caso dela consistiria na crença secreta que ela tem de que é uma santa, e que sua esperança que finalmente se vão dar conta de sua santidade e vai ser canonizada. E por outro lado, descrever a natureza do mundo claustrofóbico no qual ela está vivendo: todas suas qualidades claustrofóbicas, as exigências que coloca de desonestidade e enganos, a impossibilidade de toda relação íntima, como tudo é substituido por conivências e alianças; e mostrar como nesse mundo não há nenhuma possibilidade de relações íntimas.

A dificuldade nisto é que as instituições – qualquer instituição não importa quão benevolente seja – se parecem em algo com esse mundo claustrofóbico. Neste caso é necessário ter clareza na sua mente (do analista) que ela está descrevendo não a Igreja Católica, mas a sua forma de vivenciar a Igreja Católica. A Igreja Católica é só uma instituição, e tem isto parecido.

A terceira parte desta estratégia é insistir cada vez que seja possível que você não está vivendo neste mundo claustrofóbico, que voce é um psicanalista, mas isto não significa que você vive no claustro-mundo psicanalítico, como ela em sua instituição. Mostrar-lhe que no consultório, o analista é absolutamente um indivíduo que não está sob nenhuma hierarquia e não tem que dar informação a ninguém. É totalmente responsável em levar adiante a análise com a paciente, interessado em seu bem estar mental, e isso é a única coisa que importa. O significado desta estratégia é essencialmente que está de visita dentro do mundo claustrofóbico por dois motivos: um, é diminuir sua grandiosidade e aumentar sua angustia claustrofóbica, para que tenha vontade de sair. Mas embora esteja de visita neste mundo, especialmente está esperando-a fora quando ela decidir sair para começar a análise.

Uma das coisas que insiste a pessoa que vive nesta situação clasutrofóbica é que não tem saída. Temos que demonstrar – quando o material permite – que há em algum lugar uma porta aberta e que sabemos que está aberta porque nós podemos entrar e sair a qualquer momento.

No curso disto também é necessário explicar à paciente porquê o que estamos fazendo não é uma análise. Devemos mostrar-lhe que tipo de relação há entre o paciente e o analista quando se está realmente em um processo de análise, e porque neste estado mental dela isto é impossível. Fundamentalmente apesar de toda esta atividade é uma questão de esperar, e o que ocorre – se tiver sorte – é que gradualmente o paciente começa a vivenciar algum tipo de ligação com o analista, começa a ver evidências de reações ante a separações e depois de alguma separação prolongada – em minha experiência – por exemplo depois de umas férias de verão, ver se o paciente volta de uma maneira diferente. E então, se isto ocorre, se entra num período de análise em que o paciente entra e sai do mundo claustrofóbico. Cada vez que o stress é muito grande, se refugia novamente no claustro. A análise destas entradas e saidas se parecem bastante, embora de um modo muito intensificado, ao que descrevi como as ordenações das confusões geográficas. Isto eu sinto muito vívido porque eu tenho neste momento dois pacientes com os quais estou lutando muito fortemente desta forma, durante os dois últimos anos. Eles dois estão no período de entrar e sair.

Participante: Em qual sentido ou porque você disse que não é transferência?

Dr. Metzer: *Porque não tem nada a ver com a vida familiar. Claro que vemos muitas famílias que são instituições em vez de famílias, e podem ser despotismos benévolos ou podem ser campos de concentração ou outros. A transferência é uma manifestação da vida familiar – por mais peturbada que seja em termos de falhas maternas e/ou falhas paternas, relações inadequadas e outros – sempre é vida familiar com toda a emocionalidade que é característica da vida familiar. Neste tipo*

*de situação não existe a emocionalidade da vida familiar apenas tem
a emocionalidade da perversão.*

*Ao falar da emocionalidade da perversão estou, segundo meu ponto
de vista, usando um nome impróprio. A emocionalidade das perversões
– não são de fato emoções – são estados de excitação provocados pela
fantasia. Tudo que se sucede neste material são estados de excitação
provocados pela fantasia, não são emoções. Portanto tem também
o mesmo significado que as fantasias conscientes que se usam para
produzir a excitação sexual para a masturbação. Não são fantasias
inconscientes senão fantasias conscientes para criar a excitação.*

*A maior parte dos pacientes borderline que vemos não estão tão
enfermos como parece estar esta mulher e a maioria tem alguns anos –
embora sejam poucos – de desenvolvimento razoavelmente normal na
infância; até que diversos fatores, ruptura do grupo familiar, enfermidade
grave, toda classe de coisas, ocasionem uma reviravolta, de maneira que
seus orgãos de atenção, sua consciência, e portanto sua motilidade, sua
atitude toda, resultam dominados por uma parte da personalidade em
identificação projetiva. Minha suposição é que esta paciente não teve
quase um período assim em sua vida. Suspeito que nela, este estado
mental tem estado presente, como disse, desde que vivia no quarto dos
pais. As situações que muitas vezes provocam este voltar-se a uma área
inconsciente, donde se está em um estado de identificação projetiva,
em crianças menos perturbadas, podem ser mudanças, especialmente
migrações, que mudam de país e idoma, e estas mudanças são algumas
vezes as que provocam o ingresso ao claustro.*

*Uma categoria destes pacientes são alguns pacientes pseudo ma-
duros, que dizem quando estão em análise que não podem recordar
nada de seus primeiros anos de vida, ou até os 7, 8 anos. E esta época
– dos 7, 8 anos – é o momento no qual se deu algo, as vezes algo não
tão traumático num sentido mais amplo como uma mudança, mas*

que marca como um divisor de águas. entre um antes e um depois, e nesse depois se tem refugiado dentro do claustro.

Participante: Como você diferencia entre o que seria um latente que se maneja numa estrutura hierárquica antes da desidealização dos pais, e este tipo de vida nas instituições.

Dr. Meltzer: *O período da latência de uma criança normal ou a latência normal, é o momento de vida em que se tem escapado do turbilhão do conflito edípico, conflito edípico predominantemente pré-genital, por meio da imposição de mecanismos obsessivos que permitem manter controlados e separados seus objetos, e também a partir disto mantê-los desexualizados. A criança latente normal é o que se pode chamar o latente suave; porque não deixa de ter alegria, pode brincar, divertir-se, desfrutar certo grau de intimidade em casa, com amigos e no lar. Em oposição a isto, está a criança latente rígida que muitas vezes tende a ir para a pseudomaturidade, em geral é uma criança que carece de alegria, que vive com uma intensíssima angustia por fazer coisas que serão mal vistas e tem temor a terríveis castigos que especialmente são os de serem expulsos de sua família.*

Em uma paciente como esta, estamos tratando com a identificação projetiva no reto de sua mãe; o mundo das perversões sexuais, e de uma maneira ou outra o mundo do campo de concentração. Há outros tipos de pacientes psicóticos borderline que estão em identificação projetiva em outros lugares ou espaços do interior do objeto materno. Existem aqueles pacientes em que o aspecto identificatório da iden-tificação projetiva toma a forma de uma erotomania e estão dentro da área genital. Também se vê alguns – com menos frequência – que estão num estado de bemaventurança branda, sem limites, muitas vezes acompanhados de uma grande onisciência e de uma secreta religiosidade grandiosa; estes parecem estar dentro da cabeça e peito.

A razão para chamá-los de psicóticos borderline em minha opi-nião, é porque estes estados, se estão bem estabelecidos, são estados pre-esquizofrênicos e esta paciente é sem duvida uma esquizofrênica em potencial. Pode se ver com o material das baratas, como as coisas podem escapar tanto das mãos, que ela entra em um estado tão fora de ordem, que começa aparecer o sistema delirante paranóico.

Participante: No começo você falou da diferença entre fobia e paranóia, poderia ampliar isto?

Dr. Meltzer: *A diferença entre os estados paranóicos e a perseguição incipiente que pode ver-se em todo o material que apresenta esta paciente, é que para o paranóico tudo está explicitamente e especificamente dirigido contra ele e é uma manifestação de uma espécie de egocentrismo monolítico. Para esta paciente a perseguição não é mais que a natureza do mundo claustrofóbico, e todos neste mundo estão igualmente perseguidos quando estão no mesmo nível de hierarquia que ela; pensa que os que estão em níveis superiores estão em outra situação.*

Paciente: Não, não... Acredito que entendo o que quer me dizer... (Fica calada e depois diz:) Quer que eu conte um sonho doutor? (A pergunta é para ver se terminei com o anterior e pode virar a página). É um sonho que tem três partes. Na primeira eu fazia uma viagem ao norte da província de *Buenos Aires,* não sei aonde era, embora conheço a área. Seria *São Nicolas* ou *Zárate...* por ali. Eu me lembro da palavra "Rosário". Eu tinha medo de dormir e acordar em *Cordoba* porque teria passado direto. Se isso acontecesse não haveria tempo para voltar ao convento e ver o padre José Maria que iria dar a missa e isso me angustiava. Na segunda parte eu cantava "História de amor", que é uma canção que recordo a música, mas não a letra. Por fim, eu tinha que operar o intestino...

Dr. Meltzer: *Esta é a terceira parte ou segue com a segunda parte?*

Analista: Não, segue com a segunda parte.

Paciente: Por fim eu tinha que operar o intestino e eu dizia: "que terrível!". Eu pensava que me fariam dormir e não iria sentir nada, mas mesmo assim tinha medo. Lembrava das irmãs que foram operadas, mas isso não me tranquilizava. Na terceira parte eu chegava aqui e saia essa loira que sai às sextas-feiras; é muita boa moça. Liliana havia vindo comigo e havia entrado para falar com você, porque queria dizer-lhe algo. Quando saia, ela estava contente e cantava uma canção, que embora não tinha palavras más, não era própria de uma monja. E eu dizia isso, "o que se passa com Liliana? Isso não é próprio de uma monja".

Rosário me faz lembrar de um rosário, e *Cordoba* que o padre José Maria disse que iria passar suas férias ali, no lugar onde vivem os seminaristas cordobeses. Iria com seus próprios seminaristas, Irmão Jesus – que é de *Catamarca* – insistia que iria a *Catamarca*, mas ele havia dito que não. Antes havia ido alguma vez e havia levado cartas a Jesus, mas desta vez não. Jesus é assim, se lhe falam de *Catamarca*, perde a razão. Com isso de chegar tarde me lembro que tal dia é o último que viria Jose Maria ao convento...

Dr. Meltzer: *Ainda é o sonho?*

Analista: Não, ela stá dizendo o que pensa do sonho.

Dr. Meltzer: *Onde termina o sonho?*

Analista: Quando Liliana saia e cantava algo que parecia que não era próprio de uma monja. Dali em diante são todas coisas que ela disse que lhe ocorreram.

Dr. Meltzer: *Vamos falar um pouco do sonho porque vem muito ao caso para falar dos distintos compartimentos. É uma pequena viagem no compartimento vaginal, e tem algo a ver com ter visto esta moça loira, linda, muito contente saindo do consultório, além da canção "Historia de amor". Em seguida transforma a história de amor em uma situação sadomasoquista na parte do sonho onde se operam os intestinos.*

A pergunta é se em algum momento chegou a este outro compartimento ou se sozinha imaginou que chegou a ele. Se dormiu ou não, e se despertou em Cordoba ou Rosário, é muito ambíguo. Certamente rechaça rapidamente o que se refere a sua fantasia erótica. Seu erotismo é excitado e imediatamente ela volta correndo a transformá-lo em uma experiência sadomasoquista. O que se passa então, quando ela vê sair uma loira do consultório com aspecto feliz, é que lhe provoca uma excitação o projeto ou a possibilidade objetiva de que ela também pode ter uma relação sexual com o analista, mas isso não é apto para uma monja, e então rapidamente transforma o tipo de vínculo ao que está acostumada, que é o do sadomasoquismo, onde o analista é alguém que lhe opera o intestino.

Se alguém pensa que ela se enamorou do padre Jose Maria, pode ver que é possível – e provavelmente ocorra - é que se enamore loucamente pelo analista. Com facilidade alguém poderia pensar que isso é uma transferência erótica, mais que simplesmente outro compartimento do claustro.

Pode-se encontrar com estes estados em forma alternada, em que num dia vem loucamente excitada eroticamente à sessão, e no dia seguinte tem que reforçar seu masoquismo.

Participante: Você descreveria, interpretaria estes espaços à paciente?

Dr. Meltzer: *Sim, lhe descreveria, e o descreveria aproveitando o material onírico, as características destes espaços, e lhe diria como vai de um a outro, ou quando se dorme às vezes se sai de um lugar para outro.*

Analista: Isto parece ciúmes da loira...

Dr. Meltzer: *Não, isso não é ciumes, é somente dizer: "ui, há outro lugar! Se trata desse outro lugar e eu posso estar dentro deste outro lugar". Ela mesma é uma moça bastante linda, não é?*

Analista: Sim...

Dr. Meltzer: *Para ela o analista, – em sua posição como funcionário do establishment – vai estar sempre cumprindo com ela uma função sadomasoquista. Ela pode ver que as vezes quando pacientes mulheres são bastante lindas, o analista pode fazer algo distinto para seu próprio prazer, sem informar a seus superiores.*

Isto creio que vem de um contexto diferente que os chamados telefônicos. Os chamados telefônicos tem mais a ver com as baratas, a parte dela que se humilha masoquisticamente em sua relação com o analista.

Paciente: Com isso, de se chegar tarde, me recordo que tal dia é o último que vem José Maria ao convento e eu não sei se vou chegar a vê-lo. É sexta-feira e pode se sobrepor com a sessão. Além disso, não sei se virei ou não... (Fica calada)

Lucia, Liliana e Monica foram operadas de verdade em São Camilo. A canção que lembro bem, mas não a letra, estava em um filme de amor, que terminava mal porque a moça morria e ele se entristecia com as lembranças dela em sua mente. Na realidade, isso é tudo que eu tenho do padre José Maria... A senhora das sextas-feiras sempre sai rindo, e o que dizia Liliana era de um tom alto e me surpreendia.

Dr. Meltzer: *Sempre tem que terminar mal a história de amor, e bem... ela pode permirtir-se um pouquinho uma história fantasiada masturbatória, desde que termine mal; é aceitável sempre e quando termina mal.*

Analista: Você me mostra em seu sonho, que faça o que fizer, sempre chega à ideia de Jose Maria. Enquanto a operação, creio que você espera que tire de você o romance, como se fosse um câncer diabólico, mas na operação estaria envolvidos uma mulher e um homem num consultório e rapidamente se transforma pouco pia para uma monja. No entanto, ao mesmo tempo, creio que você também quer que eu me oponha a algumas opiniões de sua mente e tome partido. porque você irá ver o José Maria.

Paciente: Qaundo eu contei ao psicólogo anterior que em minhas idéias com Jose Maria eu queria ter um bebê, ele me disse, com cara de susto e horror (imita o psicólogo): "irmã, você tem que esquecer isso, não pode ser". Eu não sei por que falou assustado, talvez porque pensou que eu ia fazer algo com Jose Maria, você acredita?

Analista: Eu creio que você espalhou suas próprias preocupações e muitas que são suas as supõe serem alheias. Você mesma me contou que lhe parecia um horror que sua mamãe e seu papai foram fabricar um bebê.

Paciente: Mas foi ele que disse isto.

Dr. Meltzer: *O analista tem adiante uma tarefa terrível... Às vezes quando alguém tem este tipo de paciente pode ser uma boa idéia colocar a si mesmo, um limite temporal, pensar quanto tempo vai poder suportar.*

Quando era mais jovem eu seguia, e tratava de ver, investigar, descobrir que podia fazer e que podia continuar descobrindo de um paciente assim. À medida que sou mais velho, penso que não tenho tempo e que não se pode.

Hoje em dia com este tipo de pacientes, eu me dou entre dois ou tres anos, que é mais ou menos o tempo que creio que posso suportar; duvido que possa suportar mais que isso. Isto é naturalmente diferente no tratamento psicanalítico de pacientes esquizofrênicos, que alguém se coloca e se coloca, sabendo que predominantemente o que está é o interesse científico por aprender coisas com relação ao funcionamento mental e não tem um projeto terapêutico, então segue por um interesse mais científico que terapêutico. Pelo contrário com estes pacientes tem-se expectativas de alcançar algo terapêutico e é muito duro esperar a oportunidade de haver algum trabalho analítico.

Com o marco de referência que eu apontei e com a estratégia que propus, sem dúvida, o paciente vai se tornando mais e mais hostil com o analista e o método psicanalítico, enquanto enfraquece a idealização da identificação e incrementa sua consciência da claustrofobia, de seu isolamento em relação a um mundo mais feliz e íntimo. Colocam-se furiosos quando alguém insiste que a porta está aberta, que não é um claustro, que a porta por qual entrou está aberta e pode sair por ela e não acreditam.

Ficam furiosos, como se alguém estivesse atormentando-os com tentações, até que de repente aparece em um sonho, e ali está. Então aparecem estes sonhos interessantes, nos quais a porta está aberta e saem, e imediatamente se encontram com uma avalanche de ansiedade depressiva tão enorme que voltam correndo a meter-se no claustro. Um paciente sai e imediatamente se encontra com a mamãe que lhe reprova a maneira que a desiludiu, outro paciente imediatamente se encontra com o marido de uma mulher que ele tem seduzido... e então saem correndo e se metem no claustro.

Referências teóricas

Claustrum. **Uma investigação sobre os fenômenos claustrofóbicos.**

Este livro se baseia em experiências clínicas com pacientes cujos transtornos são o resultado do aspecto claustrofóbico da operação da identificação projetiva, seu significado como fenômeno mental no desenvolvimento individual, assim como o impacto na sociedade da qual estas pessoas fazem parte.

O autor esclarece que suas descrições podem parecer contos de fadas para os analistas que não tem trabalhado com crianças, com adultos psicóticos ou borderline, desde o momento que estes fenômenos são pouco visíveis em pacientes neuróticos. Em seu trabalho "A relação entre a masturbação anal e a identificação projetiva" (1966), havia estudado as consequências caracterológicas e transferenciais das partes do self incluidas e identificadas com o objeto interno*.

Em *O Processo Psicanalítico* estes são descritos como fenômenos transitórios na fase das confusões geográficas. O estudo dos aspectos identificatórios da identificação projetiva atravessa toda sua obra, mas somente a partir da década de setenta. Pelo duplo efeito dos fenômenos clínicos e do impacto da obra de Bion em seu pensamento interessou-se por estudar os fenômenos clasutrofóbicos.

Meltzer se interessou em estudar a relação entre estes processos e as alterações do pensamento. Aplicou as descrições de Bion da mentalidade de Supostos Básicos no funcionamento grupal, as formas de pensamento alteradas que encontrou em alguns pacientes.

Dos fenômenos clínicos deduziu que este transtorno de pensamento era a manifestação do predomínio de uma estrutura narcisista, que resulta da intrusão de uma parte do self em um dos espaços do objeto interno. Considerou as motivações desta intrusão como complexas. A partir de um conflito frente ao objeto – o conflito estético – investigou as possibilidades da mente em solucioná-lo. O conflito estético tem sua origem na admiração que desperta a percepção da beleza do objeto e o mistério frente ao desconhecimento de seu conteúdo (que não pode perceber).

Uma das possibilidades de saída frente ao conflito estético consiste em respeitar o mistério e a intimidade do objeto; e construir os conteúdos de seu interior a partir de um processo imaginativo que toma as formas dos objetos externos e as experiências do mundo para sua formação, do mesmo modo que o sonho se constroi com os restos diurnos. Quando esta saída não é possível, o conflito se resolve com a intrusão no objeto e o conhecimento onisciente de seus conteúdos e qualidades.

Estas duas formas de conhecimento, o imaginativo e o onisciente, constituem uma extensão da metapsicologia freudiana porque Meltzer propõe a inclusão do ponto de vista epistemológico, que se agrega ao ponto de vista geográfico. Permanece por desenvolver, o ponto de vista estético.

Do ponto de vista geográfico da mente pode subdividir-se em seis áreas distintas. Deixando de lado o útero e o "não lugar" do sistema delirante, as áreas habituais são: o mundo externo, o interior dos objetos externos, o mundo interno e o interior dos objetos internos. Neste último espaço é que se produzem os fenômenos de identificação projetiva. Mas o espaço não é contínuo. Sobre a base da experiência das próprias zonas erógenas e os serviços prestados pelo objeto materno, a fantasia constrói uma divisão do interior do objeto em três espaços: a cabeça-peito, o compartimento genital e o espaço retal.

Quando estes espaços são construidos imaginativamente desde fora do objeto**, as funções de cada espaço e seus orifícios dependem da assistência e reparação do genital paterno que contribui para fabricar o leito no peito, purificar e limpar o reto, alimentar e manter com vida os bebês no espaço genital.

Mas estes espaços mudam quando são vistos desde o interior do objeto como resultado dos motivos agressivos da intrusão. A cabeça-peito, que é um objeto combinado, perde suas qualidades de generosidade, reciprocidade estética, capacidade de formação simbólica para transformar-se em um lugar onde reina a adulação, cumplicidade, indolência, a incapacidade para o pensamento e o juizo e a alienação por "elitismo". Quando o centro de gravidade da personalidade – o sentimento de "si mesmo", a consciência e a atenção – encontra-se na parte do self que habita a cabeça-peito do objeto interno, a caracterologia resultante se caracteriza pela indolência, o valor da comodidade, curiosidade sem interesse, obediência por inércia. São personalidades em que não cabe a idéia de esforço senão de parasitismo. São habitantes de um paraíso antes da expulsão, onde basta esticar a mão para comer. Esta é sua imagem do mundo, certificada pela sua onisciência.

Quando predomina a parte do self que habita o espaço genital, a vida tem um caráter erotomaníaco, o objeto essencial é o penis ereto que se sente igual ao próprio corpo (ser o falo). O corpo é permanentemente ornado e embelezado e as identidades sexuais são assimiladas ao aspecto, aqui surge a exacerbação do machismo e da coqueteria extrema. Ests características resultam de uma denegação da cena genital como se concebe desde o exterior do objeto; o quarto dos pais é um santuário com um clima de amor e trabalho, o pai alimenta, fertiliza e limpa a mãe e a privacidade é respeitada.

A vida no reto é a área onde a identificação intrusiva origina as mais severas patologias; a atmosfera é de extermo sadismo, a estrutura de seus habitantes é hierárquica, de tirania e submissão. Assim como nos outros espaços os valores são respectivamente a comodidade e o prazer erótico, quando a visão do mundo se gera na parte do self incluida no reto, o único valor é a sobrevivência e a expulsão gera "o terror sem nome", a solidão em um mundo de objetos bizarros. Degrada-se totalmente a imaginação que se tem do reto materno, desde o exterior do objeto, como um lugar onde se armazenam os detritos dos bebês, que o genital paterno limpa e protege para a mãe e sua prole.

Neste espaço é onde mais se altera a capacidade do pensamento; reina os supostos básicos de Bion; e a conformidade é a submissão ao grande lider: o pênis fecal, onde surge uma destruição de todo vínculo emocional; é a criação do menos L, H e K.

Os problemas técnicos para a análise quando a personalidade está dominada por estes setores são árduos. Estão baseados na contratransferência – que é existente mas não é utilizável – e a incapacidade de relações emocionais íntimas limita o potencial para a terapia. Traz uma aparência de colaboração, se evidencia a superficialidade e a ambiguidade, e tem que resolver os mal-entendidos. As palavras do analista são entendidas como manifestações de um arrogante elitismo, de uma apenas encoberta sedução ou de aberto sadismo. É necessário um longo caminho para recuperar a criança que se extraviou do caminho.

Vale a pena esclarecer que o problema não é somente o de uma "visão de mundo", porque todos temos um sistema de significados e valores através dos quais construimos uma visão de mundo. Mas aqui reside a diferença, *construimos* e reconstruimos e mudamos e "a única 'fé' que se requer é uma absoluta crença na própria fragilidade, ignorância, impotência e mortalidade, para descobrir a visão da beleza-do-mundo e dos sentimentos apaixonados" (pág. 115 de "Claustrum").

As "visões de mundo" destas personalidades são rígidas, oniscientes, carregadas de slogans e frases feitas. O passado não está armado com recordações, senão com rumores, relatos próprios ou alheios de duvidosa validade. Não existem anseios para o futuro desde o momento que não aparece nenhuma emocionalidade, senão excitação ou angústia.

A evidência deste modelo psicanalítico não pode ser demonstrado senão vivenciado através das próprias experiências e uma delas, é nos deixar levar pelo material desta supervisão.

*M. Klein se interessou quase exclusivamente na identificação projetiva em objetos externos.

** Ou seja, que se constroem em relação às fantasias edípicas nas quais o self está diferenciado dos objetos parentais.

Descritores: Borderline. Caso clinico. Religião. Religiosidade. Supervisão.